中国非寿险公司信用评级研究

《中国保险公司信用评价体系研究》课题组　著

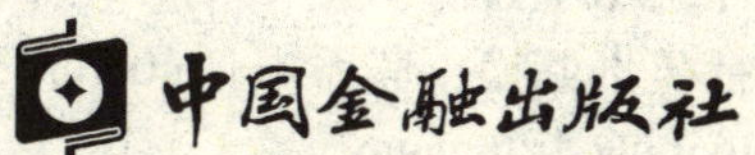

责任编辑：王　君　丁　菁
责任校对：张志文
责任印制：陈晓川

图书在版编目（CIP）数据

中国非寿险公司信用评级研究（Zhongguo Feishouxian Gongsi Xinyong Pingji Yanjiu）/《中国保险公司信用评价体系研究》课题组著．—北京：中国金融出版社，2013.9

ISBN 978-7-5049-7105-0

Ⅰ．①中…　Ⅱ．①中…　Ⅲ．①保险公司—信用评级—研究—中国　Ⅳ．①F842.3

中国版本图书馆 CIP 数据核字（2013）第 201105 号

出版
发行　中国金融出版社
社址　北京市丰台区益泽路 2 号
市场开发部　(010)63266347，63805472，63439533（传真）
网上书店　http://www.chinafph.com
(010)63286832，63365686（传真）
读者服务部　(010)66070833，62568380
邮编　100071
经销　新华书店
印刷　北京松源印刷有限公司
尺寸　169 毫米×239 毫米
印张　16
字数　284 千
版次　2013 年 9 月第 1 版
印次　2013 年 9 月第 1 次印刷
定价　42.00 元
ISBN 978-7-5049-7105-0/F.6665

编辑部邮箱：jiaocaiyibu@126.com

《中国保险公司信用评价体系研究》课题组名单

组　长：王　稳（对外经济贸易大学保险学院院长、教授、博士生导师）

　　　　刘铁岩（昆仑保险经纪股份有限公司总经理）

副组长：马志刚（昆仑保险经纪股份有限公司副总经理）

　　　　谢远涛（对外经济贸易大学保险学院院长助理、副教授、硕士生导师）

成　员：郑　伟（昆仑保险经纪股份有限公司技术研发中心主任）

　　　　孙红艳（昆仑保险经纪股份有限公司技术研发中心保险技术总监）

　　　　白荣霞（昆仑保险经纪股份有限公司技术研发中心）

　　　　王　艳（对外经济贸易大学保险学院副教授、硕士生导师）

　　　　王　东（对外经济贸易大学保险学院院长助理、副教授、硕士生导师）

　　　　何小伟（对外经济贸易大学保险学院讲师、博士）

前　言

三十多年来，随着改革开放推动的现代化转型，中国社会经济发展取得了令人难以想象的巨大成就，特别是随着中国市场化进程的加深，在兼收并蓄各发达国家文明进步成果的基础上，中国人迎来了历史上又一次伟大的发展与民族复兴的难得机遇。今日的世界，中华民族以傲然的姿态活跃在各个重要的经济舞台，从WTO等国际经济组织，到“金砖国家”的合作机制；从经济金融的国际峰会，到国际信用和投资保险人协会大会，中国人以更加开放的心态拥抱世界，同时也以更加勇敢的行为“走出去”搏击风浪。外资的进入没有招致“狼来了”的恐惧，中国企业走出去却没有预想的那么一帆风顺。全球资本与文明交融的平台，既是硝烟四起、逐鹿中原的战场，又是配置资源、互通有无的共生园。在这个激烈竞争又和谐共赢的全球化时代，每个国家、每个公司、每个个体，既需要掌握制胜的武器，又需要构建保护自己的防护墙。按照经济学家阿罗和博尔奇的理论，建立着眼于把握机会和控制损失的风险管理机制是市场经济发展的必然逻辑。著名经济学家施莫尔认为，风险管理与保险机制的建立是19世纪以来世界文明进步最重要的事件之一。

信用首先是一道防护墙，巴林银行、安然丑闻、AIG风波、AIB事件，以及毒奶粉、地沟油、塑化剂，各种事件一次又一次地质问着企业乃至国家的信用，拷问着人们的良知。金融危机虽然源自信用危机却并没有将信用体系摧垮，后金融危机时代更引发人们对于信用的反思。在道德高地之下，在法律底线之上，和谐世界、国家的复兴、企业的成长以及人与人的友爱需要构建一道信用的长城。

信用本身也可以成为一种进攻的利器，一个强大得足以摧毁所有金融体系、抗衡所有超级大国的武器。美国次贷危机、希腊主权信用危机、欧债危机无不揭示了这一点。

与全球三大国际评级机构标准普尔（Standard&Poor）、穆迪（Moody's）和惠誉（Fitch）百年的历史相比，中国的信用评级以及全面信用风险管理体系的建立还有很长的路要走。但可喜的是，在全球资本市场弄潮的过程中，无论是从国家成立政策性的中国出口信用保险公司，还是大公国际资信评估有限公司等民间机构的发展，再到各个著名高校和科研机构信用管理学科专业的建立，都可以看出，从实践和理论上，信用建设已经上升为国家战略，具有中国特色的信用评级体系呼之欲出。

目前，标普等国际评级机构垄断和主导着国际信用管理市场的话语权。国内已经有多家专业的信用评级机构设立，逐渐开展上至国家信用、下至企业特定业务在内的信用评级服务，但是这些信用评级业务无一例外都是针对特定公司、特定业务展开，具有很浓郁的商业气息，不免受利益动机的驱使，造成“屁股指挥脑袋”的尴尬局面。中国的保险业，特别是非寿险业，经过30年的恢复与发展，已成为全球最重要的新兴市场之一，保费规模年均两位数增长，经营主体由人保一家增加到几十家，但理赔难、消费者保护弱和监管效率偏低等问题长期困扰财产险市场发展。其原因可能是多方面的，但信用制度缺失，特别是没有针对中国非寿险市场的合意的公益性的不具有特殊利益的第三方评级，是根本原因之一。

在这个背景下，昆仑保险经纪股份有限公司的刘铁岩总经理与对外经济贸易大学保险学院王稳教授在多次研讨中决定展开合作，基于保险学院信用管理学科发展、人才培养和科学研究的需要，尝试开展针对中国保险企业的具有公益性质的独立的第三方评级和产学结合的学术研究。先从非寿险公司的评级开始，对中国市场上运营的非寿险公司进行资信评级研究。王稳教授的硕士研究生承担了数据整理工作，他们是2011级硕士研究生谢筱璐、韩艳、樊星、张博洋、刘志翔、康弘、刘慧芬、冯玲玲、韩月明、费雅琼和2012级硕士研究生原新宇、张释文、章寰、韩啸、卞博、刘珈彤、范浩森、柳磊、张志远、李宁怿。在评级的过程中，学院和昆仑保险经纪股份有限公司达成共识，对于公司评级，始终保持绝对中立的态度。在开展评级工作的过程中，公司专家和高校科研人员多次召开研讨会，对评级的框架体系、方法体系、指标体系进行讨论，保证评级的科学性、公允性和客观性。课题组的出发点和愿望是，为中国保险业的发展贡献绵薄之力，解决保险市场的信息不对称问题，以使保险市场去伪存真，构建保险公司竞争与融资的客观基础，保障公司符合国际市场运作规范，辅助保险中介机构和投保人决策，促进保险市场的有效监管，最终实现“保险，让生活更美好”的行业愿景。

当然，学海无涯，我们提出的评级方法和指标体系一定会存在或多或少的缺陷，但作为尝试，仍然不惧把它拿出来奉献给读者，因为“作为决策的基础，任何有各种已知缺点的评估方法都比无视和臆断要强”（Guthrie，1966，p. 6）。如果我们的研究能够给尊敬的读者一些启迪，能够为推动我国信用风险管理体系的建设提供一点启发，我们会感到非常欣慰，而这些又是以读者的共鸣和批评为前提的，所以，如读者能不吝指正，课题组将十分感激。

王 稳 刘铁岩

2013 年 6 月 10 日

目录

第一章
导 论

“我认为在今天的世界上，有两个超级大国：美利坚合众国和穆迪的债券评级服务。美国可以通过投掷炸弹摧毁你，而穆迪可以通过降级摧毁你的债券。并且请相信我，有时我们也不清楚到底谁更强大。”

——托马斯·弗里德曼

保险公司评级是保险公司融资和竞争的手段，是保险公司顺利进入国际市场的重要条件，也是保险中介机构决策的重要依据。

保险公司评级有利于解决保险市场的信息不对称问题，有利于保险市场的有效监管，有利于保障投保人的利益，有利于保险市场的风险防范和稳定发展，对于建立和完善保险市场体系具有重要理论和实际意义。

本研究从财险公司到寿险公司，再到再保险公司，从财务实力评级到债项评级，从静态到动态，从一般到特殊，按照循序渐进的方法开展研究。本书是《中国保险公司信用评价体系研究》中的第一部分，也即《中国非寿险公司信用评级研究》，后续研究中我们会继续开展《中国寿险公司信用评级研究》。本书提出的研究方法体系（第三章）适用于所有保险公司信用评级研究，包括寿险公司和非寿险公司。

第一节 研究的必要性和意义

信用评级是根据科学的指标体系对被评级公司履行经济责任的能力及其可信任程度进行客观公正的评价，并确定其信用等级。

狭义的信用评级是指由专职机构通过科学的评价方法对在经济活动中的借贷信用行为的可靠性和安全性程度进行分析，并用专用符号作出评估报告的一种金融信息服务业务。

广义的信用评级则涵盖更多方面，如工商企业评级、公共事业评级和主权国家评级等。信用评级的基本作用在于揭示信用风险，将被评企业或其所发行证券的信用状况用简单的符号公之于众，使投资者快速、方便地得到客观、简明的信用信息，为投资者的决策提供参考，帮助投资者理解并控制信用风险。从保护投资者利益的角度看，客观、公正、准确的信用评级结果可以一定程度上缓解投资者与发行主体或者不大熟悉的交易对象之间、授信人与承信人之间的信息不对称，从而保护了信息需求一方的利益。

保险公司信用评级着眼于对保险公司财务稳健性和信用风险的评估和分析，可为保险行业中不同的参与者，如保险产品的购买者、代理人和经纪人、投资者、被评级的保险公司以及监管者提供相关信息和决策建议。保险公司评级是保险公司综合实力的体现，无论是外部的投资者和监管者，还是内部的管理者，都希望能够提高公司的综合实力，为投保人提供优质的产品和服务。因此采取一定方法对保险公司进行信用评级，将不同的保险公司区别开来，具有重大的研究意义。

（一）保险信用评级有利于解决保险市场的信息不对称问题

投保人作为保险的需求方，需要知道保险公司的实力和信誉度。从国际保险市场看，保险公司与投保人之间存在着明显的信息不对称，国内保险公司的信息披露远无法满足投保人需求。除了散见于各新闻媒体的有关保险公司的保费收入、市场份额、新产品等信息外，投保人对保险公司的资本金、资产负债状况、偿付能力、利润、费用、不良资产等知之甚少。

评级机构是独立的机构或组织，相对于一般的投资者，更容易获取保险机构第一手资料。评级机构在保险信息处理上具有以下优势：第一是信息获取优势。评级机构是独立的机构或组织，社会地位比较超脱，容易接近保险机构，获取第一手资料。第二是信息处理优势。评级机构大多拥有高度专业化的分析人员和丰富的评级经验，能够从大量繁芜复杂的信息中挖掘出带有规律性或本质性的东西。第三是信息发布优势。评级机构拥有便利的信息发布网络，网络技术的发展则为信息的发布提供极大的便利。第四是能够确保信息披露的公正和公平。

评级结果作为对信用风险的简单客观的综合度量，不仅是指导投保人决定是否应该向某一保险公司投保的最为有用的信息，同时也是投保人在决定购买何种保险产品时的重要参考因素。一个保险公司信用等级的变化，对保单持有人的持有信心会产生很大影响。因此，保险信用评级的推出，可以给投保人提供足够的信息，提供有效率的信息服务，能够降低保险市场中信息不对称造成的风险。

（二）保险信用评级有利于保险市场的有效监管

从监管体系看，除了政府监管机构和保险机构内部控制两个重要支柱外，包括信用评级在内的各种社会监督手段则是防范信用风险非常重要的第三个支柱。在成熟的市场经济国家和地区，政府、监管部门和相关参与主体都在很大程度上依赖于包括保险公司评级机构在内的信用评级，信用评级成为提高保险市场效率的重要手段。

中国目前的保险监管体系尚不完善，仅依靠监管机构实现偿付能力的有效监督远远不够。为实现有效监管，引入评级机制已经势在必行，为此，保监会开始尝试推行强制保险评级制度，作为加强保险监管的辅助手段。在引入评级制度后，监管部门可以对不同信用等级的公司实行区别政策。例如，对信用等级低的保险公司的业务进行一定程度的限制；允许信用等级高的保险公司扩大投资范围；同时，还可以依据信用等级确定保险公司的资本充足率。

同时，保监会要求有条件的保险资产管理公司成立专门的信用评级部门，加强对当前可投资债券的独立审慎研究。监管层对保险公司信用能力的考察与要求正在促使保险公司着力自主研发信用评级系统，该项工作的落实也将影响到各保险公司对于债券的投资门槛。如果信用评级做得好，人员配备完善，系统设置严密，会增加保险公司在信用能力上的打分，可能会有利于获得保监会的允许，更多地开展债券投资业务。中国人寿、平安、太保、人保等大型保险公司的资产管理公司都设置了专门的信用评级部门从事该项工作。中国人保资产管理公司已经发布了其自主开发的信用评级系统。区别于之前，各保险资产管理公司、保险公司及评级机构普遍地采用大一统评级模型。人保此次信用评级系统将更着重于考察对债券发行人的个性差异，从而建立自己的债券信用评级体系。天安公司也在建立自己的债券评级体系。

（三）保险信用评级是保险公司重要的竞争手段与融资基础

投资者的需求是推动保险评级发展的动力，在我国资本市场还不健全的情况下，委托著名评级机构进行评级并获得一个良好的评级结果，是保险人良好信誉的证明，而良好的信誉是保险公司生命线的根本。随着保险市场竞争的日益加剧，对偿付能力极度敏感的普通公众尤为关注保险公司的信用等级。由于公司的财务状况经披露后比较透明，所以很难发生不正当竞争情况。因此，良好的信用等级是保险公司进行市场竞争的重要手段。

同时，良好的评级结果是低成本融资的可靠保证。具有较高信用等级的保险公司能够获得成本相对低的信用融资或贷款。低风险的保险公司的股票在资本市场上，具有相对低的风险溢价和资本回报率，其股票的市盈率比较高，股票价格高，融资渠道稳定畅通。而信用等级低的保险公司往往成为并购的目标。

国际上保险公司争先恐后地接受国际评级机构的信用评级，不仅仅是希望以国际标准衡量自身实力，更重要的是因为评级机构给出的评级可以改变整个公司的命运。2006 年 11 月，A. M. Best 对哈萨克斯坦的 Eurasia JSC 保险公司进行评级，该保险公司的财务实力被评为 b ++ 级，信用等级被评为 bbb 级。在哈萨克斯坦迅速扩张的保险市场上，这次评级表明了 Eurasia JSC 保险公司强大的风险资本和出色的财务表现，并确立了 Eurasia JSC 在哈市场领导者的地位。A. M. Best 认为，由于 Eurasia JSC 拥有很多国际化的大客户，并且与许多国际投保人和再保险人都有很好的关系，使得 Eurasia JSC 在哈萨克斯坦这种资本运作水平不高的市场上凸显出来。因为评级的优秀使得 Eurasia JSC 声誉上升，融资成本下降，Eurasia JSC 的业务也迅速上升。2006 年全年，在 Eurasia JSC 的总保额中，通过与政府联系完成的额度只占总保费的 15%。在接下来的几年内，Eurasia JSC 始终处于哈市场领导者的地位。

当然也有反面的案例。评级机构的评级结果似乎是对保险公司的审判，有些公司没有在评级中崛起，则可能在评级中灭亡。Medical Savings 是隶属于美国联邦卫生保健协会之下的保险公司。在美国无论是个人还是家庭的健康储蓄账户保险领域，Medical Savings 都处于领导者的地位。在 2006 年 11 月，A. M. Best 将 Medical Savings 人寿保险公司的财务实力等级从 B + 下降到 B，认为 Medical Savings 在 2006 年由于运营不力，导致资本盈利迅速缩减，偿付能力明显不足。从安全性角度来看，Medical Savings 的风险资本是不充足的，而且 A. M. Best 预测在短时间内不会有新的资本流入，这也就使得 Medical Savings 的资本问题进一步恶化。

（四）保险信用评级是保险公司顺利进入国际市场的重要条件

各国政府通常要求进入本国资本市场的境外保险公司提供能够充分说明其偿付能力的证据，并对境外保险公司设定了一系列比较严格的标准，而由权威评级机构作出的信用等级是保险公司向当地政府和监管机构说明其偿付能力的最为有效的方式。

（五）保险信用评级是保险中介机构的决策依据

保险中介机构是连接市场和保险公司的桥梁，具有重要的纽带作用。保险中介机构有丰富的信息来源，但因为其中介的身份很难保持完全中立，因此也有必要借助第三方信用评级结果作为产品推介的依据。而且，从分工的角度来看，第三方信用评级具有信息优势和成本优势。

总之，保险公司信用评级的作用在于揭示与预警风险，核心功能是降低保险市场中的信息不对称，提高保险市场的运作效率，提高保险交易各方的福利。对于保险公司而言，保险评级机构对其偿付能力的评估意见，代表着企业在市场上的信用形象。而对监管部门来说，则是加强保险监管的重要辅助手段。保险业内对于中国保险企业尽快实施信用评级制度呼吁之声不断。原中国保险监督委员会副主席吴小平提出，要按照“高起点、规范化”的原则发展包括保险评级机构在内的保险中介机构。因此，有必要引入第三方专业信用评级机构来开展保险公司信用评级，构筑我国健全的保险信用评价体系。

第二节 研究思路和研究内容

一、研究思路

本研究从财险公司到寿险公司，再到再保险公司，从财务实力评级到债项评级，从静态到动态，从一般到特殊，按照循序渐进的方法开展研究。具体研究思路如下：

（一）从财险公司到寿险公司，再到再保险公司

财险公司的业务非常复杂，但是财务比较简单，因为财险公司主要是一些中短期业务，每年的财务变化能明晰地反映其资信情况。因此，本研究首先分析财险公司。

对于寿险公司，考虑到其负债结构的长期性，短期评价有一定的弊端，本研究在后期中进一步展开研究。至于再保险公司，从精算技术上看，属于非寿险的业务范畴，与财险公司非常接近；但是从经营目标和风险管理技术上看，更类似于寿险公司。简言之，再保险公司兼有财险公司和寿险公司的特征，因此评级最困难。考虑到再保险公司的数目很少，更多情况下需要针对每个再保险公司逐个评级，因此，再保险公司的评级也是下一步确定的方向。

（二）从财务实力评级到债项评级

外部评级主要有两种，一种是财务实力评级（Financial Strength Ratings，FSR），另一种是债项评级，其中债项评级又包括长期债项评级和中短期债项评级。财务实力评级的重点是偿付能力和盈利能力分析，而债项评级的重点则是债务的情况分析，具体包括估计 PD（违约概率）、LGD（违约损失率）、EAD（违约风险敞口）和 M（有效到期日），甚至演化为风险权重。本研究着重于财务实力评级。

（三）从静态到动态

本研究先重点分析一些静态指标，然后逐渐引入动态指标，包括管理因素、管理层变化和文化理念等。

（四）从一般到特殊

本研究先研究一些普通保险公司，然后引入一些特殊的公司，特别是一些政策性的保险公司（例如农业保险）和再保险性质的公司，例如劳合社保险公司。

二、研究内容

1. 综述国内外研究现状，找出国内外信用评级的优缺点，分析这些评级方法对中国保险公司评级的适用性问题。关于公司评级，各个评级公司采用的方法都不一样，所构建的指标体系，采用的方法体系多少有些不同。但是在本研究中，需要考虑能获取的数据以及信息。比方说，评级公司往往与各个待评级公司建立某种联系，获取所需要的信息，而本研究主要基于公开数据进行评级。而且，评级公司往往对被评级公司逐一展开评级，本研究是对市场上符合条件的所有公司进行评级。

2. 构建中国非寿险公司信用评级方法体系，包括指标体系、评级方法。评级过程是一个复杂的体系，既有数据体系，又有指标体系，还包括评级方法体系。数据的差异，指标体系的不同，以及评级方法的区别，将会在很大程度上影响评级的准确性和稳定性。需要根据待评级公司的特点、数据的情况确定具体的指标体系、评级方法。

3. 对中国非寿险公司信用评级进行实证分析。本研究使用的数据都是公开发布的信息，各个公司的背景、数据、业务有很大的差异，实证分析必须考虑这些差异的影响。因为本研究主要使用客观赋权的方法，让数据观测自身的差异确定某个指标的权重系数，因此，单个数据点不仅仅影响自身的得分，同时也会对其他公司得分形成影响。

4. 找出中国非寿险公司信用评级的优缺点并给出结论。本研究旨在建立自身的指标体系、评级方法，这在一定程度上有一定的风险。本研究需要结合专家评价，对本研究的指标体系、评级方法进行归纳总结，为进一步研究奠定基础。

第三节 技术路线和贡献

一、技术路线

本研究的技术路线见图 1－1。

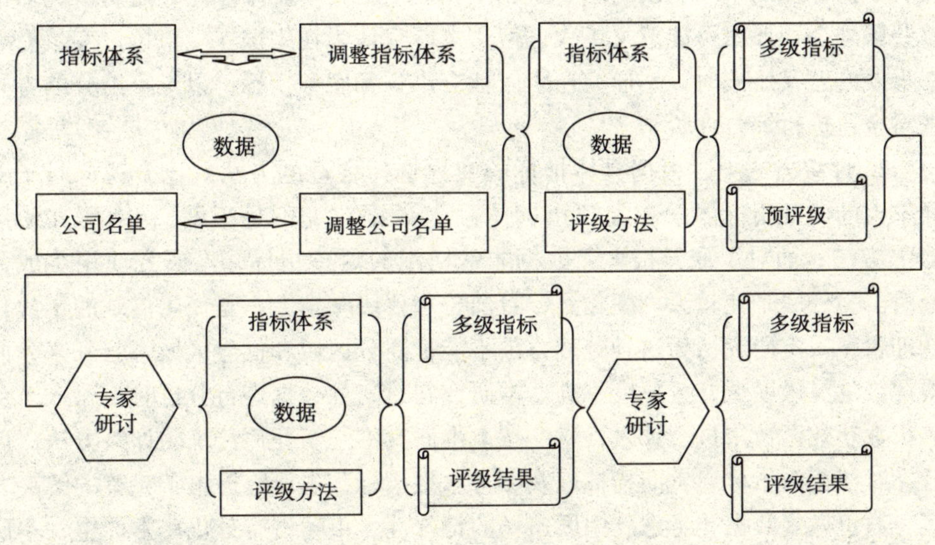

图 1－1 技术路线图

本研究的具体进展分三个阶段：

第一阶段：根据文献研究确定指标体系；确定非寿险公司的名单；确认保险年鉴和保险公司信息披露中有相关数据变量；搜集数据；根据保险报、保监会相关规定补充变量，调整指标体系；根据实际数据筛选待评级的保险公司名单；根据数据类型、样本量确定合适的评级方法；按照指标体系和评级方法的要求调整数据口径，使数据具有可比性。

第二阶段：按照第一阶段确定的指标体系和评级方法，根据调整口径后的数据计算多级指标，给出预评级；提交专家讨论；根据专家意见修正指标体系，修正评级方法，修正数据口径；重新计算多级指标和预评级结果。

第三阶段：将第二阶段的结果提交专家研讨；修改；确定最终的多级指标和评级结果。

二、本研究的贡献

1. 指标体系构建上，尽可能体现中国财险公司的特色，选入一些重要的变量，同时剔除一些意义不是很大的变量。例如，因为保险公司一般没有存货，本研究认为存货周转率指标没有意义。目前大部分评级不考虑微观指标体系，但是，本研究认为规模本身也是一种资信——因为无论是中国市场还是国际金融保险市场，都存在系统性风险，都有可能“太大而不能倒”，或者“太关联了而不能倒”。再比方说，微观指标中，股东背景和管理层变动情况对于一些国外公司评级可能意义不大，但是本研究认为在中国保险市场该变量有非常重要的意义。同时，本研究还引入社会声誉和服务指标，以专家给分的方式来对企业进行综合评价。

2. 评级方法上，根据具体指标的变异选择合适的方法。比方说，对于变异不大的微观指标体系和宏观指标体系（数据粒度不是很细），本研究使用AHP方法；而对于变异很大，数据非常精细的财务指标，本研究使用主成分分析。另外一个比较大的变化是，目前公司评级基本上都是使用传统的正规化处理程序，本研究认为这种处理方法不能把高分区域和低分区域区分开来，使得评级的灵敏度低，区分度不高。本研究在对财务数据进行分析时，引入改良的指数功效函数来进行评级，这一点上本研究不同于任何传统的评级方法。而且，对于正向指标、负向指标以及参考水平指标，本研究提出了完整的解决方案。对于微观数据，考虑到中国市场的特殊性，市场占有分化非常严重，本研究引入对数功效函数来弱化这种差异所造成的不利影响。

3. 研究对象的选择上，在兼顾全面的条件下，本研究根据不同的业务性质进行了合理筛选。比方说，劳合社没有纳入评级。一些财务数据披露不太健全或者经营数据缺乏的公司，本研究没有纳入分析。

4. 数据整理处理的过程中，本研究详细检验和验算了一些重要指标，将口径进行调整，将正负号含义进行了统一化处理；一方面尽可能保证数据原汁原味，另一方面要控制异常值或者强影响点，防止这些点对整个评级系统造成严重的干扰。比方说，偿付能力充足率，一方面要让数据说话，该指标值越大信用越高；另一方面，本研究注意到一个事实：很多公司因为承保很少，导致偿付能力充足率高过1000%，这些未必是一个好的信息。更严重的是，这些指标会严重影响中国人保、平安、太保等公司的指标得分以及评级。这些问题的处理都体现了财产公司评级的中国化考虑。

5. 整个评级中，本研究综合考虑了动态指标和静态指标的结合，定性分析和定量分析的结合，以及各层次指标体系的结合问题。本研究一方面要满足具体评级的要求，另外一方面要兼顾评级方法的一致性和有效性。

综上，本研究从研究对象的选取、指标体系的构建、评级方法的搭配，到数据口径的调整、异常数据或者强影响点的处理、评级计算中参数的选择，都体现了本研究对中国财险公司资信评级问题的认识和理解，这些都是本研究不同于以往研究的地方。我们希望本研究对于丰富中国资信评级理论和实践能够具有借鉴意义。

第二章
文献综述

“由于三大信用评级机构被美国政府、中央银行和监管者赋予很大权威，因此他们俨然就是‘市场信用之神’，并且相应享有了超商业范围的政治权力。”

——英国 BBC 评论

保险公司信用评级文献研究和既有评级的实践是本研究报告的逻辑起点。本章对前人的研究和实践的发展进行简要的评述，在综述国内外研究现状的同时，重点介绍 A. M. Best 公司、标准普尔（Standard&Poor）、穆迪（Moody's）和惠誉（Fitch）四大国际著名的保险评级公司，以及大公国际、中诚信国际和联合资信等国内著名的资信评级公司；介绍国内保险公司获得资信评级情况。

第一节　关于评价与评级的文献综述

一、信用评级的起源

现代的信用评级起源于 1841 年美国的商业信用评级，商业评级公司是信用评级机构的前身。目前，世界上影响最大、业务范围最广的三大评级公司穆迪（Moody's）、标准普尔（S&P）和惠誉（Fitch）都在美国。随着国际资本的流动，三大国际评级公司的网点随着业务的发展遍布全球。以穆迪为例，在东京、伦敦、巴黎、悉尼、法兰克福、马德里等地均设有办事处；在其评鉴的

4500余种证券中，约有1200种属于海外证券。根据国际清算银行（BIS）的报告，在世界上所有参加信用评级的银行和公司中，穆迪涵盖了80%的银行和78%的公司，标准普尔涵盖了37%的银行和66%的公司，惠誉国际评级公司涵盖了27%的银行和8%的公司。

我国的信用评级起源于20世纪80年代人民银行许多省、市级机构内部设立的评级委员会。1992年，首家全国性证券评估机构——中国诚信证券评估有限公司成立。到目前为止，信用评级机构大约在50家左右，其业务范围主要包括金融机构信用评级、贷款项目评级、企业信用评级、企业债券及短期融资债券信用等级评价、保险及证券公司等级评级等。由于信用市场的发育现状和一些现实因素的影响，我国的信用评级相对于国际现状还处于初级阶段。

建立信用评级体系需要考虑的主要因素是违约概率。目前有两种不同的方式来考虑违约概率：一种是基于历史条件进行周期性的评级，这种方法体现了被评级公司在整个经济或者工业周期内的违约概率，并给出对应的信用等级，专业评级机构通常采用这种方法进行评级。另一种是根据当前信息进行评级，它反映的是在当前条件下被评级公司的违约概率和对应的信用等级。银行和金融机构一般通过这种评级体系来实时地反映被评级公司当前的信用状况，从而最小化信用风险。在多数情况下，这两种处理方式对信用风险管理会产生很大的影响，Treacy（2000）对此问题展开了深入的讨论。

二、关于内部信用评级方法的研究

目前信用评级的方法主要是源自内部信用评级的方法体系。

早期建立的内部信用评级方法是多元判别分析法。1968年，Altman博士率先将判别分析法应用于财务危机、公司破产及违约风险的分析，建立了著名的Z-score模型和改进的ZETA模型。1977年，Martin放松了判别分析法中的正态分布假设，建立了Logistic回归模型，改善了公司财务数据在不满足正态分布的情况下判别方法的正确率。此外，还有几种常见的用于信用风险分析的统计方法：k-邻近法、主成分分析法、聚类分析法、分类树法等。进入20世纪90年代，神经网络引入了银行业，用于信用风险识别和预测。2000年，West建立五种不同的神经网络模型：多层感知器、专家混合系统、径向基函数、学习向量量子化和模糊自适应共振，用来研究商业银行信用评价的准确性。

上面的内部信用评价方法主要采用公司的财务数据和相关的宏观信息来

评估公司的信用状况。由于财务数据仅仅反映公司的历史信息，而且不经常更新，因此，由此产生的信用评级会有一定的滞后特征。近十年来，信用风险的识别和度量有了很大的发展，这使得情况有所改善。其中，KMV公司基于Merton模型建立了公司价值和公司股票价值之间的互动关系，提出了一种直接从股票价值数据中提取公司违约概率信息的KMV模型，在全球产生了深远的影响。KMV公司的信用评级体系有一个缺点就是：它的方法依赖于一个违约和不违约公司的统计数据库，这个数据库是不公开的，也就不能为一般的研究者使用。另外，它对于那些高杠杆比和资产负债不透明的公司也很难适用。

国内在内部信用评级体系的研究方面起步得比较晚，目前主要是采用财务数据建立内部信用评级体系，取得了一定的成果。张玲（2004）利用Z值模型对我国上市公司进行信用评级，并分析了我国上市公司资信品质的一些特点。这种方法存在着很多局限性，特别是不能实时反映公司当前的信用状况。针对这个缺陷，本文提出了一种基于违约概率模型的内部信用评级体系。首先，根据Hall和Miles（1990）的方法，结合KMV模型中的违约距离的概念，估计出公司的违约概率模型，然后将公司的违约概率映射到不同的信用等级上，从而实现对公司的信用评级。

迄今为止，国内专门研究内部评级法的较少，而且大多是综述性的介绍，以及对内部评级法在我国实施存在的具体障碍进行分析，但对内部评级法中风险模型的运用及其对银行行为的影响较少涉及。章彰（2002）以内部评级法为立足点，对信用风险管理的制度建设、商业银行内部评级体系和现代风险管理模型进行了详尽的介绍，并全文翻译了巴塞尔内部评级法。巴曙松（2003）率先出版了国内全面研究新协议的著作，介绍和分析了内部评级法的内容、存在的争议、实施路径及其对中国金融业的影响。沈沛龙和任若恩（2002）对内部评级法的基本理念，以及内部评级法中在基准风险权重的校订、风险集中度的调整等方面对现代信用风险管理模型的运用进行了较详细的介绍。刘百花（2003）阐述了内部评级法存在的亲周期性，并对新协议下国际政策的协调进行了理论分析。陈有安、张石、陈建华和唐立波（2002）则分别介绍了我国商业银行内部评级体系的现状，并对我国商业银行如何构建符合内部评级法要求的内部评级体系提出了各种建议。

我国的保险公司经营历史不长，数据不够充分，中国的保险公司历经分化、重组、整合、兼并，很难有一致的数据供研究。而且，最为严重的一点是，我国的保险公司基本上没有因为出现违约而倒闭的现象，也很少有违约事件记录，计算违约概率非常困难，因此传统的基于违约概率进行内部评级的思路实施起来异常困难。

三、关于公司绩效评价的研究

在理解信用评级时，有三个问题需要特别注意。一是信用评级揭示的是违约风险的大小，非其他类型的投资风险，如利率风险、通货膨胀风险等。这种违约风险很大程度上是因为财务问题造成的，因此，分析一个公司的财务状况可以为预测违约风险提供一定的参考。二是信用评级评价是经济主体按合同约定如期履行特定债务或其他经济义务的能力和意愿，而不是企业的价值或经营业绩。但是，企业的规模、股东等微观指标也是财务实力的保证，因此，也可以把微观指标纳入研究，以辅助判断企业的违约风险。三是信用评级是独立的第三方信用评级机构利用其自身的技术优势和专业经验，就各经济主体和金融工具的信用风险大小发表的一种专家意见。因此，信用评级是衡量发债主体能否按时对各类所负债务如约还本付息的可能性或预期损失的综合评估，是对债务偿还风险的综合评价。

因此，可以考虑借鉴公司评价的思路来探讨公司的信用评级问题。企业绩效评价产生于20世纪30年代后期，Kesner于1939年研究了美国经理人报酬与绩效评价的关系。到20世纪50年代，莫迪利安尼和米勒提出了MM资本结构理论，研究了资本结构与企业价值间的关系，由此更多的学者开始研究评价企业的经营绩效[①]。1955年财富杂志根据公司的销售总额，首次提出“世界500强”的名词。随后出现的大量的绩效评价方法也对后人产生了重要影响，如1973年Satty提出的AHP方法，1978年由Chames、Cooper、Rhodes提出的DEA评价方法，1989年美国思腾思特咨询公司实施的经济附加值（EVA）方法，1992年Robert Kaplan与David Norton研究的平衡计分卡方法等。

大多数文献集中研究三个方面：（1）强调财务危机模型的建立（Urrutia，1996；Ambrose和Seward，1988；Wang，2002；Lee和Brockett）。（2）评价保险公司的绩效评价模型（Huang，2002；Zeng，2002；Hung和Kung，2003）。（3）讨论市场结构、组织形式和保险公司绩效间的关系（Lu，1998）。

就保险公司综合评价研究方法来说，因子分析法和主成分分析法是主要的

① 资料来源：李海琳、赵国杰、郝清民：《国外企业绩效评价研究综述》，载《山东财政学院学报》，2007（4）。

研究方法。近几年，学者们利用分类的数据包络分析法用于区别高效率和低效率的保险公司。至于变量的选择，大多数学者利用财务报告作为评估变量。

利用传统方法评价公司绩效有一定的缺陷，例如，传统方法需要大量的数据，并假定满足近似正态分布。Deng（1982）引进了灰色系统法克服上述的缺陷。它可以利用小样本、少数据、不确定的数据、“多变量输入数据”、“回归数据”和“不完整的数据”（Deng，2000）。根据 Pai（1993），灰色系统法有如下特点：（1）建立的模型属于非函数序列模型。（2）计算的方法很简单。（3）不需要大量的数据。（4）数据不需要与特定的分布相符。Chang（2004）发现，相关应用领域包括利用灰色关联分析法研究影响金融控股公司的绩效水平的因素。Tu、Lin 和 Tsai（2001）也利用灰色关联分析法和因子分析法评价台湾银行业的绩效水平，结果显示灰色关联分析法的评价效果明显好于因子分析法。

Lu（2000）利用因子分析法、灰色关联分析法和神经网络法预测电力行业经营效率的排名。她随后比较了各模型的排名结果，利用因子分析法获取公因子。她也试图证明哪种方法更能够有效地预测电力行业的效率排名。经验研究发现，灰色关联分析法中的三种预测模型之一灰色相关距离法是最准确的。人工智能领域的灰色关联分析法和神经网络法比传统的因子分析法能更有效地预测商业绩效排名。Sun（1999）采用灰色关联分析法得到了影响医疗机构经营绩效的主要因素。总之，灰色关联分析法广泛地应用于绩效评价、项目评价和重要决策制定中。相关研究结果表明灰色关联分析法是一种可靠性很高的评价工具（Chang，2004；Lu，2000）。

先前的研究成果中从不同的视角评价了保险公司的经营绩效。粟芳、俞自由（2001），闫春、赵明清（2006），Renbao Chen 和 Kie Ann Wong（2004）从保险行业监管者的视角评价了保险公司的经营状况，主要关注保险公司的偿付能力，Renbao Chen 和 Kie Ann Wong（2004）还加入了宏观经济环境因素进行分析。而文芳（2006），李干斌、杨超、范方志（2006）则从保险公司管理者的角度构建了一套企业绩效评价体系，不仅包括企业的财务信息，而且包括企业的内部运营和学习成长过程，为公司制定正确的战略目标提供了帮助。闫妮（2007）、刘晓那（2008）的研究中涉及了保险公司的偿付能力、盈利能力、资本结构、营运能力和成长能力，不仅为保险行业的监管者和保险公司的所有者提供了客观的信息，而且也为普通投资者和投保人提供了非常有价值的参考标准。

学者们所采用的研究方法也有所不同。传统的研究方法主要是杜邦分析法、沃尔分析法等，现代的多指标分析法主要是主成分分析法、灰色关联分析法、数据包络分析法等。

王艳、姚寅（2009）在美国学者 Smith 修改后的杜邦分析体系的基础上，根据我国新会计准则又进行了进一步修正，更加关注已赚保费收入科目，充分体现了保险公司的特殊性，得到了更为完善的财产保险公司的绩效评价体系。这篇文章随后利用修正了的杜邦分析体系分析了我国财产保险公司 2002—2006 年的业绩状况，并将其与同时期的美国相比，发现我国非寿险业的 ROE 水平仍然较低。

张邯玥、马广军、田高良（2007）利用主成分分析法分别对 1999—2004 年我国 25 家财产保险公司的经营绩效做了评价，与其他研究不同的是，该文章假设的影响因素不仅包括基本的财务评价指标，还加入了经营区域、公司规模和人力资源等因素，使分析结果更加全面，研究发现加强保险投资的管理、拓展海外市场、完善用人机制、重视理赔、控制经营成本对提高我国财产保险公司的经营绩效有很大帮助。程大友（2008）使用变异系数法对 2004 年我国 18 家财产保险公司的经营绩效综合评价，对中资与外资保险公司的盈利能力、偿付能力和整体经营效率进行了评估与比较，发现中资保险公司的盈利能力和偿付能力较差。闫妮（2007）采用灰色关联分析对我国财产保险公司 2004 年至 2006 年的经营绩效状况进行实证分析，并做了绩效排名。其研究结果与程大友（2008）一致，认为外资保险公司的经营绩效优于中资保险公司。这篇文献还进一步探讨了影响财险公司经营绩效的主要财务比率指标，排名前五的指标为资产报酬率、营业净利对自留保费比率、业务收益率、流动负债对总资产比率和费用率。这与 Cheng - Ping Chang（2006）对台湾保险公司的研究结果有很大相似之处，资产报酬率、营业净利对自留保费比率、流动负债对总资产比率也是影响台湾保险公司绩效的主要因素，可见台湾保险业与我国大陆保险业有很强的可比性，具有一定的参考价值。韩松、王德令（2009）利用数据包络分析法对 2003 年至 2007 年中资保险公司进行了多角度的效率评价，研究结果表明我国保险业效率已有了很大提高，但仍存在不足。最后该文提出了对中国保险业发展的建议：我国保险公司应当“适度控制企业规模”、“优化投入产出关系”、“积极推动对技术进步的利用率”。

这些关于财产保险公司经营绩效的文献为后期的研究学者提供了很多分析视角和方法，评价了我国保险业的整体经营状况，并分析了影响我国保险公司经营绩效的主要因素，为我国保险公司的经营管理提出了很多重要建议。

第二节 保险公司信用评级的实践

本节介绍国际保险公司信用评级的情况、国内保险公司信用评级的基本情况和国内保险公司获得资信评级的基本情况。

一、国际保险公司信用评级的情况

信用评级产生于美国，而且目前美国在世界信用评级市场占据主导地位，因此探讨信用评级的产生、发展和演变应以美国为出发点和主体。同时，这也是个综合且复杂的过程，其中不仅包含对外显化的载体信用评级指标和结果的考察，也应考察信用评级机构发展演变的历程，并最终落实到对信用评级产业和信用评级制度的整体判断。

早在19世纪，已经出现信用评级机构。到目前为止，全球三大国际评级机构标准普尔、穆迪和惠誉，都有悠久的历史。

保险资信评级制度的发展远远落后于评级制度的发展，全世界只有美国才拥有相对完善的保险资信评级制度，其他国家仍处于萌芽阶段。在全世界大约140家评级公司中，在保险评级方面最具影响力并占据市场绝大部分份额的是阿尔费雷德·贝斯特（A. M. Best）、惠誉、穆迪、标准普尔公司，另外比较出名的还有威尔斯（Weiss）和拉佛菲尔蒲斯（Duff&Phelps）公司。

全球50家最大的商业保险公司中，已正式评级的有35家，进行公开信息评级的有12家，未进行评级的只有3家。仅A. M. Best一家，每年接受其评级的保险公司就有约800家，这其中包括美洲、欧洲、亚洲等世界各地的保险公司。

（一）A. M. Best

A. M. Best公司始创于1899年，是一家提供全面服务的全球性评级机构，主要服务于金融和医疗保健服务行业，特别是在保险公司信用评级方面久负盛名，其客户包括保险公司、银行、医院和医疗保健系统提供商等。根据统计，A. M. Best公司已经为超过2600家财产保险公司和1700家其他金融机构提供了等级评估。

A. M. Best公司主要以保险公司年度报告为依据，从评级公司的资产负债实力、运营业绩以及业务概况三个方面进行综合定性和定量分析，对保险公司偿付能力进行评级，提供对于保险公司破产可能性的专业意见。A. M. Best

公司评级体系由字母等级（运用最为广泛）、财务效益等级和财务规模等级三套指标构成，字母等级的变化范围从 A ++ 到 F，对应于从优到差的评级结果。

A. M. Best 公司评级所采用的主要方法为 Best 信用评级方法——全球寿险与非寿险版本。采用的其他重要标准包括："保险公司风险管理与评级程序"，"产险及意外险保险人 BCAR 说明"（Understanding BCAR for Property/Casualty Insurers），以及"通用 BCAR 说明"（Understanding Universal BCAR）。相关方法请参阅网页 www. ambest. com/ratings/methodology。

（二）标准普尔（S&P）

标准普尔是世界权威金融分析机构，总部位于美国纽约市，由亨利·瓦纳姆·普尔先生（Mr Henry Varnum Poor）于 1860 年创立，是金融投资界的公认权威评级机构，提供被广泛认可的信用评级、独立分析研究、投资咨询等服务。现在，标准普尔是麦格劳—希尔集团的子公司，专为全球资本市场提供独立信用评级、指数服务、风险评估、投资研究和数据服务，在业内一向处于领先地位。标准普尔是全球金融基础建构的重要一员，150 年来一直发挥着领导者的作用，为投资者提供独立的参考指针，作为投资和财务决策的信心保证。标准普尔提供的多元化金融服务中，标准普尔 1200 指数和标准普尔 500 指数已经分别成为全球股市表现和美国投资组合指数的基准。该公司同时为世界各地超过 220000 家证券及基金进行信用评级。

标准普尔通过全球 18 个办事处及 7 个分支机构提供世界领先的信用评级服务。标准普尔员工总数超过 5000 人，分布在 19 个国家。标准普尔投资技巧的核心是超过 1400 名的信用分析师，分驻全球 23 个国家和市场，在信用风险评估领域有超过 150 年的经验，实现全球覆盖和当地智慧的独有组合。对主权、市政、公司和金融业实体发行的债务发布超过 100 万项的信用评级。

标准普尔自 1971 年就开始对保险公司的财务实力进行评级。标准普尔设有专门的保险评级部门。该部门以提供专业、优质、详尽的保险公司等级评定及评论著称，具有权威性。

标准普尔保险评级部采用的评级标准是"理赔能力等级"，即考察其资本是否足以承担其所担负的长期或短期的保单责任。标准普尔依据对保险人的财务实力的评定，将众多保险公司分为两类——安全级和脆弱级。安全级中的等级类别从 AAA 到 BBB，指保险人的资本实力与所承担的保单责任相符合，具有偿付能力。脆弱级中的等级类别从 BB 到 CC，指保险人的资本实力处于脆弱状态，难以承受经济恶化及承保条件的变化。

（三）穆迪（Moody）

穆迪最初由约翰·穆迪（John Moody）在1900年创立。穆迪是世界最著名的债券评级机构之一，也是世界三大评级机构之一。通常所谓的穆迪指穆迪的投资等级或穆迪的投资服务公司，总部位于纽约的曼哈顿。穆迪在1909年首创对铁路债券进行信用评级。1913年，穆迪开始对公用事业和工业债券进行信用评级。目前，穆迪在全球有800名分析专家，1700多名助理分析员，在17个国家设有机构，股票在纽约证券交易所上市交易。该企业品牌在世界品牌实验室（World Brand Lab）编制的2006年度《世界品牌500强》排行榜中名列第140。

1986年，穆迪引入保险信用等级评估制度。穆迪的保险信用评级从财务状况和业务状况两方面进行分析，针对保险公司能否按时支付保单持有人理赔和保险责任的能力而作出评估意见，反映的是当前的财务实力以及承受未来财务困难时期的能力。保险信用评级级别的变化范围从Aaa到Ba2，共12个等级，对应于从偿付能力最强到仅有基本偿付能力的评级结果。穆迪目前为全球近700家保险公司提供信用评级，其中包括了世界上主要的人寿保险公司、财产保险公司、再保险公司及金融担保公司。

（四）惠誉（Fitch）

1913年，惠誉国际由约翰·惠誉（John K. Fitch）创办，起初是一家出版公司，1924年开始使用AAA到D级的评级系统对工业证券进行评级，是唯一的欧资国际评级机构，总部设在纽约和伦敦。

惠誉评级是与标普、穆迪齐名的全球三大评级公司之一。惠誉国际连续两年在国际著名调查机构Cantwell & Co的调查报告中被评为全球最佳评级机构，其金融机构评级业务量在全球首屈一指。在结构融资方面，惠誉国际连续两年在亚太地区占有第二大市场份额，年市场占有率为70%。在2000年，惠誉国际成为国际结构融资组织年度最佳评级机构，并被国际证券化报告组织ISR评为亚太及欧洲地区年度最佳评级机构，以及美国年度最佳评级机构。1975年美国证券交易委员会SEC认可穆迪公司、标准普尔、惠誉国际为“全国认定的评级组织”或称“NRSRO”（Nationally Recognized Statistical Rating Organization）。目前，惠誉的评级类型主要包括企业、金融机构、结构融资和地方政府、国家主权等方面。惠誉在美国市场上的规模要比其他两家评级公司小，但在全球市场上，尤其在新兴市场上惠誉的敏感度较高，视野比较国际化。惠誉在全球设有40多个分支机构，拥有1100多名分析师。迄今惠誉国际已完成1600多家银行及其他金融机构评级，1000多家企业评级及1400个地方政府评级，以及全球78%的结构融资和70个国家的主权评级。

惠誉通过定性分析（管理层访谈、行业、专家意见）和定量分析（财务和部分指标预测）相结合，并结合对保险公司如期履行债务或其他义务的能力和意愿的考察，侧重对未来偿债能力和现金流量的分析评估，揭示受评对象违约风险的大小。惠誉评级体系等级的变化范围从AAA到BB，对应于从偿付能力极强到偿付能力弱的评级结果。

惠誉在大部分保险市场领域均占据领先地位：寿险、非寿险、健康险、抵押贷款保险、所有权保险和金融担保等。金融机构评级部的分析师对影响保险行业的关键问题进行深入研究，如有限风险再保险、保险证券化、自然灾害和企业风险管理等。

惠誉在保险公司评级领域作出的最新贡献是两个最先进的经济随机资本模型：Prism和Matrix。Prism是通过单一平台为全球寿险和非寿险公司进行评级的工具，它满足了评估保险公司个体风险的需求，成为惠誉对保险公司内部资本模型进行持续评级的有力基准。与此相似，Matrix加强了惠誉评估金融担保保险公司的实力，其透明度高，信息性强。

金融机构和保险公司评级是在全球基础上进行的，但是惠誉通过委派谙熟当地市场情况的分析师担任首席分析师的方式确保评级充分考虑当地市场的独特情况。惠誉为非寿险类保险公司提供四种基本的评级：

1. 保险公司财务实力（IFS）评级，提供有关保险公司财务实力的评估。财务实力评级用于评估保险公司对保单持有人的责任，包括再保险责任和合同持有人责任，例如保证投资合同。财务实力评级既反映保险公司及时履行这些责任的能力，又反映由于保险公司经营失败或监管介入，保险公司停止支付或支付中断时，索偿人预期能够获得的回收。在进行财务实力评级时，惠誉不仅考虑支付是否像合同和/或保单条款中规定的那样及时，同时也承认保险公司因为一些普遍情况而导致的合理支付延迟，包括理赔审查、欺诈调查和理赔覆盖范围争议。财务实力评级不包括分立账户、投连产品（Unit - linked Products）或分离基金（Segregated Funds）相关的保单持有人责任，这些产品下保单持有人自行承担投资风险或其他风险。但是，与此类责任相关的任何对保单持有人的保证则应被包含在财务实力评级中。预期回收是在支付停止或中断的情况下，惠誉对保险公司资产是否足够为保单持有人责任提供资金的一种评估。相应地，预期回收不包括从政府保证或保险持有人保护基金（Policyholder Protection Fund）处获得的回收。预期回收亦不包括支持特定再保险责任的抵押担保或证券（如信用证、受托资产）的影响。

2. 发行人违约评级（IDR），授予发行人及其对手，反映责任存续期间他们及时履行所有优先性顺位的财务责任的能力。发行人违约评级是一个评价发行人“违约概率”的有效评级标准。发行人如果对部分或所有重大财务责任出现过违约情况，其发行人违约评级将分别被评为“RD”或“D”。违约状态不具有前瞻性质，应当在相关文件规定的适用宽限期结束后决定。对发行人资本结构中的证券的评级，以及财务实力评级可能基于回收前景以及偿付意愿不同而高于、低于或等于长期发行人违约评级。

3. 债项评级，是对特定的优先级债务、次级债务、优先股证券和信托优先证券的评级。这些评级不仅反映发行人的总体信用质量，还反映该证券的独特条款和条件，包括违约后的偿付优先顺序。投资者在进行投资决策过程中，将债券和发行人评级作为其最重要的考虑因素之一。

4. 回收评级，是给予证券的评级。对于发行人违约评级在 B + 及以下的发行人，其发行的债务会得到一个从 RR1 到 RR6 的回收评级，评级主要基于对发行人压力测试下的企业价值（Enterprise Value）和该企业价值按顺序覆盖各项债务的情况。在 B + 以上的评级水平，惠誉不会公布也不会计算某项发行证券的回收率，而是对包括保险持有人责任在内的各种债务类型使用行业“基准线”回收率假设，并进一步制定惠誉的小级调动原则。

（五）总结

从保险公司评级的角度来介绍主要评级公司，其市场份额情况见图 2 - 1。

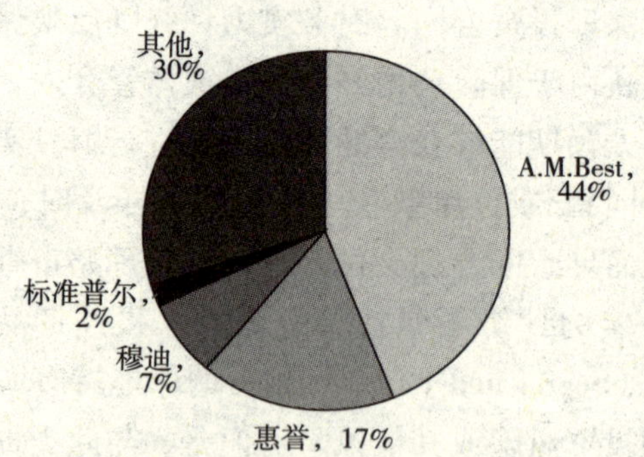

资料来源：朱荣恩：《资信评级》，北京，中国时代经济出版社，2006。

图 2 - 1　保险公司评级机构市场占比

具体情况见表 2 - 1。

表 2-1 主要评级公司介绍

评级公司	收入占比	成立	评级历史	评级内容
A. M. Best	44%	1899 年	1990 年出版了第一份评级报告，《Best 保险报告财产意外险版》评价了 850 家财产保险公司 1906 年出版《Best 保险报告寿险健康险版》，评价了 95 家寿险公司；以后每年均出版这两份报告	传统上只提供财务实力评级，最近才对保险公司债券发行进行评级
惠誉	17%	1913 年	从 20 世纪 80 年代开始进行财务实力评级	
穆迪	7%	1900 年	20 世纪 70 年代开始对保险公司进行评级	
标准普尔	2%	1860 年	20 世纪 80 年代开始对保险公司进行评级	
其他	30%		晨星公司	

全球三大评级公司里，惠誉是最早进入中国的。2000 年惠誉正式进入中国市场，并在 2003 年 6 月份，在北京成立了代表处。这四家评级机构各有侧重，标普侧重于企业评级方面，穆迪侧重于机构融资方面，惠誉则更侧重于金融机构的评级，而 A. M. Best 在保险公司评级方面有独到之处，具体情况见表 2-1。

二、国内保险公司信用评级的基本情况

我国的资信评级行业产生于 1987 年，是改革开放和市场化的产物。评级机构建立初始，业务比较单一，之后经过不断拓展，业务种类和数量规模都有所增加和扩大。截至 2009 年底，我国实有信用评级机构共约 200 家，其中有 80 家信用评估机构在央行备案①。到了 2011 年，大约有 89 家评级机构在央行备案。我国信用评级市场规模较大的有四家——大公、中诚信、联合、上海新世纪。另外东方金城国际、华夏标准资信、上海远东资信等公司也有部分市场。

（一）大公国际资信评估有限公司

大公国际资信评估有限公司（简称大公国际）是中国信用评级与风险分析研究的专业机构，是面向全球的中国信用信息与决策解决方案的主要服务商。1994 年经中国人民银行和国家经贸委批准成立。作为中国信用评级行业

① 《80 家备案 30 家亏损信用评级机构现状堪忧》，载《每日经济新闻》，2009-11。

和市场最具影响的创建者，大公国际具有中国政府特许经营的全部资质，是中国认可为所有发行债券的企业进行信用等级评估的权威机构。

大公国际拥有银行间和证券业两大债券市场，具备四个国家政府部门认定的中国全部债务工具类信用评级资质：

（1）中国人民银行认定的全国性企业债券及银行间债券信用评级机构。

（2）中国证监会认定的从事证券市场资信评级业务信用评级机构。

（3）国家发展改革委认定的企业债券、中小企业、担保公司信用评级机构。

（4）中国保监会认定的对保险公司投资债券进行信用评级的机构。

大公国际在全国范围内已经开展保险公司评级业务。2002 年 1 月，大公国际主动为 13 家中资保险公司进行信用评级。2008 年 1 月 23 日，大公国际首次完成中国平安保险公司迄今为止最大一笔 412 亿元的可分离交易可转债的评级。

（二）中诚信国际信用评级有限公司

中诚信国际信用评级有限责任公司（简称中诚信国际）是惠誉国际信用评级有限公司与中国诚信证券评估有限公司、国际金融公司、中华工商时报社实业发展总公司合资设立的，是中国第一家也是唯一一家中外合资信用评级机构。中诚信国际在全国拥有 20 余家分支机构，其信用评级业务量稳居全国第一。

中诚信国际是国内一家进行保险信用评级的公司，是国内评级机构中最早开展保险公司评级业务的公司。1998 年 5 月在全国首次开展保险公司评级，对泰康保险公司进行财务实力评级。2001 年 9 月，公布 2001 年中国平安保险股份有限公司财务实力评级。

中诚信国际的评级包括个体评级和支持评级两大方面：个体评级主要分析影响保险公司信用质量的外部环境、经营因素和财务因素，外部环境着重考察经济环境、监管环境和行业环境；经济因素分析侧重于管理和策略、竞争地位、行业承保等方面；财务因素是保险公司评级过程中的分析重点，主要分析保险公司的财务制度、盈利能力、投资组合、偿付能力、资产流动性和准备金等内容。支持评级主要从保险公司对政府和所有者的重要性、所有权结构两大方面，以评估被评级对象可能得到的援助和支持。

（三）联合资信评估有限公司

联合资信评估有限公司是目前中国唯一一家国有控股的信用评级机构，是市场公认的最专业的信用评级机构之一。总部设在北京，注册资本 3000 万元。股东为联合信用管理有限公司和惠誉信用评级有限公司，前者是一家国有控股的全国性专业化信用信息服务机构，后者是一家全球知名的国际信用评级机构。联合资信评估有限公司是中国人民银行、国家发展和改革委员会、中国保险监督管理委员会等监管部门认可的信用评级机构，是中国银行间市场交易商协会理事单位。其主要业务领域包括资本市场信用评级、信用风险咨询。

（四）上海新世纪资信评估投资服务有限公司

上海新世纪资信评估投资服务有限公司（简称新世纪公司）是一家专业从事债券评级、企业资信评估、信用管理咨询等信用服务业务的全国性信用评级机构，成立于1992年7月，主要股东有中国金融教育发展基金会、上海财经大学等。经过20年的发展，新世纪公司已经成长为中国信用评级行业内资质齐全、规模较大、有一定影响力的资信评级机构之一。新世纪公司是全国第一家取得人民银行（1997）、发展改革委（2003）、保监会（2003）、证监会（2007）等全部资质的信用评级机构。

（五）东方金诚国际信用评估有限公司

2005年8月，原金诚国际信用管理有限公司将信用评级业务整体剥离转让给其发起设立的金诚国际信用评估有限公司。2008年5月，经财政部批准，中国东方资产管理公司入主金诚国际信用评估有限公司，同时将公司名称变更为东方金诚国际信用评估有限公司（简称东方金诚）。2009年4月，中国东方资产管理公司成功增资，正式成为东方金诚控股股东。目前，公司注册资本已达到1.25亿元人民币，成为中国境内经营资本实力最雄厚的信用评级机构之一，在全国各地设立了26家分公司，并全资控股一家专业数据公司——北京东方金诚数据咨询有限公司，是中国境内经营资本实力最雄厚的信用评级机构之一。公司已取得银行间债券市场、证券市场两大债券市场和三个国家政府部门认定的中国全部债务工具类信用评级资质，即中国人民银行认定的全国性企业债券及银行间债券信用评级机构、中国证监会核准的从事证券市场资信评级业务信用评级机构、国家发展改革委认定的企业债券信用评级机构，成为具有国内全部债务融资工具信用评级资质的评级机构。东方金诚国际信用评估有限公司是经财政部批准由中国东方资产管理公司以资本金投资控股的全国性、专业化信用评级机构。东方金诚建立了庞大的行业和企业信用信息数据库。同时，公司全资控股的专业数据公司拥有国内第一个，也是目前最大、最全的贷款违约损失LossMetrics数据库。基于行业和企业信用信息数据库，公司对影响企业和债务工具信用风险的因素进行统计分析和模型化处理，开发了信用评级管理系统和信息支撑管理系统，为公司信用评级业务的开展，以及评级质量和效率的提升奠定了坚实的基础。公司自主研发的实现可扩展的数据存储方法获得了国家专利，信用评级管理系统荣获2010年度中国金融博览会金融创新奖。

（六）华夏标准资信评估有限公司

华夏标准资信评估有限公司是民营机构。华夏标准资信评估有限公司每年发布的“华夏标准财信榜”，是沪深主板上市公司财务资信等级的评估榜单，是基于中国自身资本市场特色设计的上市公司财信榜。该榜单依据多维度指标将上市公司财务安全划分为AAA、AA、A、BBB、BB、B、CCC七个等级。其中，评为AAA级的企业被认为财务整体情况最为安全。相反，CCC级表明企业财务状况陷于困境，盈利能力极差或是连续亏损，面临财务风险非常高，几近面临退市或破产。

该榜单的评定是依据中国A股非金融类上市公司公开披露的财务信息，再辅助公开获得的宏观经济统计信息，采用国际领先研究体系，运用数据统计、计量经济和管理科学等多种学科方法，针对不同行业建立相应模型，从盈利能力、营运效率、清偿能力、发展潜力、价值创造以及会计信息的可信度等多维度对企业总体财务状况进行综合评定。

（七）上海远东资信评估公司

1988年3月，我国第一家独立于银行系统的社会专业信用评级机构——上海远东资信评估公司（简称远东资信）率先成立，该公司由上海社会科学院投资组建。1997年，人民银行银发〔1997〕547号文件认可远东资信从事全国范围内债券信用评级业务的资格。2003年7月中国保险监督管理委员会保监发〔2003〕92号文件认可远东资信的信用评级资格，保险公司可以买卖经远东资信评级在AA级以上的企业债券。2003年9月根据国家发展改革委发改财金〔2003〕1179号文件，远东资信“具有企业债券评估从业资格”。

远东资信在开展保险公司评级业务，以保险公司主体作为评级标的，对其经营产品、业务状况、财务状况等进行分析评价的基础上，给出对保险公司未来履行偿债和赔付能力的评估意见。

远东资信在借鉴国际信用评级机构评级技术的基础上，结合我国保险公司的特殊性，并征集保险业界精算、投资等专业人士意见，对保险公司产品开发、资金运作、准备金计算、资产负债管理等方面风险进行综合评估，已经开发出适合我国保险业现状的评级体系。

远东资信不仅对保险公司基本素质、财务结构、经营能力、偿债能力、经营效益和发展前景等方面进行评价和分析，而且在保险公司主要产品、费率厘定、准备金计提、费用分析、资金运作、内部风险控制等方面都进行详细分析与评估。同时，远东资信注重结合保险公司运行环境如国家宏观经济情况、行业状况、地区状况等对保险公司进行评价，对保险公司面临的各种风险进行全面把握。

（八）鼎盛质量信用评价有限公司

河南省鼎盛质量信用评价有限公司（简称鼎盛公司）是一家独立的第三方信用评价，诚信体系建设的专业机构，于2005年1月经河南省工商行政管理局批准成立，注册资金1000万元人民币。鼎盛公司已在人民银行郑州中心支行、河南省质量技术监督局、河南省信用建设促进会备案，与商务部、人民银行、技术监督局等相关部委建立了企业信用体系建设、信用咨询、信用评价、分析等信息联络中心。

（九）小结

尽管中国也是新兴的保险市场，但保险评级行业发展却异常迅速，各种评级机构如雨后春笋般在这片土地上生长起来。然而，具有一定的实力，能在市场上与外资竞争的内资评级机构还只有大公国际等少数几家。虽然国内评级公司不少，但目前实质上开展保险公司评级的仅有两家：中诚信国际信用评级有限责任公司和大公国际资信评级公司。另外已经获得保监会资质的还有联合资信、上海新世纪、上海远东资信共六家公司。值得一提的是，东方金诚官网上也可以找到保险评级的业务介绍。

三、国内保险公司获得资信评级的基本情况

随着中国保险公司经营经验的丰富和数据的积累，国内保险公司获得评级的事例逐渐增多，按照时间顺序进行归纳：

1. 1998年8月，泰康人寿保险股份有限公司获中诚信国际AA信用评级，成为国内首家通过信用评级的保险企业。

2. 2000年8月，时任保监会主席马永伟在其主编的《保险知识读本》中称："可根据各个保险公司不同的信用等级来区别对待，给予不同的政策，决定其保险资金运用的范围。"

3. 2001年8月，中诚信国际将泰康人寿保险股份有限公司信用等级由AA上调为AAA-。

4. 2001年5月，标准普尔专门负责亚洲银行和保险机构评级的负责人在北京表示，由于中国保险公司总是处于"强烈的变化"之中，暂时不会对中国保险公司进行评级，但目前正关注着包括中国保险公司在内的亚洲主要保险公司的发展情况，尽可能地搜集它们的数据和资料，并和监管机构保持长期沟通。

5. 2001 年 9 月，中国平安保险（集团）股份有限公司获中诚信国际 AAA 信用评级，成为国内第一家获得 AAA 级信用等级的金融保险企业，也是目前国内第一家获最高信用评级的保险企业。2001 年 9 月，据《亚洲周刊》（*ASIAWEEK*）的排名显示，2001 年度中国平安保险股份有限公司在“亚洲最大一百家人寿保险公司”的排名比 2000 年前进一名，位居第 23 名。而平安的资产利润率为 2.0%，在前 23 家公司中位居第一。

6. 2001 年 11 月 28 日，中再国际的控股公司中保国际控股公司宣布收购太平人寿保险及太平保险以及发行新股。标准普尔 2001 年 11 月 29 日确认中国国际再保险公司 BBB + 长期保险公司财政实力评级，并把该公司长期信用评级展望由稳定调整为正面。

7. 2002 年 9 月 17 日，保监会颁布了《再保险公司设立规定》，规定保险公司向被保险人在中国境外的关联保险公司办理分出业务时，该关联保险公司应由同一家国际信用评级公司对其作出的评级在最近三年均不低于 A 级。

8. 2003 年 1 月，经权威评估机构大公国际资信评估有限公司评级，中国平安保险（集团）股份有限公司再次获得 AAA 级财务信用等级。

9. 2003 年 3 月，中国平安保险（集团）股份有限公司获中诚信国际 AAA 信用评级。

10. 2003 年 10 月 23 日，国际权威评级机构惠誉国际为太平人寿作出中国企业最高评级 BBB +，认为该公司信用质量良好，建立了良好的商业模式。这是迄今为止国际评级机构对中国保险企业作出的最高评级。

11. 2003 年 11 月，标准普尔对中国金融业整体作出展望，保险业是其中的一部分。

12. 2004 年 3 月，中国平安保险（集团）股份有限公司获大公国际 AAA 信用评级。

13. 2004 年 7 月，联合资信完成了新华人寿保险股份有限公司 13.5 亿元次级债券评级，级别为 AAA。

14. 2004 年 12 月，惠誉国际确认中保国际控股有限公司的长期信用评级为 BBB -，同时确认中保国际的两家子公司——中国国际再保险公司和太平人寿保险有限公司的保险公司财务实力评级分别为 A - 和 BBB +，上述各评级的评级展望均为“稳定”，这也是我国保险企业首次获得国际权威评级机构的评级报告①。

---

① 周阮帆：《中国保险信用评级大事记》，载《中国乡镇企业》，2005（6）。

15. 2005 年 6 月 23 日，标准普尔发布《中国保险业信用前瞻（2005—2006）》，首次对中国 10 家主要保险公司逐一测评。该报告所使用的评价依据是营运表现、投资回报率和资本充足率等几个指标。该报告指出，与两年前对中国保险业进行评估时比较，中国保险业当前的财务状况和市场风险的一些不明朗因素有所改善，但处于起步阶段的中国保险业仍需要提升营运管理的质量。

16. 2005 年 7 月 16 日，中国保监会主席吴定富在中国社科院举行的“寿险公司内含价值国际研讨会”上说，人身保险内含价值报告编制指引草稿已完成，计划在年内正式出台并实施。

17. 2005 年 7 月 21 日，上海保监局与有关保险公司及专业保险中介机构就保险中介机构信用评级方案进行讨论，初步明确了保险中介机构信用评级的基本思路。

18. 2006 年，标准普尔评级公司发布了《中国保险业信用前瞻》，该报告仅仅是对中国保险业的综合评析，而非对具体保险公司进行评级。

19. 标准普尔评级服务 2007 年 8 月 10 日授予中国出口信用保险公司（中国信保）A 的长期发债人评级和 A－1 的短期发债人评级，评级展望正面。标准普尔信用分析师陈锦荣说：“中国信保的发债人评级与中国的政府评级相一致，这反映了其来自中国政府的支持以及所扮演的重要的政策性角色，这一角色是不可能通过一家商业保险公司来有效实现的。”中国信保是中国唯一专业从事出口信用保险的政策性保险公司，由中国政府于 2001 年设立，旨在促进符合国家政策的出口和投资。中国政府是该公司唯一的股东，并通过财政部监督其业务运作。中国信保的监事会由财政部任命，负责审批公司的年度商业计划，公司的管理层则对管理委员会负责。在批准中国信保的国务院有关文件中，政府也承诺维持该公司足够的资本。

20. 2009 年国际三大评级机构标准普尔、穆迪和惠誉国际日前分别对中国人寿保险股份有限公司给出 A＋、A1、A＋的信用评级，并且评级展望稳定。中国人寿成为中国公司中评级最高的公司之一，并跻身于全球最高信用评级的保险公司之列。标准普尔称，“尽管由于投资收入降低，其 2008 年利润水平将很可能降低，但其运营业绩仍旧良好。虽然投资市场动荡，但标准普尔预计未来几年在可持续增长及良好的核保利润支持下，公司运营业绩仍旧会令人满意。”惠誉国际对中国人寿“强大的分销能力及续期保费收入的持续强劲增长”以及“审慎的管理和强有力的公司治理结构”表示欣赏。穆迪的评级报告中则着重指出中国人寿“坚实的资本结构，金融杠杆比最小”这一优势。

在评级过程中，三大评级机构一致认为中国人寿无与伦比的市场地位、遍布全国的强大分销网络及良好的资本状况是其有别于同行的主要优势。同时，上述评级机构也表示了如下顾虑："由于金融市场放开，在寿险领域的竞争愈演愈烈，面临保持其市场份额的挑战。经济低迷与社会风险加大的情况下，可能对其投资结果产生不利影响。在资本需求，产品销售及投资限制上面临很大的监管风险。"

21. 2010 年，国际评级机构惠誉国际（Fitch）将太平人寿国际评级上调至 A-，评级展望为"稳定"。从 2004 年起，惠誉国际继连续六年为太平人寿作出 BBB+评级。

22. 2010 年 6 月，国际著名的评级公司标准普尔宣布，授予中国平安财产保险股份有限公司（简称平安产险）A 的长期交易对手信用评级和保险公司财务实力评价，评级展望稳定。标准普尔报告指出，中国平安财产保险股份有限公司获得这个评级反映出该公司竞争实力强劲、承保表现良好以及合理审慎的投资策略，评级的稳定展望反映了该公司再多元化分销渠道支持下的强劲竞争实力、不断改善的承保表现以及平安保险集团的有力支持。标准普尔在评级报告里称，中国平安财产保险股份有限公司作为平安集团的核心子公司之一，将获得来自集团强大的综合金融平台支持。目前中国平安持有平安产险的 99.13% 的股份，平安产险将在品牌知名度、交叉营销机会以及集中化的后台处理方面都从中国平安集团受益，并在必要时能给予其强有力的财务支持。数据统计显示，2009 年中国平安财产保险股份有限公司实现总保费收入人民币 384.8 亿元，同比增长 43.86%，市场份额获大幅提升，历史性跃居行业第二。业务规模实现强劲增长的同时，承保效率良好。而平安产险在今后也将持续其优良的业绩、强大的平台、稳健的经营和更优质的服务努力打造行业典范。标准普尔认为中国平安财产保险股份有限公司 2009 年的市场地位十分稳固，分销渠道多元化。根据公开资料，2009 年平安产险是中国第二大财产保险公司，以 2009 年保费计算的市场份额为 12.86%。平安产险在母公司的支持下，将分销体系拓展至电话营销、网络营销和交叉销售，并在这方面表现得优于其他公司，其分销体系和承保表现在未来还会呈持续增长势头。

23. 2010 年 11 月，A. M. Best 授予爱和谊财产保险（中国）有限公司（Aioi Insurance Company（China）Limited）（以下简称爱和谊保险）A-级（优秀）财务实力评级和 a-级发行人信用评级。该等评级前景展望为稳定。爱和谊保险获得的评级反映了公司有利的风险调整后资本总额、优越的流动性状况，以及来自母公司爱和谊日生同和保险公司（Aioi Nissay Dowa Insurance

Company Limited）在业务开发和再保险等方面的强大运营支持。A. M. Best以Best资本充足率（BCAR）指标衡量，爱和谊保险的总体资本化水平为其承保与资产风险提供了有力的保障。A. M. Best认为，爱和谊保险的预期风险调整后资本总额将继续足以支撑公司预期的保费增长，同时预测在产生资本需求时该公司将受益于母公司的持续支持。与获得相对较新业务的牌照有关的高额设立费用以及与预期保费增长相关的执行风险在部分程度上抵消了上述积极因素的有利影响。鉴于保险业竞争将日趋激烈，A. M. Best认为，具有挑战性的市场环境，以及爱和谊保险过去三年中表现平平的承保业绩记录将给公司在未来三年内实现预期收支平衡带来压力和执行风险。

24. 2011年12月28日，大公国际对安邦保险2010年度次级定期债务信用等级维持AA+，主体信用等级维持AAA，评级展望维持稳定。安邦财产保险股份有限公司（以下简称安邦保险）主要从事财产保险、短期健康保险和意外伤害保险等业务。评级结果反映了安邦保险资本实力雄厚、成本管控能力较强、承保利润逐年较快增长以及偿付能力保持在较高水平等有利因素，同时也反映了安邦保险车险占比较高、投资收益波动较大等不利因素。

25. 2012年2月21日，惠誉发布最新研究报告显示，惠誉评级已确认中国人寿保险股份有限公司（中国人寿）的保险公司财务实力评级（IFS）为A+级。评级展望稳定。该评级反映了中国人寿产品较低的承诺收益率、实力雄厚的零售网点、强大的分销能力，以及稳健的风险资本金水平。基于中国人寿多数股权为政府持有，及其庞大的保户基础和在中国金融体系中占据重要地位，此评级还考虑到了财政部在资本和政策方面可能提供的支持。但是，该评级受到其收益业绩的波动性和风险集中于国内市场以及持续的市场竞争的制约。中国人寿继续通过增加期交保单来提高利润率，在国内市场维持领先地位。

26. 2012年8月17日，标准普尔评级服务宣布，将中国平安财产保险股份有限公司（平安产险）的评级展望从稳定调整为负面。与此同时，标准普尔确认该公司A的长期本币交易对手信用评级和保险公司财务实力评级。同时确认该公司cnAA+的大中华区信用评级。标准普尔信用分析师刘维明表示："本研究调整平安产险的评级展望，这是因为本研究认为其母公司中国平安保险（集团）股份有限公司（平安集团，未评级）的信用状况可能在未来两年内变差。将之归因于平安集团保险和银行业务的快速增长，认为其资本水平构成评级限制。由于资本市场可能持续波动，以及银行和保险业务的快速扩张，平安集团的资本状况可能削弱。"标准普尔确认平安产险的评级，是因为平安财产公司在未来两年内能够维持其强劲的市场竞争地位，良好的运营表现和令人满意的投资状况。不过该公司中等的资本水平，以及中国产险市场中等偏高的行业风险，且该市场还可能迎来新的风险，这些因素则抵消上述优势。标准普尔将平安产险视为平安集团的核心子公司，评估平安产险的信用状况时会同时考虑平安集团的信用状况。

27. 2012 年人保集团在财政部 2011 年度绩效评价中，与中国工商银行同时获得“优”的最高评级，成为国内保险业唯一一家获得该评价的公司，A 类 AAA 级是财政部绩效评价结果的最高级。中国人保集团是在经济增速放缓、资本市场持续低迷的大背景下取得 A 类 AAA 级最高评级的。在保险业发展形势严峻的 2011 年里，中国人保集团是唯一一家净资产收益率同比上升的保险集团，并交出了盈利增长列主要保险集团之首、资产增幅和保费收入居行业第二的优异成绩单。

28. 2012 年 6 月 8 日，国际著名三大信用评级机构之一的惠誉发布最新研究报告，授予华泰财产保险有限公司财务实力评级（IFS）A－级，评级展望稳定。该评级反映了华泰财险长期良好的运营业绩、优质的保险业务、稳健的流动性头寸，以及在竞争激烈的国内非寿险行业中稳固的行业地位。惠誉评估报告的部分内容如下：华泰财险是华泰保险集团股份有限公司内核心运营实体，在中国的非寿险市场拥有超过 16 年的运营历史。公司通过保险中介和国内 27 家网点不断扩大业务。其毛承保保费过去五年年均增长率为 27.9%，从 2006 年的 15.5 亿元人民币增长至 2011 年的 48.7 亿元人民币。虽然业务量增长强劲，公司的综合成本比率从 2008 年的 109.3% 改善至在 2011 年的 94%。2011 年，在市场环境遇到挑战的背景下其车险业务的承保利润率依然强劲。

目前，我国还没有专门提供保险信用评级服务的信用评估机构。截至 2012 年 8 月，我国内地保险公司的信用评估状况见表 2－2。

表 2－2　　我国内地保险公司的信用评估等级

	评估等级	评级机构
泰康人寿保险公司	AAA－	中诚信国际
中国平安保险股份有限公司	AAA	中诚信国际
生命人寿保险公司	AA－	中诚信国际
中国人寿	A＋	标准普尔
	A1	穆迪公司
	A＋	惠誉国际

续表

	评估等级	评级机构
中国人民保险有限公司	A1	穆迪公司
	AAA	财政部
太平人寿保险有限公司	BBB +	惠誉国际
	A –	惠誉国际
中国平安财产保险股份有限公司	A	标准普尔
爱和谊财产保险有限公司	A –	A. M. Best
安邦保险	AAA	大公国际
华泰财产保险有限公司	A –	惠誉

第三章
中国非寿险公司信用评级方法设计

“要制定客观、公正、合理、统一的主权信用评级方法和标准，使有关评级结果准确反映一国经济状况和信用级别。”

——胡锦涛主席

（2010 年 6 月 27 日 G20 多伦多峰会）

“加快制定信用评级以及征信等方面的法律法规……促进我国信用评级机构发展，增强竞争力和公信力。”

——温家宝总理

（2012 年 1 月 6 日全国金融工作会议）

A. M. Best 公司、标准·普尔、穆迪和惠誉四大国际著名的保险评级公司信用评级方法体系，具有重要的借鉴意义，但这些已有评级方法对中国保险公司的信用评级存在一个适用性问题。

在研究国内外信用评级方法的基础上，要着力于中国非寿险公司信用评级方法体系的构建，包括框架体系、指标体系和方法体系的创新设计。本研究框架指标体系涵盖财务指标体系、微观指标体系和宏观指标体系；在研究方法上结合了层次分析法和主成分分析法；在数据处理上改进的指数功效函数与对数功效函数共举，是对中国非寿险公司信用评级的方法论基础。

第一节　国内外保险公司信用评级方法

一、国外主要保险公司评级的框架和方法

本部分主要介绍穆迪公司、标准普尔公司、惠誉公司和 A. M. Best 等国外

主要保险公司的评级框架和方法。

（一）穆迪公司的保险公司财务实力评级框架

穆迪现为保险公司提供债信评级及为人寿保险和财产保险公司提供保险财务实力评级（长期保险财务实力评级标准从 Aaa 至 C，短期保险财务实力评级标准从 P-1 至 NP）。保险公司的债信评级反映了保险公司向固定收益投资者（包括投资担保合同的投资者）就未到期债务还本付息的能力。保险财务实力评级则是对保险公司按时偿还高级投保人索赔及债务能力的评估。穆迪在评定保险公司的信用评级时会着重考察保险公司的毛保费收入水平、综合赔付率等指标，结合行业分析、监管状况及其发展趋势和公司基本面分析。

（二）标准普尔公司对财险公司的评级内容

在评级时，标准普尔参考以下指标给出评级结果：

（1）行业风险。（2）保险人业务状态审核。（3）管理和企业战略。（4）经营分析。（5）投资。（6）股本筹集。（7）流动性。（8）财务弹性。

依据以上指标，标准普尔对保险人的财务实力和综合能力作出判定，划分为两类——安全级和脆弱级，以 BBB 和 BB 为界限。前者表明保险人的资本实力与所承担的保单责任相符，具有偿付能力；后者则意味着保险人资本实力脆弱，难以承受经济恶化和承保条件的变化。脆弱级中的等级类别从 BB 到 CC，指保险人的资本实力处于脆弱状态，难以承受经济状况的恶化及承保条件的变化。详情参见表 3-1。

表 3-1　标准普尔公司信用等级划分方法

等级	字母等级	文字评价	具体内容	备注
安全级	AAA	最安全的资金保障	资本实力绝对充足与安全，资本金完全可以承担保单责任，而不受经济及承保条件变化的影响	在 AA 级到 B 的等级分类中，每一个资信级别还可以通过加注(+)或(-)符号进行微调，这是表示保险人或再保险人在等级分类中的相对位置，而并不意味升级或降级。(+)及(-)符号使评级结果更加精确。若仅依据公开出版物的评级则不使用(+)及(-)符号
	AA	优良的资金保障	在经济及承保条件变化后其资本金仍可承担保单责任	
	A	良好的资金保障	在经济恶化及承保条件变化时，其资金保障会受到轻微影响	
	BBB	适度的资金保障	在经济恶化及承保条件变化时，其资金保障易受影响	

续表

等级	字母等级	文字评价	具体内容	备注
脆弱级	BB	可能适度的资金保障	在经济恶化及承保条件变化时，其资金保障不能与保单责任相适应，特别是那些长期保单或长尾保单	
	B	脆弱的资金保障	资本金暂时可与保单责任相适应，但在遭遇经济恶化及承保条件变化时，其适应性会变得特别脆弱	
	CCC	极为脆弱的资金保障	资本金与保单责任的适应性极不可靠	
	CC	不能提供包括承担保单责任在内的任何资金保障		
	Upi	未被评级	被冠以“U”的公司由于未提供充足的资料，故无法给予评级	

（三）惠誉公司的保险公司财务实力评级框架

1. 惠誉国际信用评级的基本原则和方法。

（1）注重深入实地调研，获得第一手分析资料。惠誉通常会观察至少过去五年的历史数据，以及未来一至三年的预测。为采集第一手资料，惠誉国际信用评级分析师要现场访谈发债企业的管理层，访谈对象包括行政、财务、投资项目、销售、计划发展等部门的负责人，了解企业经营、管理和财务方面的情况，决策者对外部环境的分析及内部实力的把握，企业未来发展设想，决策程序、决策层的稳定性及主要决策者的详尽情况等，以及对受评企业经营情况建立感性认识。此外，分析师还要对与发债企业有债权债务关系的其他部门或企业进行调查与访谈，目的是了解发债企业历史资信情况、目前债务的真实压力以及资金回笼情况等。

（2）定性和定量相结合，强调定性分析和行业差异。惠誉评级指标体系包括定量和定性两方面，在财务分析和部分指标预测中采用定量分析外，还大量采用定性分析，综合各种因素分析和专家意见得到评级结果，从而全面反映受评对象的风险构成。同时注重不同行业或同行业内评级对象信用风险的相互比较，评级指标根据被评对象及经济主体所处行业不同而不同，并考虑全球的一致性。

（3）侧重对未来偿债能力和现金流量的分析评估。惠誉评级以对受评对象现有偿债能力的静态分析作为线索，侧重分析评级对象的未来偿债能力，如经济周期、行业中竞争地位、市场状况、经营管理者素质、可能影响受评对象信用的兼并、法律诉讼等突发事件等。在财务分析中注重分析现金流量，惠誉信用评级认为清偿到期债务的能力大部分取决于企业的现金流量是否充足，分析师尤其要关心的是企业经营活动中产生的净现金流。此外，还注重分析关联交易、担保和其他还款保障。

惠誉评级其保险公司评级主要包括行业分析、经营性分析、组织性分析、管理分析、财务分析等（见表3－2）。

表3－2　惠誉公司信用等级划分方法

等级	字母等级	文字评价	备注
投资级	AAA	最高的信用质量	每一个资信级别还可以通过加注（+）或（－）符号进行微调，这是表示保险人或再保险人在等级分类中的相对位置，而并不意味升级或降级
	AA	很高的信用质量	
	A	较高的信用质量	
	BBB	较好的信用质量	
投机级	BB	投机性	
	B	较高的投机性	
	CCC	违约的可能性确实存在	
	CC	某种程度的违约是可能的	
	C	会很快出现违约现象	
	RD	没有能够（在宽限期内）按期偿付部分而不是所有的重要金融债务	
	D	实体或国家主权已经对其所有的金融债务违约	

2. 惠誉国际信用评级的基本原则和方法。考虑到许多财务比率在周期内的不同时点会有所变化（综合成本率、运营杠杆、现金流比率等），惠誉通常会将这些比率与行业/同业平均水平进行比较，使提供的评级能够剔除正常非寿险类保险行业周期内的上行和下行影响。

（1）承保质量和利润水平。

惠誉用损失率衡量的是本公历年份出现的损失相对于净赚得保费的水平。

费用比率衡量的是包括佣金、薪酬和人员费用在内的承保和收购费用相对于净保费的水平。

综合成本比率衡量的是总体承保利润水平，是损失率和费用比率之和（包括所有保单持有人分红)。

运营比率衡量的是运营利润水平，它是承保利润和税前投资收益之和，不包括已实现和未实现的资本利得和损失。

盈余回报率（ROS）/股本回报率（ROE）衡量的是一家公司的税后利润与平均盈余或股本的相对水平。

收入回报率用于比较公司的税前收入和收入（即赚得保费与投资收益之和）。

资产回报率衡量的是一家公司的税前及保单持有人分红前的运营利润与平均资产的比例。

保费增长率是进行同业比较的有效手段，也需要相对于行业周期性质进行判断。

（2）投资和流动性。

非投资级债券占盈余/股本的比重衡量的是盈余/股本对投资级以下（评级低于 BBB-）债券的风险暴露，此类债券的信用风险高于平均水平。

非关联普通股占盈余/股本的比重衡量的是盈余/股本对普通股投资的风险暴露。

关联投资占盈余/股本的比重衡量的是盈余/股本对关联投资的风险暴露。关联投资比重较高可能会降低流动性，使得盈余可能暴露在价格波动（如果是普通股）的风险之下，并可能传递公司资本金积累“stacking”的潜在信号。

现金流比率衡量的是在一定时期内，运营现金流入相对于运营现金流出的水平。

流动资产/负债衡量的是一家公司现金和非关联投资级债券、股票和短期投资对净负债的覆盖程度。

投资收益率是投资收益占现金和投资的平均值和应计投资收益的百分比。

（3）损失准备金率。

准备金变化/上一年损失准备金衡量的是一家公司一年内损失准备金变化占上一年损失准备金的百分比，显示损失准备金设定水平的历史准确程度。

准备金变化/盈余或股本衡量的是一家公司一年内损失准备金变化占上一年盈余/股本的百分比，能够说明准备金提取错误影响盈余/股份低报或高报的程度。

准备金变化/赚得保费衡量的是一家公司一年内损失准备金占净赚得保费的百分比，能够说明本公历年度的损失在多大程度上受到上一年业务发展的影响。

存活比率（Survival Ratio）衡量的是假设最近的赔付趋势延续的情况下，准备金中涵盖的缓冲部分。

（4）分保再保险敞口。

自留额比率是扣除用于购买再保险后的保费占已售出保费总额的百分比。

再保险摊回/盈余或股本衡量的是一家公司对再保险摊回的信用风险敞口。计算比率时应考虑来自于所有再保险公司的摊回。

（5）资本充足率。

净售出保费/盈余或股本显示一家公司在已售出保单上的运营杠杆，衡量的是盈余/权益对定价措施的风险敞口。

净杠杆显示一家公司以目前已售出保单，以及因出售保单未到期而产生的负债计算的净运营杠杆。

总杠杆显示一家公司的总体运营杠杆，同时考虑了无关联分保净保费和负债敞口。

（6）财务杠杆和覆盖。

债务/总资本衡量的是在整个资本结构下的财务杠杆。评估时需要特别注意所报告权益的“质量”，考虑受商誉等无形资产支持的部分。

固定费用覆盖比率计算时同时使用运营利润和现金流，来判断用于支付包括租金中利息部分、优先股红利在内的利息所需的经济资源。

利息覆盖比率（Interest Coverage Ratios）分别以盈利和现金流为基础计算，以判断可用于支付未偿债务相关利息开支的经济资源。

（四）A. M. Best 公司的保险公司财务实力评级框架

A. M. Best 是主要从事保险评级业务的评估机构。A. M. Best 公司评级的基本状况如下：

1. 评级对象：只对满足一定财务标准（至少有 100 万美元资本）的保险公司进行评级。

2. 评级资料来源：搜集的数据来自于财产与责任保险公司和人寿与健康保险公司的年度报表。在为保险公司评级之前，要求至少有 5 年的财务数据。

3. 评级考虑因素：承保、管理、准备金、纯保费和投资，评级结果基于将保险公司的财务信息与 Best 公司确定的标准进行对比。保险公司的规模被剔除在评级因素之外，因为公司规模大并不意味着公司运行稳定性强，财务状况良好。

4. 评级机构收入来源：来源于使用这些评级结果的保险公司和保险产品的购买者。

5. 评级等级划分：经过财务审查之后，保险公司即可得到一个字母等级，其变化范围从 A ++ 到 F，分别对应于从最好到一般，再到最差的评级结果。这种分级方式与美国教育系统采用的评分系统类似，容易被消费者理解和接受。同时，Best 公司还对那些没有评定等级的保险公司评定“财务成绩等级”（FPR），这种等级比字母等级使用了较少年份的数据。

A. M. Best 对保险公司的评估方法——BCRM（Best's Credit Rating Methodology）已经普遍为业内所接受，其评级主要考察市场状况、资产负债表实力、保险公司的经营性业绩等。A. M. Best 公司使用的等级以及与它们相对应的文字评价具体情况见表 3 – 3。

表 3 – 3　　A. M. Best 公司信用等级划分方法

<table>
<tr><th></th><th>文字评价</th><th>字母等级</th><th>财务成绩等级（FPR）</th></tr>
<tr><td rowspan="6">安全等级</td><td rowspan="2">优（最好）</td><td>A ++</td><td>FPR——9</td></tr>
<tr><td>A +</td><td>FPR——8</td></tr>
<tr><td rowspan="2">良（极好）</td><td>A</td><td>FPR——7</td></tr>
<tr><td>A –</td><td>FPR——6</td></tr>
<tr><td rowspan="2">中（很好）</td><td>B ++</td><td rowspan="2">FPR——5</td></tr>
<tr><td>B +</td></tr>
<tr><td rowspan="9">危险等级</td><td rowspan="2">中（足够好）</td><td>B</td><td rowspan="2">FPR——4</td></tr>
<tr><td>B –</td></tr>
<tr><td rowspan="2">中下（一般）</td><td>C ++</td><td>FPR——3</td></tr>
<tr><td>C +</td><td>FPR——2</td></tr>
<tr><td rowspan="2">勉强可以</td><td>C</td><td></td></tr>
<tr><td>C –</td><td></td></tr>
<tr><td>非常危险（没有评级意见）</td><td>D</td><td></td></tr>
<tr><td>受政府干预（没有评级意见）</td><td>E</td><td rowspan="2">FPR——1</td></tr>
<tr><td>破产清算</td><td>F</td></tr>
</table>

资料来源：裴光、徐文虎：《中国保险业标准化理论研究》，北京，中国财政经济出版社，2008。

虽然四个评级公司都使用了字母等级，但各个评级机构采用的评级标准是不同的，像标准普尔和道衡采用了所谓的“理赔能力等级”，但它们评价结果是高度相关的。前四个级别表明被评对象信誉高，履约风险小，受不利经济环境影响的程度低，偿付能力强，是值得信赖的。而从第五级开始则表明信誉低，履约风险较大，受不良经济环境影响的程度较高。当然，它们所作出的信用评级不具有向社会推荐被评估对象的含义和义务，只是供人们决策时参考。

因此，它们对社会负有道义上的义务，但并不承担任何法律上的责任。世界四大评级公司的指标体系比较见表3－4。总体上看，这些指标体系，不仅仅包含财务状况分析，还可能包含公司层面的微观分析和市场分析。

表3－4　　四大评级公司的指标体系比较

穆迪	标准普尔	惠誉	A. M. Best
行业分析	产业风险	行业分析	市场状况
监管状况及其发展趋势	商业地位	经营性分析	资产负债表实力
公司基本面分析	管理与公司战略	组织性分析	保险公司的经营性业绩
	经营业绩	管理分析	
	投资	财务分析	
	资本		
	流动性		
	财务灵活性		

二、目前我国的保险公司资信评级方法

虽然我国在保险信用的法规制度、行业监管等方面取得了一些成果，但整体的法律环境仍然亟待完善。在2009年10月1日起施行的新《保险法》中，完善或增添了如下相关规定：

（1）重点突出了有关偿付能力监管的规定，并在第一百三十六条中授权监管机构制定相关的具体办法。

（2）第一百五十五条详细规定了保险监督管理机构的职能权限。

（3）第八十八条规定了保险公司聘请或者解聘资产评估机构、资信评级机构等中介服务机构，应当向保险监督管理机构报告（解聘应同时说明理由）。

在行业监管方面，保监会等相关保险监督部门陆续出台了一些有关信息披露的条例和规定，对我国保险信用评级制度的建设和完善起到了一定的推动作用。

由于财险公司和寿险公司在业务类型、保费计算、资产管理等方面都有很大不同，因此对二者的信用评估通常采用不同的指标体系。目前来说，国内提供保险公司信用评级业务的主要是中诚信国际信用评级有限责任公司。因此，下面以中诚信国际的寿险公司信用评级方法为代表进行说明。详见图3－1。

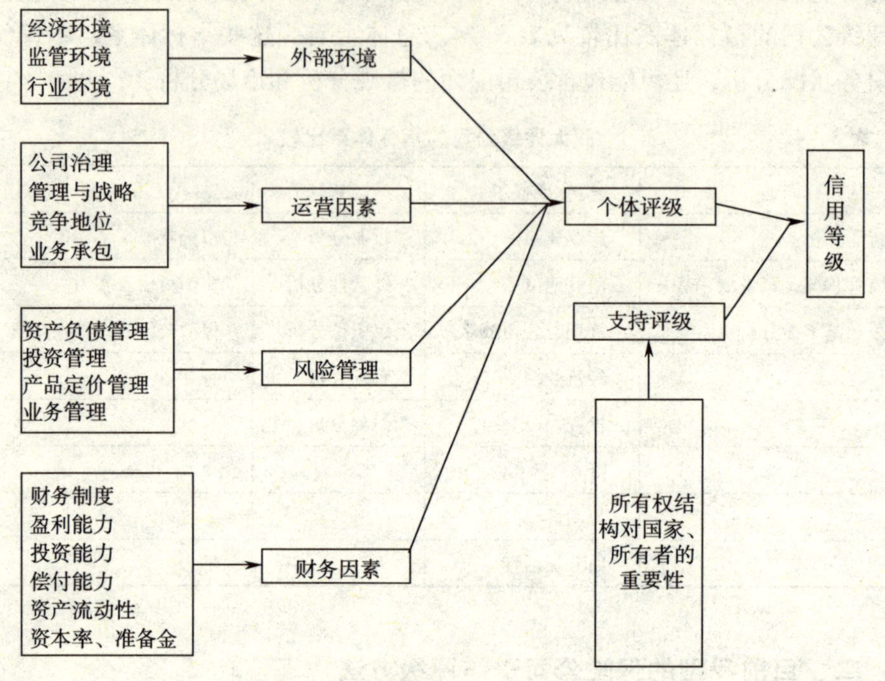

资料来源：《中诚信国际寿险公司信用评级方法》，第2页。

图3-1 中诚信寿险公司信用评级方法

中诚信国际对寿险公司的信用评级方法可以总结为：

（1）以个体评级为主，个体评级与支持评级相结合。

（2）以定性分析为基础，定性分析与定量分析相结合。

（3）重视历史经营情况，历史考察与未来预测相结合。

此外，我国曾在1992年由信誉评级协会发布过包括保险公司评级指标在内的债券、企业和金融机构的信用评级指标①，但并没有得到实施。方法上，我国部分评级机构公布的保险公司评级方法大都借鉴了国外评级机构的经验，如新华诚信与联合资信公布的保险公司评级基本内容包括：行业分析、监管和政策分析、信息的可靠性、财务稳健性、业务发展和风险管理、股东与股本这六个方面。

根据保险公司经营活动的特殊性，结合国外评级机构的评级方法以及我国的

① 李晓林、李肖傧：《保险公司信用评级与寿险产品评价体系研究》，北京，中国财政经济出版社，2004-01-01。

监管实际，可以采取外部因素与内部因素、静态与动态、定量与定性三结合的方法，对保险公司的偿债能力、信誉状况、履约可靠性和安全性程度进行调查、研究、综合分析，从而对其信用能力作出综合的评价。具体情况见表 3－5。这个指标体系考虑了各个层面的因素，实际评级过程中可以根据研究内容、研究对象的特点进行取舍。

表 3－5　　公司评级指标体系构建架构

宏观经济背景分析：			
经济运行现状			
宏观调控政策			
人口状况（寿险）			
行业经济背景分析：	外部因素		
产业政策			
行业特征			
监管环境			
产品创新			
微观经营管理分析：		个体评级	
目标及经营管理战略			
竞争地位			
业务管理			
财务指标分析：	内部因素		
业务监管指标			资信等级的确定
资金运用指标			
财务状况指标			
	评级个体或所属行业的重要程度		
	政府直接支持的性质和程度	支持评级	
	银行等关联方的支持程度		
	股东支持程度		

资料来源：朱荣恩：《资信评级》，北京，中国时代经济出版社，2006。

第二节　中国非寿险公司信用评级方法的设计

对中国非寿险公司进行信用评级，首先必须建立信用评级的框架体系，包括指标体系和方法体系。本研究提出了不同于其他评级体系的框架体系，下面分别介绍中国非寿险公司信用评级指标体系和方法体系的设计。

一、保险公司信用评级的框架体系

对中国非寿险公司进行评级，其框架体系可以由两部分构成，一部分是指标体系，一部分是方法体系。保险公司信用评级的框架体系见图 3-2。

微观层面上的信用评级机构与金融保险市场连接在一起，共同形成了信用评级产业。同时，由于 NRSRO 制度和巴塞尔协议相关规定的存在，也使得信用评级机构与监管当局组织在一起，共同建构起一整套信用评级制度。对信用评级的整体研究不能回避产业研究，更不能严格地将机构和产业割裂开来，因此本研究又考虑了宏观评级。

整个评级中，本研究综合考虑了动态指标和静态指标的结合，定性分析和定量分析的结合，以及各层次指标体系的结合问题。一方面要满足具体评级的要求，另外一方面要兼顾评级方法的一致性和有效性。

二、保险公司信用评级的指标体系

中国非寿险公司信用评级总指标体系包括财务指标体系、微观指标体系、宏观指标体系三个，其中财务指标体系又包括盈利能力指标体系、营运能力指标体系、偿债能力指标体系、现金流量指标体系、发展能力指标体系等。

（一）财务指标体系

进行信用评级的重点是财务实力评级（Financial Strength Ratings，FSR）。

1. 从盈利能力方面分析。

（1）保费利润率＝［净利润/（保险业务收入－分出保费）］×100%

保费利润率指标是企业净利润与保险业务收入净额的比率，反映了企业每一单位保险业务收入可带来的纯收益。一般来说，该指标越大越好。

（2）总资产利润率＝（净利润/资产总额）×100%

总资产利润率衡量的是一家公司的税前及保单持有人运营利润与总资产的比例。因此该比率比盈余回报率/股本回报率对运营杠杆的敏感程度要低。出

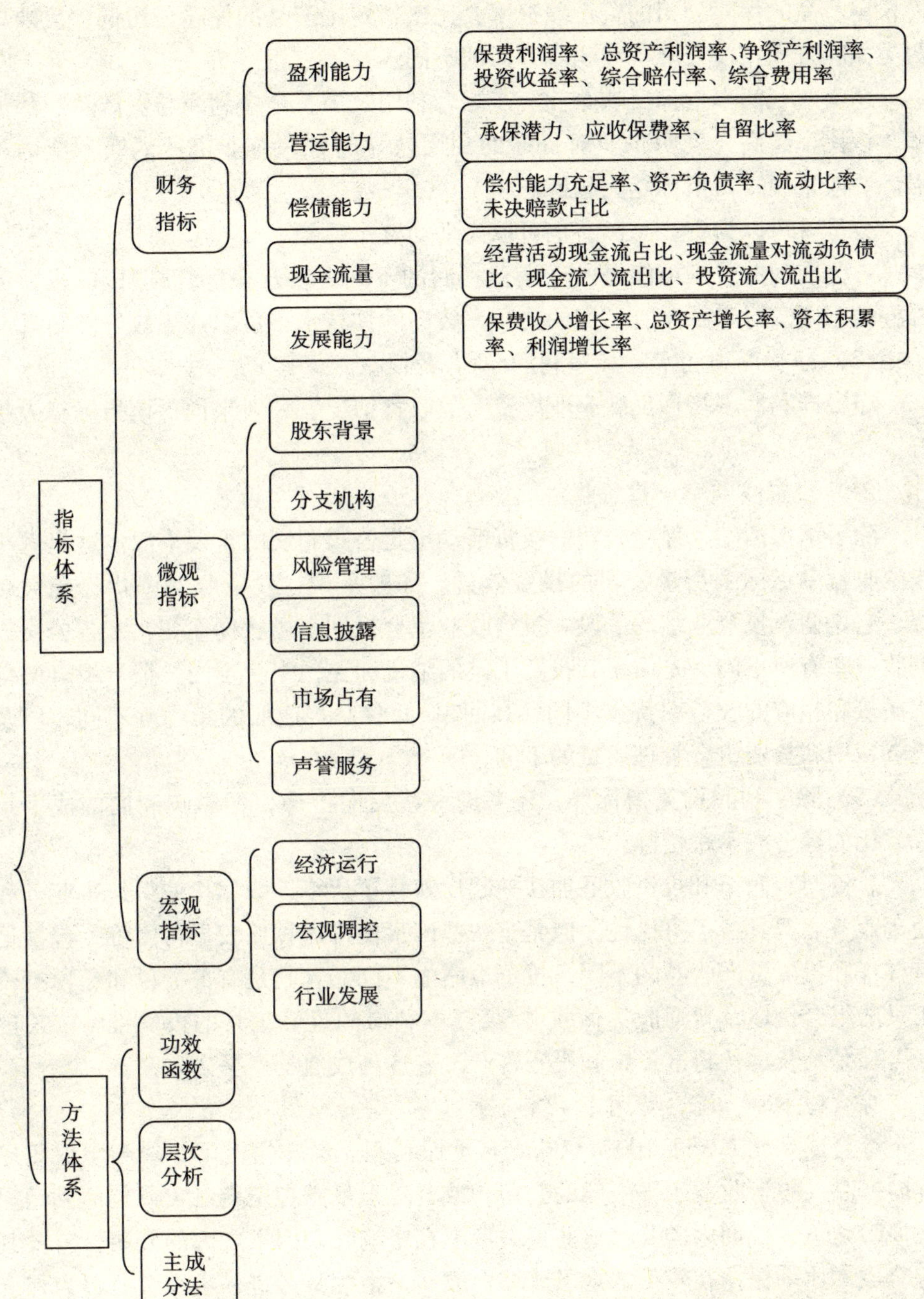

图3－2　保险公司信用评级的框架体系

售长尾产品的保险公司的资产回报率会比出售短尾产品的保险公司低，反映出两类保险公司在损失准备金积累方面的不同。

总资产利润率指标反映企业资产综合利用效果，是净利润与资产总额的比率。该比率越高，表明企业对资产的利用效益越好，企业资产的获利能力越强。一般来说，该指标越大越好。

分母既可以为资产总额，也可以为平均资产总额。

各公司间的差别可能是由于运营利润的不同，以及净运营杠杆和/或财务杠杆的不同。对于一家有利润的公司，较高的杠杆水平可以产生较好的结果。

（3）净资产利润率 =（净利润/所有者权益）×100%

净资产利润率指标反映企业净资产的收益情况，一般来说，该指标越大越好。

（4）投资收益率 = 投资收益/总资产

除了承保活动，保险公司的投资活动也是公司利润的重要来源。这里选用投资收益率指标来衡量公司的投资效益。一般来说，投资收益率指标越大越好。它是衡量投资业绩的手段。投资收益率会根据市场状况而变化。各公司投资收益率有所不同，是由于其投资工具的纳税和免税组合不同，债券组合的信用质量和相应的收益率特点不同，高回报/低收益普通股的集中度不同，以及投资费用和投资组合管理质量的不同。

（5）除了利润相关指标外，还考虑一些反向指标，即影响利润的成本指标，比如综合成本率指标。

总资产利润率和投资收益加在一起反映营运比率，该比率使得长尾业务和短尾业务之间具备了可比性。但是有一些因素使得这种比较显得困难，包括运营杠杆和投资资产收益的不同；投资策略的不同，尤其是有关征税和免税投资工具的组合，以及普通股等低收益/高资本利得的投资工具的投资策略；长尾业务强劲增长，使得准备金和投资资产没有达到成熟的水平。

综合成本率 = 综合费用率 + 综合赔付率

综合成本比率低于100%意味着有承保利润。通常情况下，对于承保短尾保险产品、投资收益水平一般的公司，或者对于暴露在定期巨灾或其他大型损失风险之下，长期内需要将这些损失考虑在影响收入因素之内的公司，需要其综合成本比率保持在较低的水平。综合成本率指标又可进一步详细分解为综合赔付率和综合费用率两个指标，指标定义如下：

① 综合赔付率 =（赔付支出 - 摊回赔付支出 + 提取保险责任准备金 - 摊回保险责任准备金）/（已赚保费）

对于大多数非寿险类保险公司而言，损失和损失调整费用是最大的一类费用。因此综合赔付率反映了财险公司的赔付成本的高低水平。综合赔付率是个反向指标，取值越小越好。

这里，保险责任准备金是指未决赔款准备金，摊回保险责任准备金是指摊回未决赔款准备金。

② 综合费用率 =（业务及管理费 + 手续费及佣金 + 保险业务税金及附加 - 摊回分保费用）/（已赚保费）

重点是按照我国会计准则，确认费用发生以更好地与成本匹配。综合费用率分母可以是已赚得保费，或者是已售出保单的保费。在某些会计准则下，费用在支付时即得到确认。而在其他会计准则下，费用必须要在保费赚得后才能确认。不同保险公司之间费用比率的差别主要是由于各公司在以下方面存在差别：分销系统成本（代理、直接销售和承保经理）、保险产品性质、承保风险类型需要、有关费用/损失比率组合的定价策略、固定成本与可变成本之比、成本效率、利润共享和/或有佣金安排，以及分保佣金水平等。

综合费用率反映了财险公司各项费用，主要包括业务及管理费、手续费及佣金（扣除摊回分保费用）的高低水平。综合费用率也是个反向指标，取值越小越好。

各保险公司间的差异可能是由于费率水平、保险产品期限、有关费用/损失比率组合的定价策略、不利损失（巨灾）和前几年业务发展等方面的区别，以及损失准备金相对实力变化导致的。

2. 从营运能力方面分析。对于财产保险公司营运能力的考察，主要从其承保潜力、应收保费比率等方面考虑。

（1）承保潜力 =4 - 自留保费/（股本 + 资本公积 + 盈余公积）

《中华人民共和国保险法》第九十九条规定，经营财产保险业务的保险公司当年自留保险费，不得超过其实有资本金加公积金总和的四倍。据此，本研究构建承保潜力指标。

一般情况，承保潜力指标不能小于0，越大越好，如果为负则说明承保能力存在违规的风险。

（2）应收保费率 = 应收保费/保费收入

应收保费率反映了一家公司应收保费管理的情况，是一个反向指标，一般来说，越小越好。

（3）自留比率 = 自留保费/保险业务收入

根据《中华人民共和国保险法》第一百条规定，保险公司对每一危险单位，即对一次保险事故可能造成的最大损失范围所承担的责任，不得超过其实有资本金加公积金总和的百分之十；超过的部分，应当办理再保险。

自留比率用于保障盈余不受巨大损失影响所需的再保险数额根据不同险种和损失敞口性质而有所不同，同时也受到保险公司资本金绝对数额相对于其单一风险和总的保单限额水平的影响。自留比率特别高或特别低都可能意味着公司进行了不适当的再保险，或公司进行再保险是出于风险分散以外的财务原因或其他原因。

考虑到这个指标的参考值很难选取，实际上不容易实施。另外可以考虑以下指标：

① 净售出保费/盈余或股本，该指标是净运营杠杆，衡量的是盈余/权益对定价措施的风险敞口。净运营杠杆的可接受级别根据不同业务种类有所差异，长尾和巨灾类产品由于对定价错误的暴露程度较高，要求的净承保杠杆因此较低。此外，如果是通过出售回溯定价类或利润/损失共同承担类保单等允许保险公司分流一部分定价错误负担的话，较高水平的杠杆也是可以接受的。由于净售出保费受到保单数量和定价准确程度的影响，理解该比率时要格外小心，因为定价准确程度的下降可能导致该比率显著上升。

② 净杠杆，该指标显示一家公司以目前已售出保单，以及因出售保单未到期而产生的负债计算的净运营杠杆。该比率等于净保费加上总负债，减去分保准备金，除以盈余或股本，它衡量的是盈余/股本对定价和提取保证金错误的风险暴露。长尾保险公司该比率的正常水平应当高于短尾保险公司，反映两类公司在分保损失准备金积累方面的不同。

③ 总杠杆，该指标显示一家公司的总体运营杠杆，同时考虑了无关联分保净保费和负债敞口。该比率等于售出保单保费总额（直接加间接）加上总负债（总负债包括分保损失和未赚取保费准备金），再除以盈余/股本。该比率衡量的是盈余对定价错误、准备金计提错误和由无法回收的再保险摊回导致的信用损失的暴露程度。长尾保险公司该比率的正常水平应当高于短尾保险公司，反映两类公司在分保损失准备金积累方面的不同。

3. 从偿债能力方面分析。财险公司的偿债能力是相关利益各方最为关注的财务状况，尤其是保险公司的偿付能力。简单来讲，保险公司偿付能力是指保险公司偿还债务的能力。这里，本研究主要从偿付能力充足率、资产负债率和流动比率等几个方面来考察财险公司的偿债能力。

（1）偿付能力充足率 =（实际资本/最低资本）×100%

其中，实际资本 = 认可资产 - 认可负债。

认可资产是保险公司在评估偿付能力时依据中国保监会的规定所确认的资产。认可资产适用列举法。

认可负债是保险公司在评估偿付能力时依据中国保监会的规定所确认的负债。

偿付能力充足率即资本充足率，是指保险公司的实际资本与最低资本的比率。保险公司应当建立偿付能力管理制度，强化资本约束，保证公司偿付能力充足。按照《保险公司偿付能力管理规定》，保险公司应当具有与其风险和业务规模相适应的资本，确保偿付能力充足率不低于100%。

中国保监会根据保险公司偿付能力状况将保险公司分为下列三类，实施分类监管：

① 不足类公司，指偿付能力充足率低于100%的保险公司。

② 充足Ⅰ类公司，指偿付能力充足率在100%到150%之间的保险公司。

③ 充足Ⅱ类公司，指偿付能力充足率高于150%的保险公司。

偿付能力充足率是正向指标，越大越好。

（2）资产负债率 =（负债总额/资产总额）×100%

资产负债率为负债总额与资产总额的比率。这是一个参考水平指标。对于财险公司，由于各种准备金是负债的重要组成部分，因此，该指标总体水平比其他行业要高，具体参考水平的确定取决于实际数据分析的结果和专家的比较选择。

（3）流动比率 =（流动资产/流动负债）×100%

根据流动性将资产分为流动性资产和非流动性资产，将负债分为流动性负债和非流动性负债。

此比率衡量企业流动资产在短期债务到期前可以变现用以偿还流动负债的能力。

这是一个参考水平指标。对于国内的财险公司，一般企业该比率为1左右比较好，具体参考水平的确定取决于实际数据分析的结果和专家的比较选择。

（4）未决赔款占比 = 未决赔款/直接保费收入（保费收入 - 分出保费）

这里采用参考值水平。

可以参考的指标是IBNR保费/赚得保费、IBNR准备金/准备金总额、IBNR损失/发生损失、准备金总额/赚得保费、准备金总额/已支付损失、发生损失/已支付损失，这些是对准备金充足率评估的补充。这些比率越高，说明准备金提取更保守，而比率下降则说明准备金充足率有所下降。评估这些比率时既要看其变化趋势，也要与行业水平进行比较。如果公司的准备金比率高于或低于行业水平，则认为是有利的或不利的。但是，这些比率对业务组合、定价和支付形态等方面变化的敏感程度很高。

另外一个可以考虑的指标是再保险摊回/盈余或股本，它衡量的是一家公司对再保险摊回的信用风险敞口。计算比率时应考虑来自于所有再保险公司的摊回。通常，来自于附属公司、组合（Pools）和关联公司的摊回被认为是低风险的。理解该比率时还应当考虑再保险公司的信用质量，保险公司和再保险公司之间关系的稳定程度，历史上的回收情况，已经采取的信用证、信托账户或保留资金（Funds Withheld）等形式的安全手段。长尾保险公司该比率的正常水平应当高于短尾保险公司，反映两类公司在分保损失准备金积累方面的不同。

4. 从现金流量方面分析。财险公司的现金流量主要分为经营活动现金流量、投资活动现金流量和筹资活动现金流量。主要利用这三个方向的现金流量对财险公司现金流动情况进行分析。本研究选取了如下的指标：

（1）经营活动现金流占保费收入百分比 =（经营活动现金流/保费收入）×100%

现金流量充足率指标主要说明当年经营活动现金净流量是否足以偿付当年到期债务、必要投资和支付股利。如果大于1，说明现金流量比较充裕；如果小于1，说明必须依靠其他来源如借款等解决。现金流量充足率指标是正向指标，取值越大越好。

（2）现金流量对流动负债比率 =（经营活动现金净流量/流动负债）×100%

现金流量对流动负债比率指标说明企业用当年经营活动现金净流量来偿还短期负债的能力，比流动比率、速动比率更具有直接意义。此指标分母也可改为负债总额，则表示企业用经营活动现金净流量偿还全部债务的能力。此指标数值大，说明企业偿债能力强，偿债风险低。

现金流量对流动负债比率指标是正向指标，取值越大越好。

（3）现金流入流出比率 =（经营活动产生现金流入/经营活动产生现金流出）×100%

现金流入流出比率指标说明企业在当年度内经营的现金流入和流出的对比关系。在通常情况下此比率应大于1，表明企业经营活动的现金流入大于现金流出。高于100%的比率表示运营现金流为正数，而低于100%的比率则表示运营现金流为负数。该比率既可以就绝对数值进行评估，也可以从趋势上进行分析。比率高于100%，则越高越好。还可以结合保费增长来分析现金流比率，原因是快速增长的公司，或进行现金流承保的公司，其现金流可能强劲，但却不具备可持续性。

现金流入流出比率指标是正向指标，取值越大越好。

上述（1）、（2）、（3）指标都是经营性现金流，对于财产保险公司而言，同时也更应重视投资性现金流，因此本研究添加第四个指标，也即投资活动的流入流出比。

（4）投资流入流出比率 =（投资活动产生现金流入/投资活动产生现金流出）×100%

投资流入流出比率指标主要是对投资活动的流入流出进行度量。但是，作为投资活动，很难说流入流出多了就好或者坏，因此，最优参考值需要考虑。

5. 从发展能力方面分析。通常，可以运用趋势分析法衡量财险公司的发展能力。本研究利用连续几年的指标数值计算出各项指标的成长速度即可反映出财险公司的发展情况。这些趋势指标可以用定基指数计算，也可用环比指数计算。其中，定基指数以某一固定时期为基期进行计算，环比指数以各个时期的前一期为基期计算。根据计算结果，就可判断财险公司各项指标变动的发展趋势及其合理性。

本研究选择了保费收入增长率、总资产增长率、资本积累率和利润增长率四个指标。

（1）保费收入增长率 =（本年保费收入增长额/上年保费收入总额）×100%

保费（收入）增长率反映了保费增长情况。保费增长率高于行业平均水平的公司可能产品定价过低。保费增长还是衡量业务价值的有效手段，原因是保费负增长可能是业务受侵蚀的信号。该比率还受到费率和保单数量变化的影响，因此在理解该比率时要特别小心。该指标为正向指标，越大越好。

（2）总资产增长率 =（本年总资产增长额/年初资产总额）×100%

总资产增长率反映了总资产的增长情况。该指标为正向指标，越大越好。

（3）资本积累率 =（本年股东权益增长额/年初股东权益）×100%

资本积累率反映了财险公司资本金的积累情况。该指标为正向指标，越大越好。

（4）利润增长率 =（年末利润总额/上年末利润总额 -1）×100%

利润增长率指标反映了财险公司利润积累情况。该指标为正向指标，越大越好。这里，初步考虑只使用两年的数据，因此使用两年利润平均增长率指标。

（二）微观指标体系

目前大部分评级不考虑微观指标体系，但是，本研究认为中国财险公司评级过程中，微观指标也能反映资信。

首先，规模本身也是一种资信——因为无论是中国市场还是国际金融保险市场，都存在系统性风险，正因为如此，即使有相关信用问题和违约风险，政府也会出面干预。因此，公司的信用实际上部分受到政府信用的担保。美联储主席 Bernanke（2011）指出，金融机构面临的问题是“太关联了而不能倒”（too interconnected to fail），Rajan（2009）则认为是“太系统了而不能倒”（too systemic to fail）。即使是金融危机的始作俑者，AIG 最终是被政府接管而不是倒闭。

其次，覆盖率本身是业务开展的保证，同时也是信誉的信号传递。比方说，在中国市场上，中国人保是唯一覆盖边远乡村的财险公司，因此，可以在这些区域开展业务，因为信用和口碑不错，本身满足信用评级的要素。

再者，微观指标中，股东背景和管理层变动，对于一些国外公司评级可能意义不大，但是在中国却有非常重要的意义。以下是本研究构建的微观指标体系。

1. 股东背景与主要股东变动。需要考虑的因素为是否国有大型公司（央企）以及实际控股人信息。变好和变坏，需要专家组主观上进行评价。

2. 分支机构的开设数量（覆盖率）。需要结合年鉴来查，主要考虑省级及直辖市以上分支机构数据，用以度量覆盖率。一个可以补充的指标是是否保险集团（是否集团公司）。

3. 风险管理机构设立。风险管理机构的设立，直接体现了企业对风险管理的认识程度和重视程度，这是企业信用的一种保证。

4. 风险信息披露程度。可以对各个公司的信息披露进行评价。

5. 市场占有率（保费收入占比）。市场占有率直接反映了公司对市场的控制力量和影响力量，反映了市场认可和客户评价，从某种程度上看，也是一种信用，应该纳入信用评级并计算相关指标值。

6. 社会声誉和服务。一个公司，其一个重要职能是服务社会。因此，本研究选择社会声誉和服务指标。社会声誉和服务是一个纯粹主观的指标，本研究拟采用专家给分法（Delphi 法），分别选择业界、学界相关专家，根据个人的经验知识对各个公司进行评分。在分析过程中，应平等地对待专家意见，所有专家的权重系数相等。

7. 备用指标：主要管理层的变动和管理层的政治资源。管理层的变动和管理层的政治资源（如人大代表），这些数据主要来自信息披露。具体给分需要专家组主观上对客观数据进行评价。该指标非常敏感，但是实际上公司层面的数据不易获取，而且变化的方向很难度量，特别是分值，本研究暂不使用，只是作为备用指标。此外，经讨论，暂不使用资本金、营业费用、准备金及支出（未到期责任准备金是保费的调整项）、投资收益和保费收入等数据，而仅仅使用市场占有率（保费收入占比）。

（三）宏观指标体系

1. 经济运行现状。

经济序列往往表现出一定的惯性或者时序相关性，经济运行现状会影响行业发展，给基本面带来巨大影响。应从宏观经济调控的四个目标来确定经济运行现状的评价：（1）经济增长。（2）物价稳定。（3）充分就业。（4）国际收支平衡。

2. 宏观调控政策。本研究从财政政策和货币政策几个角度来分析宏观调控政策的得分。

3. 行业发展现状。分析保险行业发展态势，也是国内保险公司信用的重要评级依据。

（四）指标体系对比

本研究的指标体系考虑到竞争力评价和评级本身的差异，包括盈利能力指标、偿债能力指标、营运能力指标、现金流量指标、发展能力指标、微观指标和宏观指标。值得一提的是，中央财经大学在进行竞争力评价时，选择的指标体系包括盈利能力指标、资本管理能力指标、经营能力指标、风险管理能力指标和业务发展能力指标。

总体上看，本研究增加了现金流量指标体系、微观指标体系和宏观指标体系。从财务指标细节来看，中央财经大学多选取了承保利润率（与保费利润率有一定的相关性）、资金运用效率（与投资收益率有一定的相关性）、险种集中度系数（没有相关数据）、手续费及佣金比率（综合费用率有一定的相关性）、融资比例和报告期营业收入。

三、保险公司信用评级的方法

（一）从评价方法本身的属性划分

1. 主观综合评判方法。一般通过建立指标体系，对指标进行量化，然后采用归一法、加减乘除、加权的方法对指标值进行综合处理。具体包括主观评分法、层次分析法（AHP）、模糊综合评判。其优点是较为简便，适合于指标结构不复杂的场合。缺点是假设各种指标之间的关系是线性可加，不考虑指标体系的内在联系，对复杂系统的评价缺乏可靠性；评分的效果受指标体系的完整程度、权重设置、计算方法的限制。

2. 概率分析的方法。这种分析方法将分析变量的均值与标准差结合到表示总指标的均值与标准差中去。使用这种方法处理变量间存在的相关问题时需要作出一定的假设。如在与总指标有关的分指标间只包含加法或乘法运算，相加或相乘的元素是相互独立或线性无关等。决策树法、概率树法是这一方法的代表。在估计各指标的综合影响时，主要依靠经验或者概率论。

3. 模拟方法。这种方法需要分析人员列举评价指标变量及其相互关系。MonteCarlo 模拟法是这一方法的代表，它借助于对未来事件的概率估计及随机模拟，在解决难以用数学分析方法求解的动态系统问题上具有优越性。模拟方法并未涉及如何构造所研究问题的整体框架。大量的因素被含糊地抽象地包含在概率估计中。

（二）从定性与定量的角度划分

1. 定性评价。根据人的经验和判断能力进行评价。往往根据专家的主观见解进行评价，有很大的主观误差。

2. 半定量评价。用一种或几种可直接或间接评价信用的指数评价。最常用的是德尔菲法（Delphi）。德尔菲法或者专家评价法是一种以专家的主观判断为基础，通常以“分数”、“指数”、“序数”、“评语”等作为评价标准，对评价对象作出总的评价方法。常用的方法有评分法、分等法、加权评分法以及优序法等等。这些方法比较简单，因而也得到了广泛的应用，如用于科研生产力评价、大学科研成果评价、城市环境综合整治与定量考核及企业的经济效益的考核等等。

3. 定量评价。定量评价比较科学，根据量化方法的不同，可以划分为两大类，其一是主观指标法，其二是客观指标法。

① 主观指标法，指采用德尔菲法等相关思路，构建一些主观指标量表。其中指标体系的构建是首要的工作，专家法在确定指标体系方面有重要作用。指标体系一般是由一系列能独立测算又互相关联的指标构成。指标体系的构建和指标的选取应注重完整性、综合性、科学性、有效性及数据的可获取性。

② 客观指标法。主观指标实施性强，但是很大程度上依赖于专家的主管评价或者实施方的主观经验。如果采用数据记录等真实客观的方法进行分析，效果要稳定客观一些。

具体说来，保险公司信用评价，方法主要包括：

A. 专家打分评价法。

B. 层次分析法（AHP）。

C. 因子分析法与主成分分析。

D. 模糊综合评价法。

E. 灰色关联分析法。

四、本研究采用的方法

本研究中，在分析上选用定性分析与定量分析相结合的方法，指标选择上采用主观指标和客观指标相结合的方法。

（一）层次分析法

层次分析法（AHP）是20世纪70年代由著名运筹学家T. L. Satty提出的，韦伯（Weber）等提出将层次分析法用于合作伙伴的选择。它的基本原理是：将一个复杂得多目标决策问题作为一个系统，按总目标、子目标、评价标准，直到具体方案的顺序把决策问题分解为不同层次的结构，然后通过定性指标模糊量化的方法求得每一层次的元素对上一层次某元素的权重，最后利用加权和的方法归并以求出各方案对总目标的综合评分值。

层次分析法作为一种分析过程，提供了一种因素测度的基本方法。这种方法采用相对标度的形式，并充分利用了人的经验和判断能力。在递阶层次结构下，它根据所规定的相对标度——比例标度，依靠决策者的判断，对同一层次有关因素的相对重要性进行两两比较。这种测度统一了有形与无形、可定量与不可定量的众多因素。它不仅可以作为决策的依据，而且也是解决许多社会经济系统问题的重要手段。层次分析法从本质上讲是一种思维方式。它把复杂问题分解成各个组成因素，又将这些因素按支配关系分组形成递阶层次结构。通过两两比较的方式确定层次中诸因素的相对重要性。然后综合分析者的判断，确定决策方案相对重要性的总的顺序。整个过程体现了人的思维的基本特征，即分解、判断、综合。因此，层次分析法是一种定量与定性相结合，将人的主观判断用数量形式表达和处理的方法。根据对危险指标的分析，形成了相应的递阶层次结构，因而可以用层次分析法来确定它们的权重。

层次分析法的基本步骤如下：

第一步，分析系统中各因素之间的关系，建立系统的递阶层次结构。

第二步，对同一层次的各元素关于上一层次中某一准则的重要性进行两两比较，构造两两比较判断矩阵。

即每次取两个因子 x_i 和 x_j，以 a_{ij} 表示 x_i 和 x_j 对 Z 的影响大小之比，全部比较结果用矩阵 $A=(a_{ij})_{n\times n}$ 表示，称 A 为 $Z-X$ 之间的成对比较判断矩阵（简称判断矩阵）。容易看出，若 x_i 与 x_j 对 Z 的影响之比为 a_{ij}，则 x_j 与 x_i 对 Z 的影响之比应为 $a_{ji}=\frac{1}{a_{ij}}$（见表 3－6）。

$$A=\begin{pmatrix} a_{11} & \cdots & a_{1n} \\ \vdots & \ddots & \vdots \\ a_{n1} & \cdots & a_{nn} \end{pmatrix}$$

表 3－6　　判断矩阵标度及其含义

标　度	定　义
1	表示两个元素相比，同等重要
3	表示两个元素相比，前者比后者略微重要
5	表示两个元素相比，前者比后者相当重要
7	表示两个元素相比，前者比后者明显重要
9	表示两个元素相比，前者比后者绝对重要
2，4，6，8	表示介于两相邻重要程度间

第三步，层次单排序及一致性检验（权向量和一致性指标）。

判断矩阵的一致性，是指矩阵 $B(b_{ij})_{n\times n}$ 满足

$$b_{ij}=\frac{b_{ik}}{b_{jk}}\quad(i,j,k=1,2,\cdots,n)$$

检验判断矩阵的一致性，要用两种指标进行检验：$C.I$ 与 $C.R$。其中，$C.I$ 是判断矩阵偏离一致性指标

$$C.I=\frac{\lambda_{\max}-n}{n-1}$$

其中，$\lambda_{\max}$ 为矩阵 B 的最大特征根。当 $C.I=0$ 时，表示判断矩阵有完全的一致性；当 $C.I>0$ 时，则需要用 $C.R$ 指标检验后才有结论，$C.R$ 是用来判断矩阵随机一致性指标

$$C.R=\frac{C\cdot I}{R\cdot I}$$

其中，$R\cdot I$ 为平均随机一致性指标，其取值见表 3－7。

表 3 -7　　平均随机一致性指标 R · I

矩阵阶数	1	2	3	4	5	6	7
R · I	0	0	0.58	0.90	1.12	1.24	1.32
矩阵阶数	8	9	10	11	12	13	14
R · I	1.41	1.45	1.49	1.51	1.54	1.56	1.58
矩阵阶数	15						
R · I	1.59						

上表给出了 1 ~15 阶正反矩阵计算得到的平均随机一致性指标。当 $C.R = 0$ 时，判断矩阵有完全一致性；当 $C.R > 0.1$ 时，判断矩阵有满意的随机一致性；当 $C.R < 0.1$ 时，判断矩阵应该进行调整，使其满足 $C.R < 0.1$，从而使调整后的矩阵具有满意的一致性。判断矩阵的单排序，是指本层次某元素对上一层次重要性次序的权重。

第四步，计算各层元素对系统目标的合成权重，并排序。

可以使用规范列几何法来确定权重。给定判断矩阵：

$$B = (b_{ij})_{n\times n}$$

（1）对判断矩阵的每一列规范化：

$$\bar{b}_{ij} = \frac{b_{ij}}{\sum_{k=1}^{n} b_{kj}} \quad (k = 1,2,\cdots,n)$$

（2）求规范列的平均值：

$$W_i = \frac{1}{n}\sum_{j=1}^{n} \overline{b_{ij}} \quad (j = 1,2,\cdots,n)$$

则 $W = [W_1, W_2, \cdots, W_n]^T$ 即为所求的特征向量。

（3）计算判断矩阵的最大特征根 $\lambda_{\max}$：

$$\lambda_{\max} = \frac{1}{n}\sum_{i=1}^{n} \frac{(BW)_j}{W_j}$$

由此，可以得到一组元素对其上一层中某元素的权重向量。最终要得到各元素特别是最底层各方案对于目标的排序权重，即所谓总排序权重，从而进行方案选择。总排序权重要自上而下地将单准则下的权重进行合成。

假定已经算出第 $k-1$ 层上 n_{k-1} 个元素相对于总目标的排序权重

$$w^{(k-1)} = (w_1^{(k-1)}, w_2^{(k-1)}, \cdots, w_{nk-1}^{(k-1)})^T$$

以及第 k 层 n_k 个元素对于第 j 个元素为准则的单排序向量

$$P_1^k = (p_1^{(k)}, p_2^{(k)}, \cdots, p_{nj}^{(k)})^T$$

那么第 k 层上元素对目标的总排序 $w^{(k)}$ 为

$$w^{(k)} = p^{(k)} w^{(k-1)} = p^{(k)} p^{(k-1)}, \cdots, p^{(3)} w^{(2)}$$

$w^{(2)}$ 是指第二层上元素的总排序向量，也是单准则排序向量。

那么，利用层次单排序的结果进一步综合，得到的就是各个公司的排序。

层次分析法是将决策问题按总目标、各层子目标、评价准则直至具体的备选方案的顺序分解为不同的层次结构，然后用求解判断矩阵特征向量的办法，求得每一层次的各元素对上一层次某元素的优先权重，最后再用加权求和的方法递阶归并各备选方案对总目标的最终权重，选择最终权重最大的方案，即最优方案。

层次分析法主要的优点是简单明了，该方法不仅适用于存在不确定性和主观信息的情况，还允许以合乎逻辑的方式运用经验、洞察力和直觉来解决相关问题。

（二）主成分分析

多元统计分析中的主成分分析、因子分析等方法可以进行分类和评价。因此可以用于综合评价中。

主成分分析法是利用坐标旋转将原来的数据抽象成能够最大限度反映样本总体信息的主成分，并根据因子对主成分的贡献程度给因子赋权，进而通过线性加和得到反映总体的评价指标。由于主成分分析对因子的赋权是根据数据得出的，从而排除了主观性的干扰。该方法的主要缺点是每年的权重都会有变化，这将导致跨年度的可比性受到一定影响。

在各个领域的科学研究中，往往需要对反映事物的多个变量进行大量的观测，收集大量数据以便进行分析寻找规律。多变量大样本无疑会为科学研究提供丰富的信息，但也在一定程度上增加了数据采集的工作量，更重要的是在大多数情况下，许多变量之间可能存在相关性而增加了问题分析的复杂性，同时给分析带来不便。如果分别分析每个指标，分析又可能是孤立的，而不是综合的。盲目减少指标会损失很多信息，容易产生错误的结论。因此需要找到一个合理的方法，减少分析指标的同时，尽量减少原指标包含信息的损失，对所收集的资料作全面的分析。当要描述经济现象的指标较多时（P 个），由于各变量间存在一定的相关关系，因此有可能用较少的综合指标分别综合存在于各变量中的各类信息。主成分分析与因子分析就是这样一种降维的方法。

主成分分析与因子分析是将多个实测变量转换为少数几个不相关的综合指标的多元统计分析方法。

直线综合指标往往是不能直接观测到的，但它更能反映事物的本质。因此在医学、心理学、经济学等科学领域以及社会化生产中得到广泛的应用。

主成分分析是利用降维的思想，把多指标转化为少数几个综合指标的多元统计方法。优点是信息量较大，缺点体现在以下几个方面：（1）信息有重叠（x 之间可能相关）。（2）指标的权重（重要性排序）未能很好解决。主成分分析是既能减少指标的个数，又能保留原指标的大部分信息，且新指标间不相关、权重较客观的多元统计方法。

1. 简介。

如有 n 个样品在 p 个变量上的测量值，经过主成分分析，将 p 个原始变量 $X = (x_1, x_2, \cdots, x_p)'$ 综合成 p 个新变量 $Y = (y_1, y_2, \cdots, y_p)'$。新变量由原变量 $x_1, x_2, \cdots, x_p$ 线性表示，即

$$\begin{cases} y_1 = u_{11}x_1 + u_{12}x_2 + \cdots + u_{1p}x_p \\ y_2 = u_{21}x_1 + u_{22}x_2 + \cdots + u_{2p}x_p \\ \cdots \\ y_p = u_{p1}x_1 + u_{p2}x_2 + \cdots + u_{pp}x_p \end{cases}$$

并且满足：$u_{k1}^2 + u_{k2}^2 + \cdots + u_{kp}^2 = 1$，$k = 1, 2, \cdots, p$。

每个主成分可以用一个向量来表示：

$$\begin{cases} y_1 = u_1'x \\ y_2 = u_2'x \\ \vdots \\ y_p = u_p'x \end{cases}$$

其中

$$u_k'u_k = 1$$

$$u_k'u_k = (\mu_{k1} \quad \mu_{k2} \quad \cdots \quad \mu_{kp}) \begin{pmatrix} \mu_{k1} \\ \mu_{k2} \\ \vdots \\ \mu_{kp} \end{pmatrix} = u_{k1}^2 + u_{k2}^2 + \cdots + u_{kp}^2 = 1$$

写成矩阵形式为

$$Y = U'X$$

其中

$$Y = (y_1 \quad y_2 \quad \cdots \quad y_p)'$$

X 是原始数据矩阵：

$$X = \begin{array}{c} n/p \\ 1 \\ 2 \\ \vdots \\ n \end{array} \begin{array}{c} \begin{matrix} x_1 & x_2 & \cdots & x_p \end{matrix} \\ \begin{pmatrix} x_{11} & x_{12} & \cdots & x_{1p} \\ x_{21} & x_{22} & \cdots & x_{2p} \\ \vdots & \vdots & \ddots & \vdots \\ x_{n1} & x_{n2} & \cdots & x_{np} \end{pmatrix} \end{array}$$

U' 是系数矩阵，为正交矩阵，即有

$$U' = U^{-1}$$

$$U' \cdot U = I(u_i'u_i = 1; u_i'u_j = 0; i \neq j)$$

$$U' \cdot U = \begin{pmatrix} u_1' \\ u_2' \end{pmatrix} (u_1 \quad u_2) = \begin{pmatrix} u_1'u_1 & u_1'u_2 \\ u_2'u_1 & u_2'u_2 \end{pmatrix} = \begin{pmatrix} 1 & 0 \\ 0 & 1 \end{pmatrix}$$

主成分分析的原理是 $(x_1, x_2, \cdots, x_p) \Rightarrow y_1, y_2, \cdots, y_m, \cdots y_p$ 取前 m 个指标可达到目的。

主成分分析的主要任务是求得一个正交矩阵 U'，对 X 实施正交变换，$Y = U'X$，变换后满足：

（1）得到的 p 个新变量是原变量的线性组合（保留了 X 变量的信息）。

（2）正交变换后的新变量之间不相关。

（3）p 个新变量中的前 m 个新变量包含信息量的绝大部分。

系数 u_{ij} 由下列原则来确定（求正交矩阵的条件）：

（1）y_i 与 y_j（$i \neq j; i,j = 1,2,\cdots,p$）相互无关。

（2）y_1 方差最大，y_2 方差次大，依次类推。

y_1 是 $x_1, x_2, \cdots, x_p$ 是一切的线性组合中方差最大的；

y_2 是与 y_1 不相关的 $x_1, x_2, \cdots, x_p$ 的一切线性组合中方差最大的；

……

y_p 是与 $y_1, y_2, \cdots, y_{p-1}$ 都不相关的 $x_1, x_2, \cdots, x_p$ 的一切线性组合中方差最大的；

如此确定的综合变量 $y_1, y_2, \cdots, y_p$ 分别成为原变量的第一、第二、第 p 个主成分，其中 y_1 在总方差中所占的比重最大，其余 $y_2, y_3, \cdots, y_p$ 的方差依次递减。在应用主成分分析方法时，一般只选取前几个方差最大的主成分，从而达到简化数据结构，抓问题实质的目的。

2. 样本主成分的求解。

现在来求第一主成分：$y_1 = u_1'x$，关键是求 u'_1。

求解思路是要求 $y_1 = u_1'x$ 的方差在 $u_1'u_1 = 1$ 条件下达到最大。

$$\max: Var(y_1) = Var(u_1'x) = u_1'Var(x)u_1 = u_1'\sum u_1$$

$$s.t.\quad u_1'u_1 = 1$$

由拉格朗日乘数法，有拉格朗日函数

$$L = u_1'\sum u_1 - \lambda(u_1'u_1 - 1)$$

对 u_1 求偏导，并令其等于0：

$$\frac{\partial L}{\partial u_1} = 2\sum u_1 - 2\lambda u_1 = 0$$

$$\sum u_1 - \lambda u_1 = 0$$

$$(\sum - \lambda I)u_1 = 0$$

上式有非零解，只要 $\left|\sum - \lambda I\right| = 0$（得到 x 协方差矩阵 $\sum$ 的特征方程）。

求得∑的特征根 $\lambda_1 \geqslant \lambda_2 \geqslant \cdots \geqslant \lambda_p$

∴　u_1 为最大特征根 λ_1 对应的特征向量，即 $y_1 = u_1'x$

另：可以得到：$\sum u_1 = \lambda u_1$

左乘 u_1' 得：

$$u_1'\sum u_1 = \lambda u_1'u_1$$

由拉格朗日乘数法，可以解得 u_1 为最大特征根 λ_1 对应的特征向量，即 $y_1 = u_1'x$，这时 $Var(y_1)$ 达到最大，等于最大特征根 λ_1。

即　$Var(y_1) = u_1'\sum u_1 = \lambda_1$

同理：求第 i 个主成分：$y_i = u_i'x$，$Var(y_i) = u_i'\sum u_i = \lambda_i$，$u_i$ 即特征根 λ_i 对应的特征向量。

而且：

$$Cov(y_i, y_j) = Cov(u_i'x, u_j'x) = u_i'\sum u_j$$

$$= u_i'[\sum_{i=1}^{p}\lambda_i u_i u_i']\mu_j = \sum_{i=1}^{p}\lambda_i(u_i'u_i)(u_i'u_j) = 0$$

其中，$i \neq j; u_i'u_j = 0; i \neq j$

样本主成分的导出步骤为

（1）样本数据标准化 $Z = \frac{x_j - \overline{x_j}}{S_j}$。

（2）计算相关矩阵 $X \sim N(0,1)$ 时，$\sum = R$（据 $\sum$ 和 R 计算的主成分不

同，数据量纲不统一，应先将数据标准化）。

（3）求 R 的特征值与特征向量。

（4）据累计方差贡献率选定 $m < p$ 个主成分。

3. 样本主成分的性质。样本主成分具有以下优良性质：

（1）**性质1**：$Var(y) = \Lambda$，y 的协差阵为对角阵，不同主成分之间不相关 $y_i y_j = 0$ 。

$$Var(y) = \begin{pmatrix} Var(y_1) & 0 & \cdots & 0 \\ 0 & Var(y_2) & \cdots & 0 \\ \vdots & \vdots & \ddots & \vdots \\ 0 & 0 & \cdots & Var(y_p) \end{pmatrix} = \begin{pmatrix} \lambda_1 & 0 & \cdots & 0 \\ 0 & \lambda_2 & \cdots & 0 \\ \vdots & \vdots & \ddots & \vdots \\ 0 & 0 & \cdots & \lambda_p \end{pmatrix}$$

（2）**性质2**：$\sum_{i=1}^{p} \lambda_i = \sum_{i=1}^{p} \sigma_{ii}\ \sigma_{ii} : x_i$ 的方差，也即，主成分总方差和等于原始变量的总方差和，信息量一样。

$$tr(ABC) = tr(CAB) = tr(BCA)$$

$$tr(\Lambda) = tr(U' \sum U) = tr(UU' \sum) = tr(\sum)$$

（3）**性质3**：

$$\rho(y_k, x_i) = \frac{Cov(y_k, x_i)}{\sqrt{Var(y_k)}\ \sqrt{Var(x_i)}}$$

$$= \frac{Cov(y_k, u_{ki} y_k)}{\sqrt{\lambda_k}\ \sqrt{\sigma_{ii}}} = \frac{\sqrt{\lambda_k}}{\sqrt{\sigma_{ii}}} u_{ki}, \quad i, k = 1, 2, \cdots, p$$

也即，当数据标准化后 $Var(x_i) = 1$，$\sigma_{ii} = 1$；$\rho(y_k, x_i) = \sqrt{\lambda_k} u_{ki}$。

（4）**性质4**：$\sum_{i=1}^{p} \rho^2(y_k, x_i) \sigma_{ii} = \lambda_k$ 固定 k。

（5）**性质5**：$\sum_{k=1}^{p} \rho^2(y_k, x_i) = \sum_{k=1}^{p} \lambda_k u_{ki}^2 / \sigma_{ii} = 1$ 。

也即，当 x 标准化 $\sigma_{ii} = 1$，性质5表示载荷矩阵中各行载荷平方和等于 $Var(x_i)$，x_i 的方差等于1。

后面会利用这些性质选择合适的主成分。

4. 样本主成分的选用。根据样本主成分的性质，下面定义一些相关概念来辅助统计分析。

（1）因子载荷。第 k 个 y 与第 i 个 x 的相关系数 $\rho(y_k, x_i)$ 称为因子载荷，第 i 个 x 对第 k 个 y 的载荷（$k = j$）。载荷可以用来判定各个主成分与各个变量之间的关联程度。

（2）载荷矩阵。对应的载荷矩阵具有如下形式：

$$
\begin{array}{ccccc}
 & y_1 & y_2 & \cdots & y_p \\
x_1 & \frac{\sqrt{\lambda_1}}{\sqrt{\sigma_{11}}}u_{11} & \frac{\sqrt{\lambda_2}}{\sqrt{\sigma_{11}}}u_{21} & \cdots & \frac{\sqrt{\lambda_p}}{\sqrt{\sigma_{11}}}u_{p1} \\
x_2 & \frac{\sqrt{\lambda_1}}{\sqrt{\sigma_{22}}}u_{12} & \cdots & \cdots & \frac{\sqrt{\lambda_p}}{\sqrt{\sigma_{22}}}u_{p2} \\
\vdots & \vdots & \cdots & \ddots & \vdots \\
x_p & \frac{\sqrt{\lambda_1}}{\sqrt{\sigma_{pp}}}u_{1p} & \cdots & \cdots & \frac{\sqrt{\lambda_p}}{\sqrt{\sigma_{pp}}}u_{pp}
\end{array}
$$

利用载荷矩阵，可以确定各个系数。

（3）方差贡献率。称 $\frac{\lambda_k}{\sum_{i=1}^{p}\lambda_i}$ 为第 k 个主成分 y_k 的方差贡献率（y_k 的方差占总方差的比重）；根据方差贡献率可以判断各个主成分的解释能力。

（4）累计方差贡献率。称 $\frac{\sum_{i=1}^{m}\lambda_i}{\sum_{i=1}^{p}\lambda_i}$ 为主成分 $y_1, y_2, \cdots, y_m$ 的累计贡献率；根据累积方差贡献率可以判断已经选入主成分的解释能力，可以用来确定选择的主成分的个数。

具体来说，可以确定最终选取的主成分的个数，一般当 $\frac{\sum_{i=1}^{m}\lambda_i}{\sum_{i=1}^{p}\lambda_i} \geqslant 85\%$ 时，对应的 m 个主成分被选取（$m < p$）。

（5）变量共同度。h_i^2 称为变量共同度，它是前 m 个主成分 $y_1, y_2, \cdots, y_m$ 对原变量 x_i 的方差贡献率，是 x_i 与 $y_1, y_2, \cdots, y_m$ 相关系数的平方和。

它说明 m 个主成分 $y_1, y_2, \cdots, y_m$ 解释 x_i 的程度为 $h_i^2 < 1$，或 x_i 的信息被提取了 h_i^2。

基于这些，可以应用主成分技术对公司评级进行分析。

（三）功效函数

1. 传统数据正规化处理。传统方法往往使用线性功效函数对数据进行正规化处理。根据不同的数据序列，将对数据的正规化处理分为 2 种方法。

（1）正向指标（数值越大越好）。公式为

$$Index_{ij} = f(x_{ij}) = \frac{x_{ij} - x_{ij}^{s}}{x_{ij}^{h} - x_{ij}^{s}} \times 100\%$$

其中，$Index_{ij}$ 表示单项指标的评价值；x_{ij}^{s} 为不容许值；x_{ij}^{h} 为满意值。

（2）反向指标（数值越小越好）。公式为

$$Index_{ij} = f(x_{ij}) = \frac{x_{ij} - x_{ij}^{s}}{x_{ij}^{h} - x_{ij}^{s}} \times 100\%$$

其中各符号的含义不变。

其具有单调性

$$f'(x_{ij}) = \frac{1}{x_{ij}^{h} - x_{ij}^{s}}$$

对于正向指标 $x_{ij}^{h} > x_{ij}^{s}$，因此 $Index_{ij} = f(x_{ij})$ 是一个关于 x_{ij} 的单调递增函数；

对于反向指标 $x_{ij}^{h} < x_{ij}^{s}$，因此 $Index_{ij} = f(x_{ij})$ 是一个关于 x_{ij} 的单调递减函数。

$$f''(x_{ij}) = 0$$

既是拟凸的函数，也是拟凹函数。

同时也有学者使用对数型效用函数和幂函数效用函数，这些模型各有特色。

2. 改进的功效函数分析。陈湛匀（1991）提出指数功效函数，对于正向指标，使用指数Ⅰ型公式；对于反向指标，使用指数Ⅱ型公式。王学全（1993）提出指数计分模型。彭非、袁卫（2007）提出改进的指数功效函数。本研究采用这套模型，同时针对本研究的具体情况，提出适用于参考水平指标的功效函数。

（1）正向指标和反向指标。可以采用改进型指数功效函数形式，公式如下：

$$Index_{ij} = f(x_{ij}) = a \cdot \exp\left\{\frac{x_{ij} - x_{ij}^{s}}{x_{ij}^{h} - x_{ij}^{s}} b\right\} \times 100\%$$

其中，$Index_{ij}$ 表示单项指标的评价值；x_{ij}^{s} 为不容许值；x_{ij}^{h} 为满意值；a 和 b 是参数。指数功效函数在计算的时候不需要使用均值，而且指标的评价值更加稳定，也便于历史数据之间的比较。

这个测度满足如下性质：

① 单调性：

$$f'(x_{ij})=\frac{ab}{x_{ij}^{h}-x_{ij}^{s}}\cdot\exp\left\{\frac{x_{ij}-x_{ij}^{s}}{x_{ij}^{h}-x_{ij}^{s}}b\right\}\times 100\%$$

对于正向指标 $x_{ij}^{h}>x_{ij}^{s}$，因此 $Index_{ij}=f(x_{ij})$ 是一个关于 x_{ij} 的单调递增函数。

对于反向指标 $x_{ij}^{h}<x_{ij}^{s}$，因此 $Index_{ij}=f(x_{ij})$ 是一个关于 x_{ij} 的单调递减函数。

② 凸性：

$$f''(x_{ij})=\frac{ab}{(x_{ij}^{h}-x_{ij}^{s})^{2}}\cdot\exp\left\{\frac{x_{ij}-x_{ij}^{s}}{x_{ij}^{h}-x_{ij}^{s}}b\right\}\times 100\%>0$$

对于正向指标，$Index_{ij}=f(x_{ij})$ 是一个关于 x_{ij} 的凸函数。

对于反向指标，$Index_{ij}=f(x_{ij})$ 同样是一个关于 x_{ij} 的凸函数。

因此，使用此函数对于公司信用指数的度量是比较一致的度量。而且可以很好地解决正向指标和反向指标越接近满意值，功效分值上升越快的问题。

（2）参考水平指标。对于参考某个水平的指标，本研究采用下面改进的功效函数形式：

$$\begin{aligned}Index_{ij}&=f(x_{ij})\\&=a\cdot\exp\left\{\frac{|x_{ij}-ref_{ij}|}{\max[\max(x_{ij})-ref_{ij},ref_{ij}-\min(x_{ij})]}b\right\}\times 100\%\end{aligned}$$

其中，$\max(x_{ij})$ 表示 x_{ij} 中的最大值；$\min(x_{ij})$ 表示 x_{ij} 的最小值；ref_{ij} 表示参考值。

评级方法上，建议根据具体指标的变异选择合适的方法。

对于变异不大的微观指标体系和宏观指标体系（数据粒度不是很细），使用 AHP 方法是一个不错的选择；而对于变异很大，数据非常精细的财务指标，使用主成分分析更合适。

3. 对数功效函数分析。前面提出的改进的指数功效函数（彭非、袁卫，2007），可以很好地解决数据过度密集在中心位置的现象，最典型的例子就是财务数据。因为财务数据的特殊性，大量比率指标都在均值附近波动，使用改进的指数功效函数可以凸显差异，同时具有良好的性质。

但是，值得注意的是微观指标，比方说市场占有率，经过观察会发现以下规律：①少数几家公司占有绝对的市场份额，以至于大部分保险公司的总份额极其小。比方说，根据 2011 年的数据，中国人保占了 39.983% 的市场，平安财产占有 19.177% 的市场，太保财险占有 14.178% 的市场，这三家公司加在一起占有 73.34% 的市场份额。另一方面，市场份额最低的 24 家公司占有市场的总份额仅有 0.811%。②市场份额数据具有负相关性，一家公司的份额高了，另外几家的市场份额应该下降。考虑到上面的具体情况，如果用传统正规化技术建模，会发现，只有中国人保一家接近满分，其他所有公司都在 90 分以下，同时，绝大多数公司得分比最低分高不了多少；如果使用改进的功效函数方法，可能强化这种分化，效果更差，而且，从分布的结构来看，得分不合理。因此，对于微观指标，本研究考虑引入对数功效函数分析。针对本研究的具体情况，提出适用于参考水平指标的功效函数。

(1) 正向指标和反向指标。本研究采用改进型对数功效函数形式，公式如下：

$$Index_{ij} = f(x_{ij}) = \left\{a + \frac{\log(x_{ij}) - \log(x_{ij}^{s})}{\log(x_{ij}^{h}) - \log(x_{ij}^{s})}b\right\} \times 100\%$$

其中，$Index_{ij}$ 表示单项指标的评价值；x_{ij}^{s} 为不容许值；x_{ij}^{h} 为满意值；a 和 b 是参数。对数功效函数在计算的时候不需要使用均值，当分析变异较大的数据时，指标的评价值更加稳定，也便于历史数据之间的比较。

这个测度满足如下性质：

① 单调性：

$$f'(x_{ij}) = \frac{1}{x_{ij}} \times \frac{b}{\log(x_{ij}^{h}) - \log(x_{ij}^{s})} \times 100\%$$

对于正向指标 $x_{ij}^{h} > x_{ij}^{s}$，因此 $Index_{ij} = f(x_{ij})$ 是一个关于 x_{ij} 的单调递增函数。

对于反向指标 $x_{ij}^{h} < x_{ij}^{s}$，因此 $Index_{ij} = f(x_{ij})$ 是一个关于 x_{ij} 的单调递减函数。

② 凸性：

$$f''(x_{ij}) = -\frac{1}{(x_{ij})^{2}} \times \frac{b}{\log(x_{ij}^{h}) - \log(x_{ij}^{s})} \times 100\%$$

对于正向指标 $x_{ij}^{h} > x_{ij}^{s}$，$Index_{ij} = f(x_{ij})$ 是一个关于 x_{ij} 的凹函数。

对于反向指标 $x_{ij}^{h} < x_{ij}^{s}$，$Index_{ij} = f(x_{ij})$ 是一个关于 x_{ij} 的凸函数。

因此，使用此函数可以很好地解决正向指标和反向指标越接近两侧值，分数过度分化的问题。但对于公司信用指数的度量有可能存在不一致性度量。建议使用此功效函数时，统一指标的方向，比方说，同时调整为正向指标或者负向指标。

对于本研究而言，本研究只有一项指标需要使用功效函数进行正规化处理，也就是市场份额变量。因此上述问题对本研究没有影响。

（2）参考水平指标。对于参考某个水平的指标，本研究采用下面改进的功效函数形式：

$$Index_{ij} = f(x_{ij})$$
$$= \left\{a + \frac{|\log(x_{ij}) - \log(ref_{ij})|}{\max[\max(\log(x_{ij})) - \log(ref_{ij}), \log(ref_{ij}) - \min(\log(x_{ij}))]}b\right\} \times 100\%$$

其中，$\max(\log(x_{ij}))$ 表示 x_{ij} 取对数后的值中的最大值，也即 $\log(x_{ij})$ 的最大值；$\min(\log(x_{ij}))$ 表示 x_{ij} 取对数后的最小值；ref_{ij} 表示参考值。

评级方法，建议根据具体指标的变异选择合适的方法。

对于变异不大的微观指标体系和宏观指标体系（数据粒度不是很细），使用 AHP 方法是一个不错的选择；而对于变异很大，数据非常精细的财务指标，使用主成分分析更合适。

考虑到目前公司评级基本上都是使用传统的正规化处理程序，本研究提出针对不同的数据类型采用不同的方法。

对于集中度很高的财务数据，本研究提出改进的功效函数方法，因为传统处理方法不能把高分区域和低分区域区分开来，使得评级的灵敏度低，区分度不高。本研究引入改良的指数功效函数进行评级，这一点上本研究不同于任何传统的评级方法。而且，对于正向指标、负向指标以及参考水平指标，本研究提出了完整的解决方案。

对于差异性很大的微观指标数据，特别是市场占有率数据，本研究使用对数功效函数进行分析，适当削弱过度分化的效应，使评级更光滑和连续。

第三节　中国非寿险公司评级对象的选择

本节介绍待评级保险公司的基本情况，包括成立时间、注册资本金、公司业务规模、股东结构、分支机构数量、业务特色等。

一、公司选择

本研究选择财产保险公司作为研究对象，寿险公司和再保险公司暂不考虑。总体上非寿险公司有 62 家，具体情况见表 3－8。

表 3 – 8　　非寿险公司评级的对象

中资公司	中资公司	外资公司
人保股份	阳光农业	美亚
大地财产	都邦	东京海上
出口信用	渤海	丰泰
中华联合	华农	太阳联合
太保财险	国寿财产	丘博保险
平安财险	安诚	三井住友
华泰	长安责任	三星
天安	国元农业	安联
大众	鼎和财产	日本财产
华安	中煤财产	利宝互助
永安	英大财产	安盟
太平保险	浙商财产	苏黎世
民安	紫金财产	现代财产
中银保险	泰山财险	劳合社
安信农业	众诚保险	中意财产
永诚	锦泰财产	爱和谊
安邦	诚泰财产	国泰财产
信达财险	长江财产	日本兴亚
安华农业	华信财产	乐爱金
天平车险	鑫安汽车	富邦财险
阳光财产		信利保险

二、中资公司情况简介

本部分我们挑选财务数据积累超过三年的公司进行介绍。

（一）中国人保财险

中国人保是中国人民保险集团股份有限公司的子公司，中国人民财产保险股份有限公司（PICC P&C，简称中国人保财险）于2003年7月由中国人民保险集团公司发起设立，是目前中国内地最大的非寿险公司，注册资本111.418亿元，增资后注册资本为人民币122.5598亿元（于2012年3月完成工商变更登记），主要在中国境内经营机动车辆保险、企业财产保险、家庭财产保险、货物运输保险、责任保险、意外伤害保险、短期健康保险、船舶保险、农业保险、信用保证保险等人民币及外币保险业务，与上述业务相关的再保险业务，国家法律法规允许的投资和资金运用业务。

母公司中国人民保险集团股份有限公司是一家综合性保险（金融）公司，注册资本306亿元。其前身是1949年10月20日中华人民共和国政务院批准成立的中国人民保险公司。目前公司旗下拥有人保财险、中国人保资产管理股份有限公司（简称人保资产）、中国人民健康保险股份有限公司（简称人保健康）、中国人民人寿保险股份有限公司（简称人保寿险）、人保投资控股有限公司（PICC Investment Holding Co.，Ltd.，简称人保投控）、人保资本投资管理有限公司（人保资本）、中国人民保险（香港）有限公司、中盛国际保险经纪有限公司、中人保险经纪有限公司、中元保险经纪有限公司等公司，中国人保还持有中诚信托32.35%的股权。经营范围涵盖财产保险、人寿保险、健康保险、资产管理、保险经纪、信托、基金等领域，形成了保险金融产业集群，在海内外具有深远影响力。中国人保品牌在世界品牌价值实验室（World Brand Value Lab）编制的2010年度《中国品牌500强》排行榜中排名第34位，品牌价值315.33亿元。根据2010年7月8日美国《财富》杂志2010年世界500强榜单，中国人民保险集团（PICC）排名第371位，在国内入围保险企业中排名第2位，全部国内入围企业中排名第36位。2003年7月19日，经国务院批准，中国人民保险公司重组后更名为中国人保控股公司，并同时发起设立了中国内地最大的非寿险公司——中国人民财产保险股份有限公司和首家保险资产管理公司——中国人保资产管理有限公司。2003年11月6日，人保财险在香港成功发行股票，成为中国内地金融机构海外上市第一股。2008年人保财险保费突破1000亿元大关，成为我国保险业第一家年度保费突破千亿元大关的非寿险公司。中国人保先后成为2008年北京奥运会选定的中国保险业唯一合作伙伴，2010年上海世博会全球唯一保险合作伙伴和2010年广州亚运会保险合作伙伴。

中国人民财产保险股份有限公司已逐步建立起由董事会负最终责任、管理层直接领导，以风险管理委员会为依托，风险管理部门和各职能部门密切配合、各司其职，覆盖所有流程和机构的风险管理组织体系。公司董事会和总裁室负责全面风险管理体系的建立健全与有效实施。公司在董事会下设审计委员会、风险管理与投资决策委员会，负责审查、监督风险管理与内部合规的建设

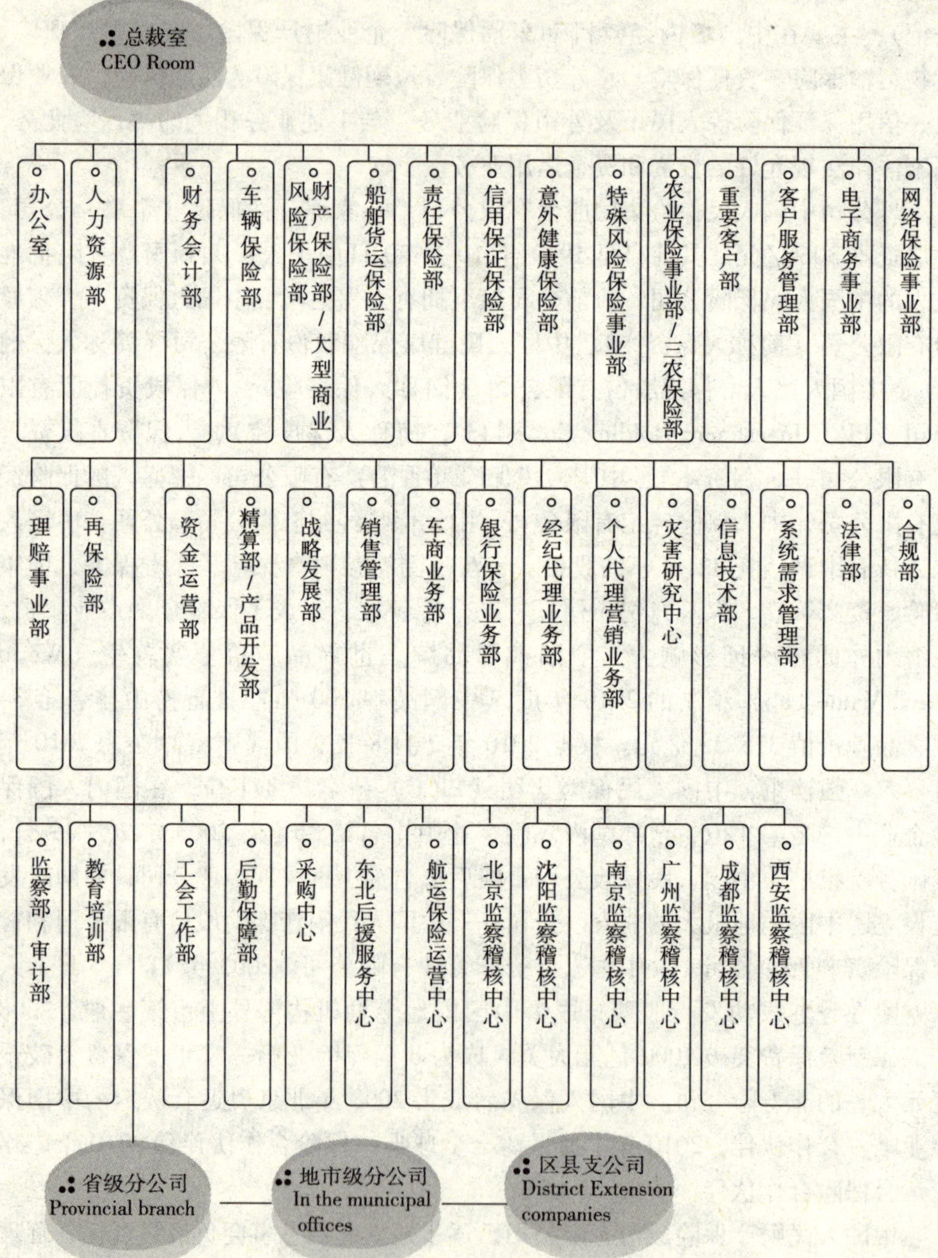

图 3-3 中国人民财产保险股份有限公司的组织架构

与执行情况。公司在总裁室下设立风险管理委员会，作为公司风险管理工作的综合协调与指导议事机构，负责研究重大风险专题事项、通报重大政策与风险信息、推动跨部门合作与责任落实等。公司在2011年对风险管理委员会进行了调整和充实，进一步按照风险类别和属性，明确了各主要职能部门在风险管理体系中的职责与分工。公司指定合规部为内控合规与风险管理的统筹协调部门。2011年，公司盈利能力大幅提高，同时发行了人民币50亿元次级债、配股融资50亿元用于补充资本。上述举措使得公司2011年末实际资本由上年同期的人民币236.28亿元上升至人民币377.68亿元，公司偿付能力充足率由2010年的115%升至184%。

2012年，公司自留保费增长显著，带动最低资本由上年同期的人民币205.23亿元上升至人民币247.71亿元；此外，公司2012年中期派发现金股利人民币25.74亿元，同时在面临资本市场波动等不利因素的情况下，2012年仍保持了较强的盈利水平，实际资本仍由2011年的人民币377.68亿元上升至人民币432.60亿元。综上各种因素，公司偿付能力充足率由2011年的184%下降至175%，仍保持在充足Ⅱ类水平。

（二）中国大地保险

中国大地保险全称为中国大地财产保险股份有限公司，成立于2003年10月20日，注册资本金47.9亿元人民币，总部设在上海。2008年9月27日，中国大地保险第一届董事会第十一次会议暨2008年第一次临时股东大会全票通过了中国大地保险第二次增资扩股方案，增资人民币30亿元。作为中再集团公司旗下唯一的直保财险公司，中国大地保险在初创的五年间实现了跨越式发展，创造了令业界刮目相看的“大地现象”。公司已设立分公司34家、营业部1家，5个层级的机构总数超过1800家，全国性服务网络已经形成。美国纽约代表处顺利开业。保费规模从2004年的15亿元到2007年突破100亿元，市场排位从第12位上升到第5位。

中国大地保险的业务经营范围涵盖非寿险业务的各个领域，包括企业财产保险类、机动车辆保险类、工程险类、责任险类、信用保险类、保证保险类、家庭财产保险类、货物运输保险类、船舶险类、农业保险类以及短期健康保险和意外伤害保险类等。2007年，中国大地保险获得车险电话销售专用产品经营资格，成为第二家具备该专营资格的财险公司；成功参与承保了长江三峡工程、南水北调中干线工程等标志性项目，以及中国建设银行、中国海洋石油总公司等一大批具有社会影响力的项目；与世界第二大信用保险公司——荷兰安卓信用保险公司合作开发国内短期贸易信用保证保险，与全球知名保险服务商

GBG 公司联手推出了目前国内市场上首款全面的、与国际接轨的健康保险产品——大地全球医疗保险，填补了国内高端健康保险市场的空白。

公司风险管理工作由董事会最终负责，其下设的风险管理委员会负责履行董事会赋予的风险管理职能，全面了解公司面临的各项重大风险及其管理状况，监督风险管理体系运行的有效性。公司总经理和合规负责人直接领导公司风险管理工作，负责风险管理方案拟订、工作协调和执行监督。公司于 2010 年 5 月单独设立风险控制与法律合规部，负责风险管理与内控合规的统筹管理、组织协调；其他职能部门、分公司负责自身单位风险管理的具体工作，对自身单位风险管理的有效性负责。同时，明确分公司风控合规岗工作职责，进一步理顺自风控合规联系人到董事会的风控合规报告路径，强化各级风控合规管理责任，进一步完善风险管理组织体系，提升风险管理水平。目前公司已建立公司各职能部门、各分公司分工明确、相互协调的风险管理框架。2011 年末公司偿付能力充足率 154%，相比 2010 年变化主要原因是 2011 年公司增加资本金 10 亿元。

截至 2012 年末，公司累计应收分保账款余额为 10.8 亿元，主要是 3 个月以内应收分保账款余额增加较多，占比 97.6%。公司应收保费累计余额为 5.3 亿元，应收率 3.0%，与上年基本持平。分账龄看，主要是 3 个月以内应收保费占比 73.5%。公司对利率风险进行敏感性分析，假设利率曲线平移 50 个基点时，浮动利率债券利息收入将损失 0.01 亿元，固定收益资产公允价值的下降对损益影响 0.09 亿元，对资本公积（股东权益）影响 1.48 亿元。2012 年末公司偿付能力充足率 192%，相比 2011 年变化主要原因是：2012 年，公司盈利能力稳定提高，当年净利润 7.1 亿元，同时增资人民币 7.1 亿元用于补充资本，上述举措使得公司偿付能力充足率由 2011 年的 154% 升至 192%。

（三）太保财险

太保财险即中国太平洋财产保险股份有限公司，是在 1991 年 4 月成立的中国太平洋保险公司开展产险业务的基础上，由中国太平洋保险（集团）股份有限公司控股，申能（集团）有限公司、上海国有资产经营有限公司、上海烟草（集团）公司、云南红塔集团有限公司共同出资于 2001 年组建而成。公司于 2001 年 11 月 9 日注册成立，总部设在上海，注册资本为人民币 95 亿元。

公司承保人民币和外币的各种财产保险、短期健康保险和意外伤害保险业务。业务涉及电力、汽车、机械、化工、电子、水利、建筑、桥梁、公路、航天航空、船舶以及高科技产业等各行各业、各个领域。公司在全国 28 个省、自治区和直辖市设有40家分公司，2100余家中心支公司、支公司、营业部和营销服务部，分支机构1785家，拥有完善的保险网络。全司共有员工2.6万余人。公司在100多个国家和地区的170多个主要港口城市聘请了保险检验、理赔和追偿代理人，并与国内外多家保险公司、再保险公司及有关机构建立了代理关系和业务往来关系。

公司已建立由董事会、经营委员会、风险控制联席会议工作委员会、风险管理部门及各职能部门和各级机构组成的、覆盖所有业务单位的风险管理组织体系。公司董事会对公司风险管理负最终责任。公司经营委员会通过风控联席会议协调风险管理总体工作，推动执行风险管理政策和制度，审议并监督风险管理的目标计划及实施情况。公司风险管理部作为职能部门，组织具体实施风险管理工作。总公司各职能部门负责各条线的风险管理工作。各级分支机构负责辖内的风险管理工作。2011年，在业务增速较快、资本市场大幅波动的情

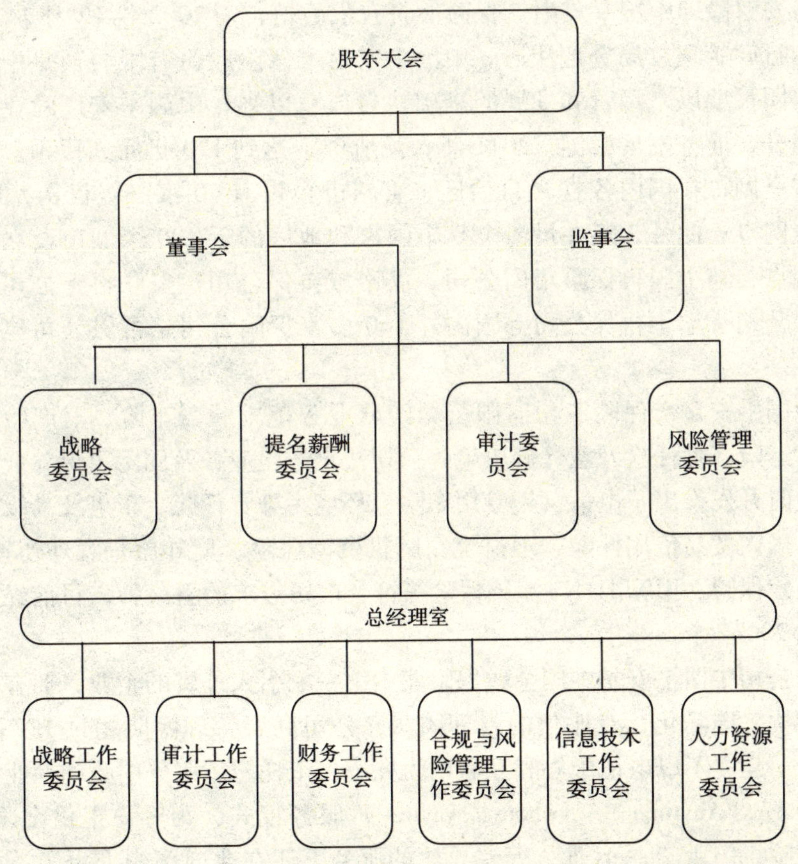

图3-4 中国太平洋财产保险股份有限公司的组织架构

况下，公司偿付能力充足率始终高于150%。年末公司偿付能力充足率为233%，根据保监会规定属于偿付能力充足Ⅱ类。公司与中国太平洋保险（香港）有限公司签订了非寿险协议分保协议。2011年度，公司向其分保支付分保费人民币26257.5万元。

2012年末，公司的综合成本率为95.78%。根据2012年末未决赔款准备金评估结果，当平均赔款成本上升5%时，未决赔款准备金（再保后）将提高8.45亿元。公司权益资产组合的5天、95%的在险价值为1.5亿元。公司应收保费余额为21.68亿元，应收保费率为3.12%，低于行业平均水平。2012年，在资本市场大幅波动的情况下，公司偿付能力充足率始终高于150%，年末公司偿付能力充足率为188%，根据保监会规定属于偿付能力充足Ⅱ类，偿付能力风险在公司可控范围之内。

（四）平安财险

平安财险即中国平安财产保险股份有限公司，于2002年12月24日在国家工商行政管理总局登记注册。中国平安财产保险股份有限公司是中国平安保险集团长期以来经营和发展的基础，自成立以来，中国平安产险业务规模逐年攀升，业务发展稳健。2011年，注册资本达到170亿元人民币。营业区域覆盖全国，在国内各省（自治区、直辖市）设有40家二级机构，1800多个营业网点；此外，还在世界150个国家和地区的近400个城市设立了查勘代理网点，与中国再保险集团公司、汉诺威再保公司、安联再保公司、慕尼黑再保公司、瑞士再保公司等国内外160多家保险公司、再保公司建立了业务往来。

中国平安财产保险股份有限公司经营业务范围涵盖车险、财产险、工程险、货运险、责任险及意外健康险等一切法定产险业务及国际再保险业务，近年又适时开发推出了电话营销专用车险、环境污染责任险、董事及高级职员责任险、国内贸易信用保险、理财宝家庭投资型保险、境外旅行意外伤害保险、全球医疗保险、甲型H1N1流感保险等符合市场需求的新险种，目前经营的险种已达200多个。

母公司中国平安是中国金融保险业中第一家引入外资的企业，拥有完善的治理架构，国际化、专业化的管理团队，公司高层管理团队超过1/2来自海外。公司建立了以电话中心和互联网为核心，依托门店服务中心和专业业务员队伍的3A（Anytime、Anywhere、Anyway）服务模式，为客户提供全国通赔、定点医院、门店“一柜通”等差异化的服务。还在业内率先推出了海内外急难救助服务、保单贷款、生命尊严提前给付、客户服务节等许多增值服务。中国平安立志成为道德水平最高的金融保险企业，认真践行企业公民的职责，在慈善教育、红十字公益、灾难救助等方面承担广泛的社会责任，获得了广泛的公众认同及社会荣誉。2005 年 8 月，平安荣膺由国际著名财经媒体英国《金融时报》评选的中国十大世界级品牌，并名列中国金融企业之首。2001 年度至 2004 年度，公司在由北京大学与《经济观察报》举办的“中国最受尊敬企业”评选中，作为唯一一家保险企业连续四年榜上有名。2005 年 3 月，公司荣获由中国保护消费者基金会推介的“诚信经营示范单位”，并在人民日报社市场信息中心 2011 年主办的“首届中国消费者（用户）最喜爱品牌”民意调查中，被全国消费者（用户）推选为“中国保险服务市场消费者最满意最喜爱品牌”。

平安财产公司建立了由董事会负最终责任、审计与风险管理委员会决策监控、管理层直接负责，以合规部、产品精算部、财务部和再保部为风险管理的主要职能部门，其他各部门具体执行落实，稽核监察部对风险管理履行情况进行监督，覆盖所有业务单位的风险管理组织体系。2011 年末公司偿付能力充足率为 166%，较 2010 年末的 180% 有所下降，但仍维持在监管Ⅱ类标准以上。2011 年 9 月，根据公司 2011 年 9 月 9 日召开的 2011 年第一次临时股东大会《关于提名第四届董事会董事的议案》决议，公司完成第四届董事会换届选举工作。公司第四届董事会董事均为上届董事会董事留任，均已获得中国保监会董事任职资格。2011 年 11 月，董事会选举孙建平先生担任第四届董事会董事长。孙建平董事长为上届董事会董事长留任。2011 年 5 月，公司增加注册资本 50 亿元人民币。其中，又根据 2011 年 5 月 6 日召开的第三届董事会第 22 次会议，中国平安保险（集团）股份有限公司认购公司股份 4977398345 股，并以货币形式向公司增资 4977410845 元人民币。

准备金情景分析表明，2012 年，若平均赔付成本上涨 5%，公司再保后未决赔款准备金将上涨 12.7 亿元，降低净利润 9.5 亿元，降低偿付能力充足率约 7%；费用情景分析表明，2012 年，若费用成本上涨 5%，公司费用支出将上涨 14.4 亿元，降低净利润 10.8 亿元，降低偿付能力充足率约 8%。

2012 年末公司偿付能力充足率为 178%，较 2011 年末 166% 有所上升，维持在监管Ⅱ类标准以上。公司 2012 年末偿付能力充足率变动的主要原因是：公司业务快速增长提高了对最低资本的要求；2012 年公司盈利情况优异，增强了公司的偿付能力；2012 年公司为提升偿付能力充足率，实现发债 30 亿元人民币；根据股东大会决议，公司 2012 年向股东分红共计 10.2 亿元人民币。

（五）华泰财险

华泰财险即华泰财产保险股份有限公司，成立时间为2011年7月29日，注册资本为人民币15亿元。华泰财产保险有限公司（简称华泰财险）是华泰保险集团股份有限公司（前身是1996年成立的华泰财产保险股份有限公司）全资设立的子公司。2011年7月，经中国保监会批准注册成立，注册资本金20亿元，注册地为上海。公司成立后承接了华泰保险集团财产险业务与机构网络，在全国百余座城市设有分支机构，经营范围涵盖财产损失、责任、水险、意外伤害、健康险等保险业务。

华泰财险在企业建设中一直强调以创新促发展，通过管理创新和产品创新推动保险业务健康发展。华泰是保监会和科技部指定的科技保险首家试点单位，三年来为多家高科技企业的自主创新提供了可靠的风险管理服务；公司还与ACE合作推出了场所污染责任险，是国内首家拥有“绿色保险”服务的内资保险公司。2011年6月，由金融界网站、《证券日报》保险周刊联合对外经贸大学保险学院在北京共同举办的首届中国保险业品牌竞争力高峰会上，华泰保险获评最佳服务企业奖。2010年度中金在线财经排行榜评选中，华泰保险获评理赔服务最佳财险公司奖。在2010年亚洲保险公司竞争力排名评比中，华泰保险凭借各方面的出色表现，连续第二年被评为亚洲非寿险公司第六名，中国（内地）非寿险公司第四名。在2009年亚洲保险业竞争力排名评比中，由于具有强劲的盈利能力和稳定性以及充足的赔款准备金和市场占有率等，华泰被评为亚洲非寿险公司第六名、中国非寿险公司第四名。2009年，在中国管理科学研究院主办的首届建设创新型国家年会上，华泰摘得建设创新型国家杰出企业的荣誉称号。2008年底，华泰在由金融时报社和中国社会科学院金融研究所共同举办，银监会、证监会、保监会推举专家评选的2008中国最佳金融机构排行榜中，被评为3家年度最佳中资财产保险公司的第一名，第二名和第三名分别是平安财险和太平洋财险。在享有中国企业最高品牌荣誉的第二届中国标志性品牌评选活动中，华泰被评选为中国保险行业十大标志性品牌之一。2008年8月，华泰入选中国企业家协会评选的中国服务业企业500强，销售额排名第294位，收入利润率排第一位，净资产收益率排第26位，利润排第48位，被列为绩效型成长企业。2007年，在搜狐财经2007金融理财网络盛典颁奖典礼上，荣获保险业最佳雇主（财险）奖。华泰董事会和股东大会批准成立华泰保险公益基金，从2009年开始，每年都从利润中提取一定比例注入基金，保证慈善基金有持续稳定的资金来源，以用于教育、环保、扶贫扶困等慈善事业的持续开展。

2011 年，华泰财产保险股份有限公司经保监会批准进行集团化改组，名称变更为华泰保险集团股份有限公司，并独资设立了华泰财产保险有限公司，将其原有的财产保险业务、机构和相关人员一并转入新设公司。新设立的公司继续沿用了原华泰财产保险股份有限公司的风险管理制度体系及风险管理模式，并保持了风险管理工作的延续性。公司为单一股东。2011 年度，公司的偿付能力充足率为 152.50%，偿付能力充足。

华泰财产 2012 年实际资本为 160516.41 万元，资本溢额为 87828.82 万元，偿付能力充足率达到 220.83%，相对于 2011 年增加了 68.33%。

（六）天安保险股份有限公司

天安保险股份有限公司，成立于 1994 年 10 月，成立时注册资本为人民币 4344552596 元。天安财产保险股份有限公司是中国首家按照现代企业制度和国际标准组建的股份制商业保险公司。截至 2011 年末，天安保险股份有限公司实际资本为 50998.23 万元，最低资本 98918.35 万元，资本缺口 47920.11 万元。经注资后，注册资本为 5647918375 元人民币。公司成立 19 年来，业务规模和机构建设快速发展，32 家分公司、1000 余家营业机构、14471 名员工遍布全国。公司投资成立了天安人寿保险公司，形成了产、寿险加投资的多元化经营格局，逐步成长为全国性的大型现代金融保险企业。公司努力打造出了 IT 竞争优势；建立了费率厘定工作流程，提高了产品开发和费率厘定工作质量；严格按照 ISO 9001：2000 和 ISO 14001：2004 国际质量认证体系进行管理，建立起一整套优质、高效的客服体系，完成了呼叫中心建设，并承保了一大批在国内外颇具影响力的重大项目，赢得了客户的信赖和好评，拥有了较高的品牌影响力。在 2012 中国保险业客户满意度测评中荣获产险公司第一，曾获 2011 年营销创新奖，被评为蒙代尔中国最受信赖十大财险公司。

2011 年末偿付能力充足率达到 52%，相比 2010 年下降了 56 个百分点。

2012 年 7 月，根据中国保监会批复同意，天安财产保险股份有限公司注册资本金增至 56.48 亿元。截至 2012 年末，公司实际资本为 255438 万元，最低资本为 104391 万元，偿付能力溢额为 151047 万元，偿付能力充足率为 244.69%。主要原因是：（1）公司股东增资 19.55 亿元，实收资本由 43.45 亿元增加到 56.48 亿元，实际资本较 2011 年末上升 392.7%；（2）2012 年，公司投资业务取得良好投资收益，出售天安人寿股权投资实现投资收益，实现综合收益 1.75 亿元，增加了实际资本。

其风险管理组织体系见图 3－5。

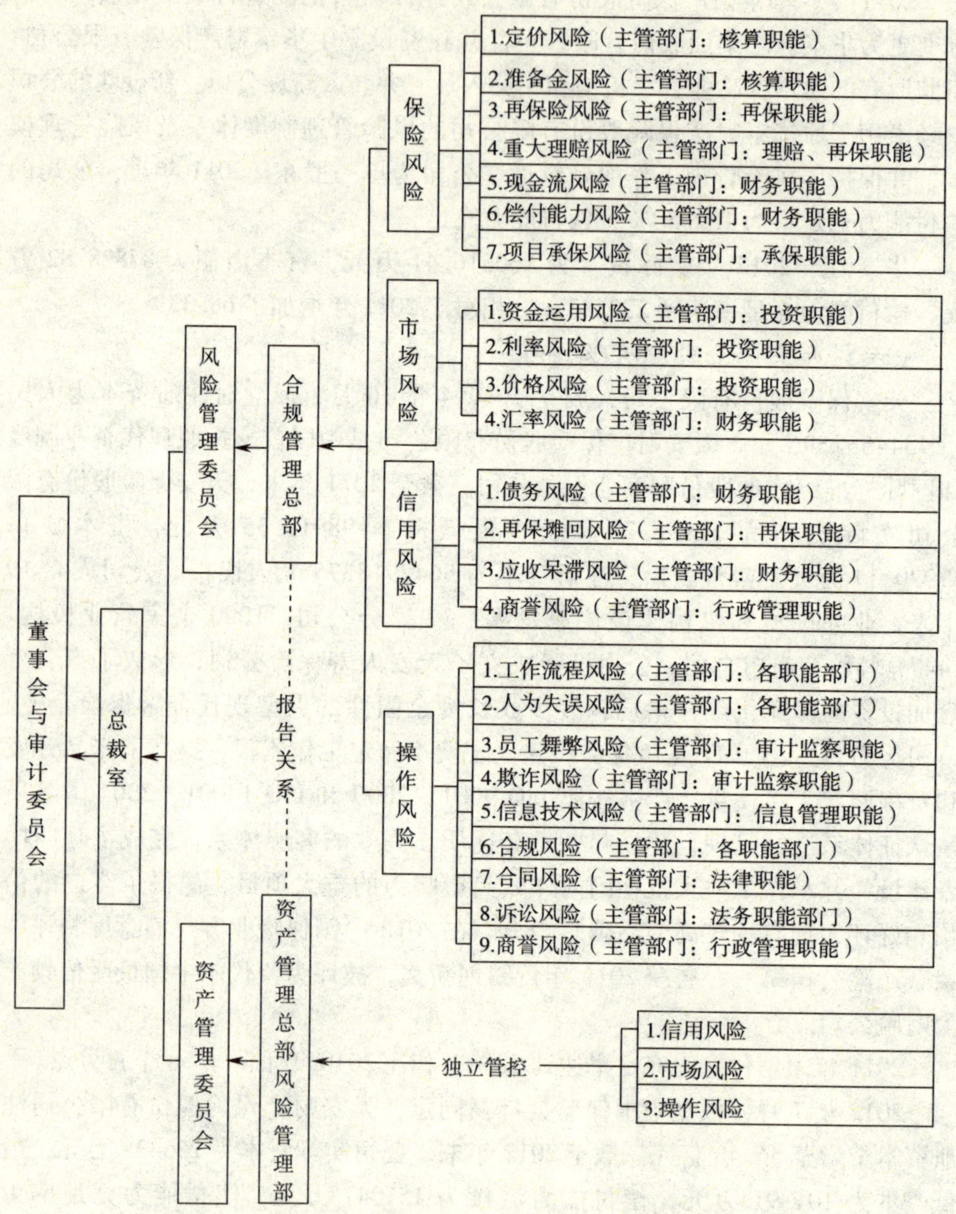

图3-5　天安保险股份有限公司的风险管理组织体系

（七）大众保险股份有限公司

大众保险股份有限公司是1995年1月在上海注册成立的股份制商业保险公司，注册资本金人民币14.325亿元。公司由史带保险和再保险有限公司

(Starr Insurance & Reinsurance Limited)、上海国际集团有限公司、上海国际集团资产管理有限公司、上海市城市建设投资开发总公司、上海大众公用事业(集团)股份有限公司、上海汽车工业销售有限公司等29家中、外资企业投资建立。公司主要经营各类财产保险业务、再保险业务和资金运用业务，先后承保了许多颇具影响的国家重点工程和项目，如上海世博会财产保险项目、上海中心大厦、上海多条越江隧道、越江大桥和轨道交通，以及南京第二长江大桥、杭州湾跨海大桥、青岛海湾跨海大桥、东海平湖油气田、石洞口电厂等国家重点项目和大型市政、能源类项目，赢得了客户的广泛好评。在2010年中国保监会、中央财经大学联合开展的中国保险行业品牌竞争力研究调查中，大众保险公司位列优势级，并在保险行业满意度测评指标中排名第一。2011年，公司作为上海市属金融国资国企改革重要组成部分，在上海市政府有力的推动和支持下，通过引进境外战略投资者，向史带国际集团旗下的史带保险和再保险有限公司定向增发2.865亿股普通股，正式与史带国际在全球展开全面战略合作。

公司建立了股东大会、董事会、监事会等机构，形成了与经营经理层之间各司其职、规范运作、相互制衡的公司治理结构。董事会下设审计与风控委员会，负责整个公司的风险管理工作。全面改组风险管理委员会，在总经理室下设立公司全面风险管理（ERM）委员会，并成立风控管理工作组负责日常风险管理工作（见图3－6）。拟定了推进公司全面风险管理（ERM）运行体系建设的工作方案。2011年度资本溢额为51883.14万元。2011年公司的偿付能力充足率为341.52%，较年初偿付能力充足率上升了190.68个百分点。主要是因为公司2011年5月，向史带（百慕大）保险和再保险公司（Starr Insurance & Reinsurance Limited）定向增发28650万股普通股，占增资后总股本的20%。史带（百慕大）保险和再保险公司（Starr Insurance & Reinsurance Limited）实际缴纳新增出资53026914.48美元（按2011年5月30日汇率6.4835折合人民币34380.00万元），即增加了公司实际资本34380万元。同时，2011年度公司实现了承保和投资的双盈利。

截至2012年末，全公司累计应收保费为2314万元，总体应收率1.46%，与2011年基本相等，全年公司的市场风险值为4.8亿元。其中，基金投资市场风险值为0.45亿元，占风险暴露的比重为9.3%，在制定的风险预算限额内。

2012年末公司实际资本为7178271782.90元，最低资本为2050520505.37元，偿付能力充足率为350.07%，报告年度资本溢额为51277.53万元。

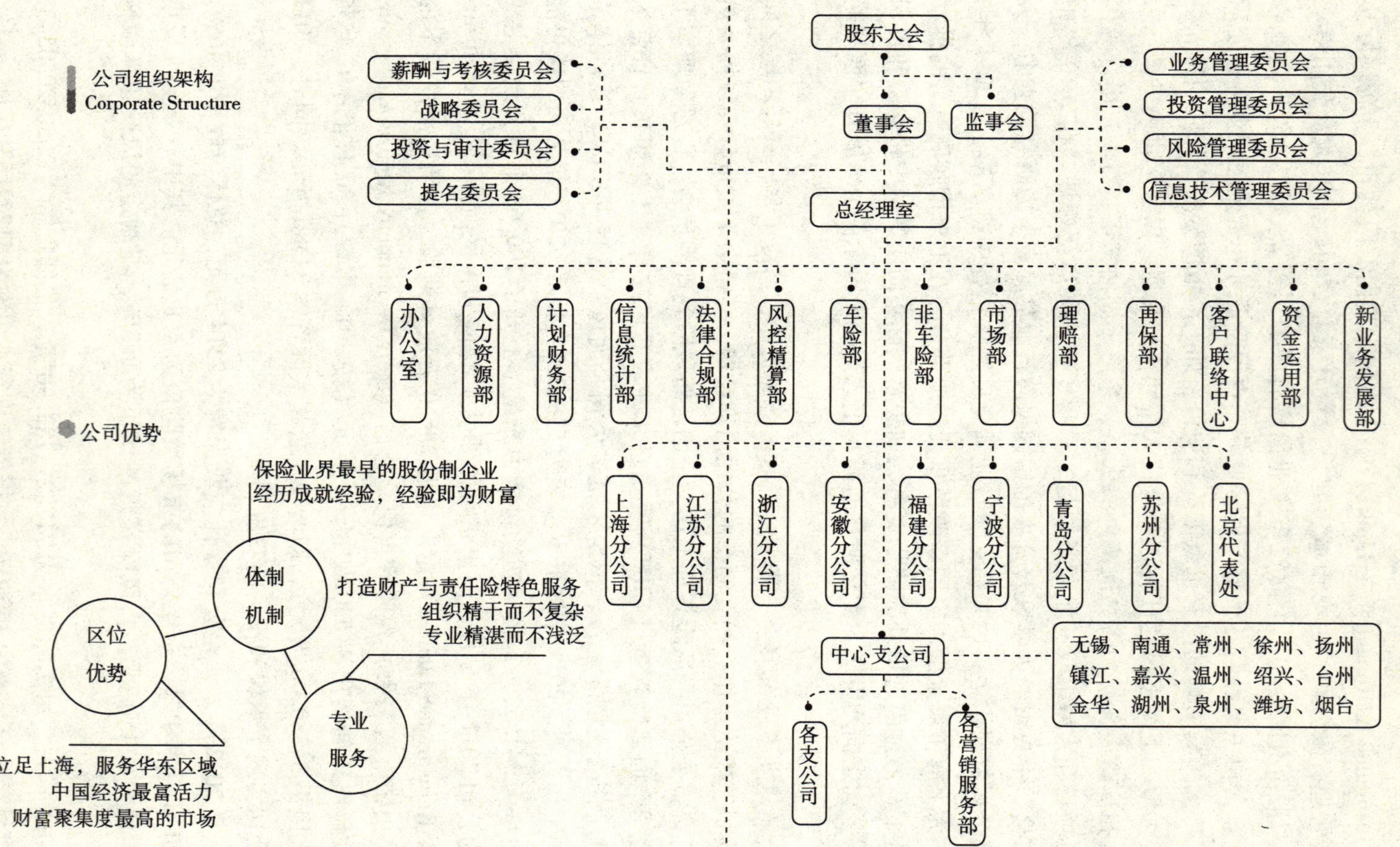

图3-6 大众保险股份有限公司的组织架构

（八）华安财产保险股份有限公司

华安财产保险股份有限公司，成立于1996年10月21日，注册资本人民币14亿元。华安保险已在北京、上海、深圳、广东、湖南、福建、广西、江苏、四川、浙江、大连、山东、重庆、云南、陕西等省市设立分支机构，总部设于深圳，主要经营各种财产险、责任险、信用保证险、农业险、意外伤害险和短期健康险业务。目前，华安保险已与包括慕尼黑再保险公司、法国再保险公司、汉诺威再保险公司、中国再保险公司等在内的多家国际知名专业再保险公司建立和发展了业务关系，并且选择慕尼黑再保险公司（世界第一大专业再保险公司）作为分保合同的首席再保人。广泛的分保业务关系，将有效地保障广大保户的经济利益。与此同时，华安保险在国内外设立了500多个检验和理赔代理网点，迅速、公正、准确地为出险客户进行理赔服务。

公司建立了股东大会、董事会、监事会等机构，形成了与经理层之间各司其职、规范运作、相互制衡的公司治理结构，明确了以稽核调查部、合规部、业务部门、计划财务部、精算企划部为风险管理职能的主要执行部门，其他各部门密切配合，稽核调查部对风险管理履行情况进行监督，覆盖所有业务单位的风险管理组织体系，为公司内部风险管理目标的实现提供合理的组织保障。公司2011年末偿付能力充足率为478.80%，相比2010年末的79.41%上升了399.39个百分点。2011年初，公司经保监会核准发行8亿元的次级债，8亿元认购现金均已到账。2011年，公司增资扩股，引入新的战略投资者，海航集团下属的海航资本控股有限公司和海航酒店控股集团有限公司入股公司。其中海航资本控股有限公司认购公司股份17500万股，持股比例12.5%；海航酒店控股集团有限公司认购公司股份10000万股，持股比例7.143%。老股东方面，特华投资控股有限公司新增10000万股，持股比例20%不变；广州市泽达棉麻纺织品有限公司新增8500万股，持股比例14.771%；广州市鑫中业投资有限公司新增4000万股，持股比例7.429%。

公司2012年末偿付能力充足率为378.08%，相比2011年末的478.80%下降了100.72个百分点，主要原因如下：（1）资产组合变化导致认可资产价值减少。2012年末公司资产组合相比2011年变化明显，其中完全认可的现金及流动性管理工具占认可资产比例相比2011年明显降低，由2011年的6.7%下降到2012年的3.36%。资产组合变化导致认可资产认可比例下降，由2011年的92.08%下降到2012年的89.85%，进而认可资产价值减少。（2）最低资本要求增加，由原来的74825.44万元上升为87729.49万元，增加比例为16.64%。

（九）永安财产保险股份有限公司

永安财产保险股份有限公司（以下简称永安保险），于1996年9月13日在西安成立，注册资本为26.632亿元人民币。公司在全国18个省、自治区、直辖市设有各类营业机构818个，其中分公司22个、中心支公司154个、支公司165个、营销服务部及营业部477个，拥有1.2万余名员工，总资产逾百亿元。永安保险先后与中国农业银行等10家商业银行建立了战略合作关系，与全球数十家再保公司及安永、普华永道等专业咨询机构展开合作，增强了服务社会、保障经济建设的能力。承保了“蛟龙号”深海遨游、“嫦娥一号”及“亚太六号”等卫星发射、空警2000预警机试飞、青藏铁路、珠峰探测、南极科考、西安地铁建设、广州白云机场、中石油、延长石油、南钢集团等一系列大型项目及企业的财产险保险服务工作。在促进和谐社会建设方面，永安保险义不容辞地践行着自己的社会责任。2007年，公司捐资30万元修建陕西安康岚皋县石门镇永安保险希望小学；在2008年初的雨雪冰冻灾害中，公司共计赔款约2亿元；“5·12”汶川大地震发生后，公司捐款386万元。震后，公司还收养了11名失去双亲的灾区孤儿，安排他们在太原学习生活。2009年，捐资100万元重建陕西略阳白石沟乡永安保险中心小学；2010年玉树地震后，公司捐款105万元；2010年陕南洪涝，公司捐款67.5万元……据统计，建立以来，公司累计捐款超过1000万元。

公司建立了由董事会最终负责、风险管理委员会辅助决策、经营管理层直接负责、合规、审计责任人协调指导，以产品与精算部、风险合规部、法律部、计划财务部等部门为风险管理职能的主要执行部门，各单位风险责任人密切配合，覆盖所有业务单位的风险管理组织体系。公司董事会下设风险管理委员会、审计委员会、投资决策委员会等辅助决策机构，全面了解公司面临的各项重大风险及其管理状况，对公司风险管理及内部控制体系的运行、总体目标、基本政策和工作制度以及解决方案实施监督和评估，就公司内控、风险及合规方面的工作向董事会提出意见和改进建议。公司经营管理层下设风险管理委员会，由公司高管人员、相关职能部门人员组成。风险管理委员会主要负责组织推动建立公司风险管理体系；研究制定公司风险管理的总体目标、基本政策和工作制度；研究制定公司风险限额及各风险单位管理限额；研究制定公司风险识别、分析、评价方法、技术和模型；识别、分析、评价公司经营风险，审批风险解决方案；审批公司年度核保核赔及分保政策；指导、协调、监督和检查各职能部门和各业务单位开展风险管理工作。公司风险管理职能部门风险合规部、法律事务部、稽核部。2011年末偿付能力充足率为167%，比2010年的237%下降70个百分点，主要原因是最低资本提高导致充足率下降35个百分点。2011年度公司共实现保费收入64.72亿元，比2010年保费收入57.90亿元，增加6.82亿元，增幅11.78%；分入保费由2010年的504.06万元增至2011年的7294.27万元，差额6790.21万元，增幅1347.10%。

公司持有的债券总体为中期，组合久期约为3.29。组合凸性约为18.82。根据截至2012年12月31日公司持仓数据对未来十个交易日的预测，整体市值损失超过88.01万元的概率小于1%，基金市场风险较低。

2012年末偿付能力充足率为189%，比2011年的167%上升22个百分点，原因有两个：一是实际资本增加导致充足率增加39.98个百分点，二是最低资本提高导致充足率下降17.64个百分点。上述因素变化使得自留保费由2011年度的61.91亿元增至69.11亿元，增加7.2亿元，增幅11.63%。按自留保费口径计算的最低资本由2011年度的9.34亿元增至2012年的10.45亿元，增加1.1亿元，增长11.84%。假设仅最低资本提高，而实际资本在2011年度15.56亿元的基础上保持不变，将导致2012年度充足率由2011年度的167%降至149%，下降17.64个百分点。

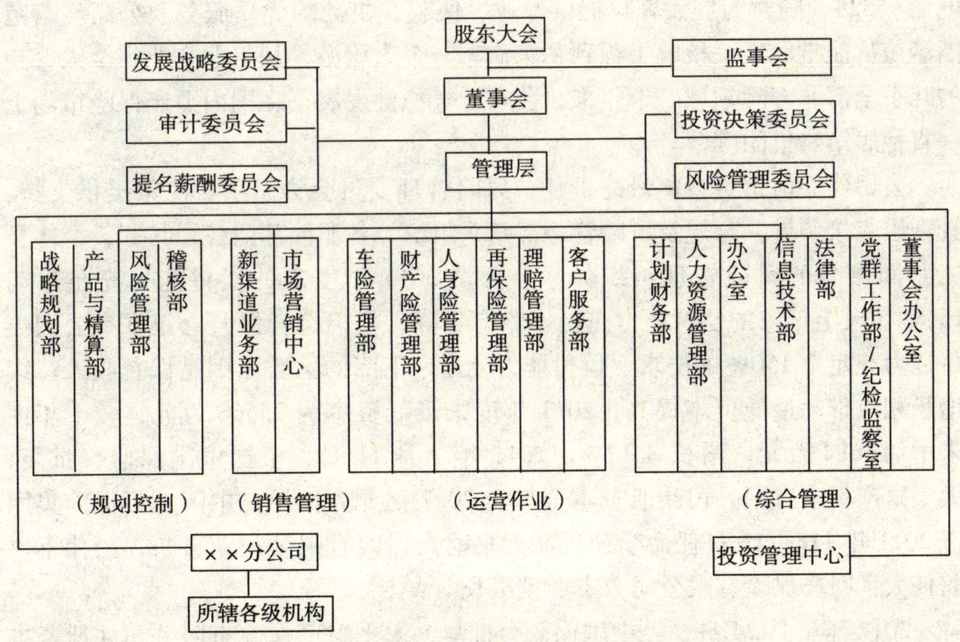

图3－7 永安财产保险股份有限公司的组织架构

（十）太平财产保险有限公司

太平财产保险有限公司（简称太平财险），即原太平保险有限公司（简称太平保险），为中国太平保险集团公司旗下的成员公司，是中国太平在国内拓展财产保险业务的主力军。太平保险是当今中国保险市场上经营历史最为悠久的民族保险品牌。1929年，太平水火保险公司在上海发端，1933年更名为太平保险股份有限公司并逐步成为当时我国最大的华商保险企业。1956年，经过公私合营的太平保险移师海外，专营海外业务。1998年，经国务院批准，太平保险成为隶属于国务院的国有金融保险集团，中国第一家金融保险控股集团公司，也是国内唯一一家将总部设在香港的保险主体——中国太平保险集团公司的全资附属公司。2001年12月20日，经国务院同意，中国保监会批准，太平保险全面恢复中国境内的财产保险业务，注册资本人民币20.7亿元。2009年8月7日，太平保险更名为太平财产保险有限公司。太平财险总部设在深圳，注册资本金23.7亿元。现股东为中国太平保险集团公司、中国太平保险控股有限公司（原中保国际控股有限公司，中国保险业首家香港上市公司）。截至2012年4月，太平财险已在中国主要经济区域构建了广泛的服务网络，在全国已开设28家分公司，400余家三、四级机构。全国统一客户服务电话95529，随时为广大客户提供专业、便利、快捷的优质服务。公司经营范围涵盖从航空航天、核电工程到私家汽车、个人旅游，从工业企业到个人客户的几乎全部非寿险领域。十年来，公司业务稳健发展，在国内财产保险市场上一直稳居第二集团阵营。

公司建立由董事会负最终责任、风险管理委员会为董事会决策提供支持、管理层直接领导，合规及风险管理部牵头组织，各职能部门各司其职，全体员工共同参与的风险管理组织体系。公司2011年度末的偿付能力充足率为151%，较上年末的偿付能力充足率略有下降。但仍符合保监会正常类公司偿付能力充足率150%的要求。偿付能力充足率下降的主要原因是保费收入持续增长相应带动最低资本提高，2011年度末最低资本为75568万元，较上年度末增加5684万元，增长8.13%。2011年7月11日，根据中国保监会批复，太平财产保险有限公司注册资本金增至20.7亿元人民币。中国太平保险集团于2011年11月15日任命李劲夫兼太平财产保险有限公司董事长，彭伟不再兼任太平财产保险有限公司董事、董事长。

2012年7月24日，经中国保监会批复，太平财产保险有限公司注册资本金增加至23.7亿元。2012年公司应收保费余额26682.5万元，应收保费率为3.43%，剔除账期、协议期内和已计提坏账部分后的应收保费率为1.02%，公司本年度末的偿付能力充足率为164%，较上年末的偿付能力充足率增加13%。偿付能力充足率上升的主要原因是增资5亿元及承保、投资盈利带动实际资本增加，2012年度末实际资本为160158万元，较上年度末增加46238万元，增长40.59%。

中国太平的组织架构示意图见图3-8。

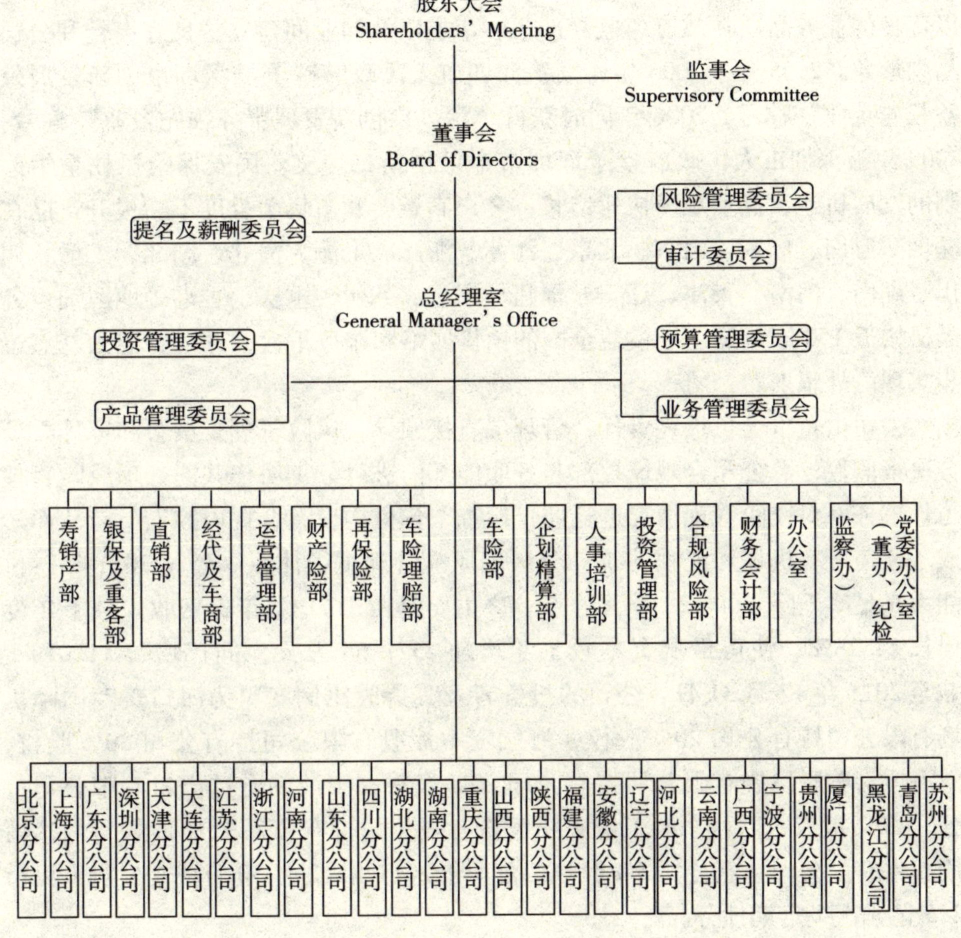

图3-8　太平财产保险有限公司的组织架构

（十一）民安财产保险有限公司

民安财产保险有限公司（简称民安保险）是经中国保监会批准成立的一家全国性综合财产保险公司，成立于2005年1月10日，注册资本9.91383亿元人民币。该公司为海航资本控股有限公司成员公司，总部位于深圳，拥有

4000余名员工。民安保险的前身为1982年在深圳设立的香港民安保险有限公司深圳分公司，是改革开放后第一家进入内地保险市场的境外保险公司。香港民安保险有限公司创立于1949年，是历史悠久、品牌和信誉卓著的民族保险企业。2005年，民安保险获准改建为全国性综合财产保险公司，完成改制和总部建设。2011年，经保监会批准，海航资本控股有限公司受让公司股权。民安保险秉承“诚信为基 创新为本”的核心理念，稳健经营，锐意进取，以优良的业务品质在政府、监管部门、市场以及同业间建立了良好声誉和公司品牌形象。2005年、2006年连续被深圳市人民政府授予“深圳市创新发展效益领先企业”称号，2006年同时获得“深圳市创新发展服务领先企业”称号，2009年被深圳市人民政府授予深圳市金融创新二等奖。民安保险抓住重组改制的发展机遇，保费规模快速增长，客户满意度和市场美誉度不断提升，已在深圳、海南、广东、山东、北京、江苏、浙江、上海、河北、湖北、安徽、四川、湖南、河南、天津、辽宁、福建、宁波、苏州、重庆、香港等地区铺设各类机构近150家，建立了覆盖全国的销售网络和服务平台，并以香港为基点逐步实现海外辐射。

公司由董事会负最终责任，管理层直接领导，风险管理委员会和审计委员会决策监控，总公司合规风控部与各职能部门进行分工协作共同处理风险管理工作事务，对风险管理情况进行监督检查，各机构设有合规内控人员，从而形成了覆盖所有机构和流程的统一分级的风险管理组织体系。公司2011年偿付能力充足率下降了44.23个百分点。这主要是由于2011年保费收入较上年度增长24.28%，使得最低资本较上年增加2371.68万元，同比增长11.01%。截至2011年12月31日，公司的投资者及其持股比例变更为海口美兰国际机场有限公司持有公司20%股权，海航资本控股有限公司持有公司20%股权，上海恒嘉美联发展有限公司持有公司20%股权，宁波韵升进出口有限公司持公司20%股权，陕西东岭工贸集团股份有限公司持有公司15%股权，金达信用担保有限公司持有公司5%股权。公司于2011年12月30日成功发行人民币2.5亿元次级定期债务。

相比2011年，2012年偿付能力充足率增加了338个百分点，达到441%。主要原因是本年度公司增资10.1亿元，使得注册资本增加到20.01亿元。

（十二）中银保险

中银保险即中银保险有限公司（简称中银保险），成立于2005年1月5日，注册资本30.3508亿元。经营范围包括财产损失保险、责任保险、信用保险和保证保险、短期健康保险和意外伤害保险，上述业务的再保险业务，国家法律、法规允许的保险资金运用业务，经中国保监会批准的其他业务。经营区域包括江苏、深圳、浙江、广东、北京、上海、四川、天津、内蒙古、湖南、福建、山东、辽宁、河南、河北、陕西、安徽、江西、云南、湖北、大连、广西、新疆、山西、苏州、宁波。

公司在董事会下设立了审计委员会、提名与薪酬委员会和风险管理委员会三个专业委员会，分别在董事会授权范围内，从专业角度支持和协助董事会履行职责。公司的治理工作紧紧围绕价值创造的目标展开，致力于形成和完善适合公司实际并有助于治理目标实现的最佳实践，初步形成了富有特色的公司治理做法。公司治理架构以董事会的指导和监控为主导，并与高级管理层的经营管理相分离。公司股东、董事会、监事和高级管理层各司其职、各尽其责，在公司运作中各自发挥重要作用。

公司治理结构见图3－9。

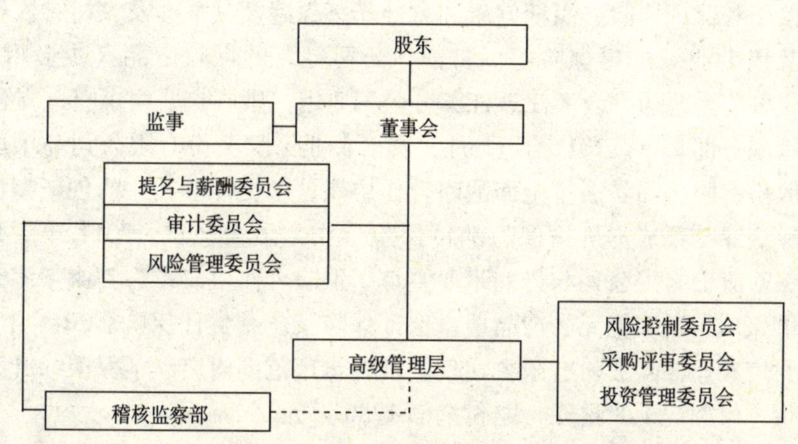

图3－9　中银保险有限公司的组织架构

公司建立了以《风险管理政策总则》为核心的风险管理与内控规章制度体系，建立了“以KRI指标为核心，以风险分析与评价为基础，以风险识别与提示为手段”的监控评价体系，建立了向监管机关、股东和董事会报告的“三位一体”的风险管理报告体系。公司风险管理工作为维持公司偿付能力发挥了关键作用，切实保障了被保险人及股东利益，为公司长期业务发展提供了重要保障。截至2011年末，公司的偿付能力充足率为392%，较2010年末上升193%。偿付能力充足率上升的主要原因是公司于2011年1月31日增加注册资本人民币11亿元。增资后，公司注册资本变更为30.3508亿元。2011年，公司确定了重大关联交易限额并报备了保监会，其中，投资交易限额为360亿元，保险代理业务交易限额为45亿元，保险业务交易限额为5亿元。2011年投资交易实际交易额为45.35亿元，保险代理业务交易为17.75亿元，保险业务交易为3.58亿元。

2012年，公司实现原保费收入41.57亿元，自留比例为86.88%，综合赔付率为45.13%，综合费用率为53.44%，较上年同期数均有下降。偿付能力充足率为337%，属于保监会偿付能力分类监管中的充足Ⅱ类（偿付能力充足率高于150%）。

（十三）安信农业保险股份有限公司

安信农业保险股份有限公司即安信农业。目前，公司注册资本金为5亿元人民币，股东由上海国际集团有限公司等十三家市、区（县）国有资产管理公司组成。作为探索建立我国政策性农业保险制度的一个试点，公司除经营传统的种植业和养殖业农业保险外，还经营经中国保监会批准的财产保险、责任保险、信用和保证保险、短期健康和意外伤害保险及其他涉及农村、农民的财产保险及以上业务的再保险等。目前，公司经营的保险产品（主、附加险）共计400多个。公司下设浙江、江苏分公司2家，中心支公司4家，支公司13家，营销服务部2家。2011年11月，安信农业保险股份有限公司与中国财产再保险股份有限公司签署了全面战略合作协议，备受社会关注的创新型保险产品——保淡绿叶菜成本价格保险的再保险合作是最大亮点。2011年7月，安信农业保险股份有限公司与光明米业签订了保险合作协议，为其旗下多个品牌大米提供保额超过3亿元的产品质量保证保险及产品责任保险。2011年1—12月间，安信农业保险股份有限公司创新性在全市范围内启动了保淡绿叶菜成本价格保险，保额近1.8亿元，赔付金额1236万元。

公司已形成由董事会负最终责任、管理层直接领导，以合规及风险管理委员会为依托，相关职能部门密切配合、各司其职，覆盖所有业务流程和机构的风险管理组织体系。公司董事会和总裁室负责全面风险管理体系的建立健全与有效实施。2011年末，公司偿付能力充足率为433.16%，比2010年末下降70.82个百分点。2011年公司保险业务收入整体稳步增长，使得认可资产与认可负债均出现一定程度的上升。而公司2011年末自留保费为6.63亿元，较2010年的自留保费5.84亿元增加7865.60万元，致使公司最低资本较上年上升较为明显，公司偿付能力溢额较2010年同比减少，因此公司2011年度偿付能力充足率出现一定程度的下降。

2012年第11号台风“海葵”对农业生产造成重创。公司参与的浙江农险共保体所保地区均处在本次台风危害最大的地区范围内；此外，农业保险的深度和广度不断提高，公司所承担担保风险也有较大增加，农业保险赔款支出达到了历史最高水平。因而2012年公司偿付能力充足率出现较大波动。2012年末，公司偿付能力充足率为366.36%，同比下降66.8%。

公司组织结构见图3-10。

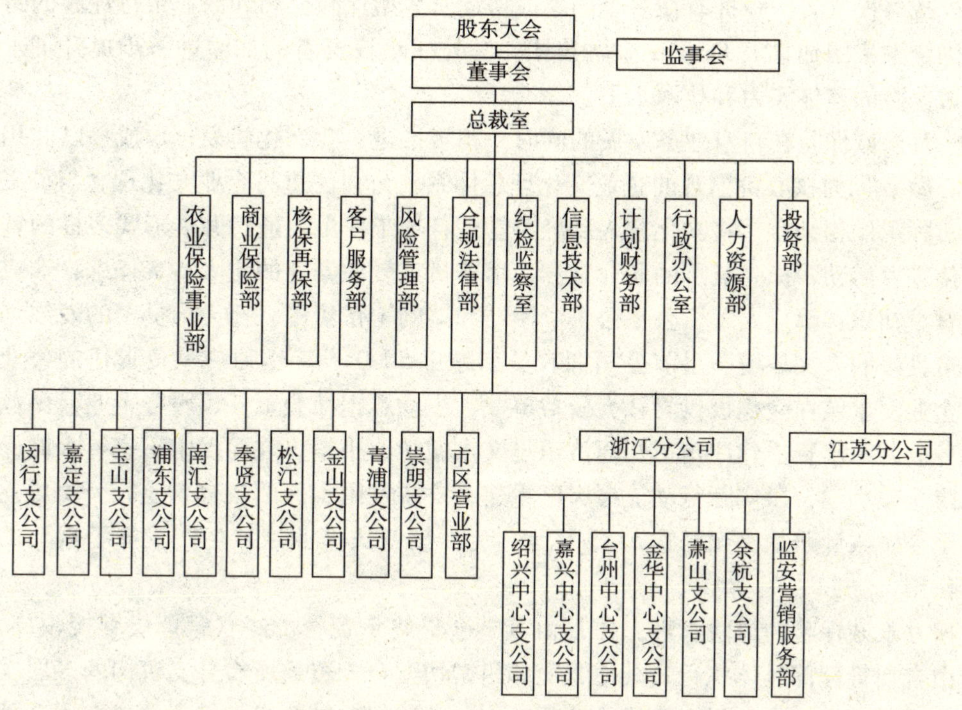

图3-10 安信农业保险股份有限公司的组织架构

（十四）永诚财产保险股份有限公司

永诚财产保险股份有限公司是一家由国内实力雄厚的大型电力企业集团和产业投资集团共同发起组建的全国性股份制财产保险公司。公司于2004年9月经中国保险监督管理委员会批准正式成立，总部设于上海，注册资本金19.8亿元人民币。公司业务范围包括财产损失保险、责任保险、信用保险和保证保险、短期健康保险和意外伤害保险、机动车辆保险、再保险业务、国家法律法规允许的保险资金运用业务以及经保监会批准的其他业务。永诚保险始终遵循"以电力能源保险业务为基础，积极开拓其他大型商业风险领域"的发展战略，坚持专业化的市场定位，积极拓展股东发电业务及延伸业务，努力实现"电力能源承保技术和承保能力领先于同业，电力能源市场份额领先于同业"的战略目标。截至2011年，公司电力保险业务已跻身中国保险行业第一军团的行列。公司自成立以来，保费规模快速增长，连年保持盈利，市场份额逐年提升；经营区域已覆盖全国主要省、自治区、市，拥有29家省级分公司（其中2家在筹）和近200家中心支公司及营销服务部。永诚保险的稳健表现和成长空间也得到了国际同业的认可。2009年，永诚保险成功引进第一家海外战略投资者——拥有在多个国家成功运营大型保险公司和商业银行经验的跨国金融集团加拿大FairFax金融集团。海外战略投资者的加盟进一步提升了永诚保险的整体实力和技术水平。

永诚保险在自身业务发展的同时，积极推进企业文化建设，形成了以“用心做事”为核心价值观的企业文化理念体系。公司注重将企业文化理念与员工实际工作相结合，将文化融入到经营管理各项工作中，通过开展形式多样的宣传教育活动，提高员工的职业素养，培养员工敬业爱司的主人翁责任感，形成尊重知识、尊重人才、公平公正、团结和谐的工作氛围，努力为员工的发展创造良好的人文环境。目前公司拥有员工超过5000人。作为一家负责任的公众企业，永诚保险积极投身社会公益事业，主动承担社会责任，履行企业公民业务。公司出资捐建四川彭州通济镇思文永诚中心小学、陕西汉中王家岭永诚保险希望小学，以实际行动支援灾区重建，支持贫困山区的教育事业。公司成立至今，累计赔款支出已达51.3亿元，为帮助受灾企业恢复生产发挥了重要的作用。

永诚保险的风险管理工作是由董事会最终负责，由经营管理层直接领导，由合规管理部具体执行，其他职能部门密切配合，覆盖所有分支机构的多层次体系。为进一步加强全面风险管理工作，永诚保险结合自身特点，成立了全面风险管理领导小组和工作小组，并在总公司各职能部门设立兼职风险管理岗。在分公司层面，目前27家分公司都设立了监察审计部，内设合规岗，负责本机构辖内合规及风险管理工作，形成了自上而下的风险管理组织架构。偿付能力充足率达到182%。

2012年度，公司顺利完成两次增资扩股事宜。公司注册资本由16.25亿元人民币增至19.8亿元人民币，然后增加至21.78亿元人民币。2012年实际资本191151万元，最低资本63383万元，资本溢额127768万元，偿付能力充足率为302%。

（十五）安邦财产保险股份有限公司

安邦财产保险股份有限公司（以下简称安邦产险）是经营财产保险、人身保险和健康险等业务的全国性保险公司，于2004年6月9日获中国保监会批准筹建，并于同年9月30日开业。安邦产险实力雄厚，2008年安邦保险注

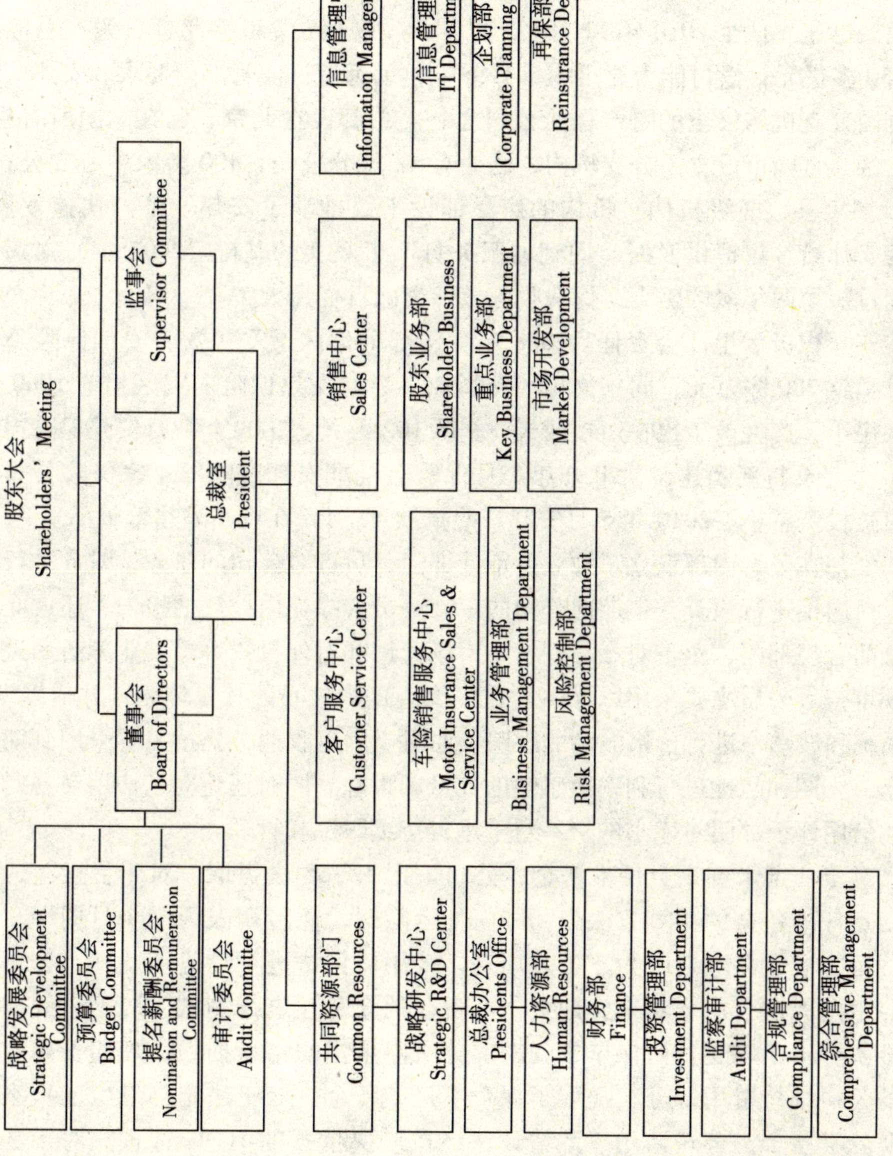

图3-11　永诚财产保险股份有限公司的组织架构

册资本变更为46亿元人民币，2009年安邦保险注册资本变更为51亿元人民币。2011年9月保监会批准安邦产险增资至120亿元，资本金规模跃居产险业第二位。

股东包括上海汽车集团股份有限公司（SAIC）、中国石油化工集团公司（Sinopec Corp）等世界500强企业。凭借一流的企业文化和创新机制，安邦产险发展迅速。截至2010年12月底，已累计实现保费270多亿元，资产总额达到250多亿元，偿付能力充足率541.94%，远远超过监管部门要求。安邦产险是全国分支机构最全的财产保险公司之一。总部设在北京，已在全国所有省、自治区、直辖市设立了分支机构，已拥有42家分公司，400多家中心支公司，1000多家县、区级机构。机构的广泛铺设不仅推动了安邦业务的快速发展，也为安邦给客户提供及时、周到的服务打下了坚实的基础。2007年，安邦保险通过短短两年多的努力，保费收入累计突破百亿元大关。

安邦积极承担社会责任。2008年我国部分地区遭受雪灾，安邦保险公司总计捐款200多万元；同年汶川地震震惊世界，安邦保险向灾区捐赠1000万元人民币，广大员工也在短短两天就捐款102万元。2009年7月安邦保险捐款1200万元支持新疆建设，2010年1月保监会批准安邦产险等4家保险公司股票直接投资资格。2010年5月安邦产险捐款40万元在贵州筹建希望小学。

安邦在公司内部设立了独立的审计部门，负责对公司的业务、财务进行审计，对内控进行检查并定期向公司的审计委员会提交内控评估报告。还成立了独立的合规部门，负责对产品开发、市场营销和对外投资等重要业务活动进行合规审查。公司主要采用以VaR（在险价值）为核心的计量体系，并辅以Beta系统和波动率进行价格波动的跟踪。而对于固定收益，公司主要采用到期收益率、久期和凸性进行利率敏感性的计量和跟踪。同时还建立了信用交易对手库，信用评级部门对库中的交易对手进行持续跟踪和管理。

对于法定未到期责任准备金，公司采用1/365法提取。对于货运险，未到期责任准备金的精算方法为：国内货运险假设保险期限为一个月周期，国际货运险假设保险期限为三个月周期，采用比例法进行计算。此外，公司还按照中国保监会规定对未到期责任准备金的充足性进行测试，对于未到期责任准备金不足以支付由保单未到期部分所需承担的赔付损失、理赔费用及相应的公司维持费用部分，提取了保费不足准备金。对于法定已发生已报案未决赔款准备金，公司采用逐案估计法，按未决估损的100%计提。对于法定已发生未报案未决赔款准备金，公司采用已决赔款链梯法、已报案赔款链梯法、已决赔款BF方法、已报案赔款BF方法、预测损失率法等进行谨慎评估，并根据评估结果确定最佳估计值。对于会计准备金，在上述法定准备金的计提基础上，考虑了货币时间价值和风险边际。公司 2011 年度末的偿付能力充足率为 67819.68%，偿付能力充足。偿付能力溢额（元）达到 5086572749.66 元。

2012 年末，公司承保保单的承保保额为 11178.81 亿元。承保风险处于合理的风险水平内。同时，公司通过严格核保、适度分保的方式积极控制承保风险。截至 2012 年末，安邦财险公司投资股市相对于沪深 300 并无超额收益，固定收益持仓久期保持在 8.08 年左右。具体指标如下：公司资产投资组合反应系统性风险的权益类 Beta 系数值为 0.2710，反应组合波动率的标准差 σ 值为 0.0464（年化），度量利率敏感性的久期值为 8.08，凸性为 74.58，公司资产投资的整体在险价值 VaR（按 99% 置信度 10 天置信区间）为 -2.83%，权益风险价值占比为 -9.69%，权益资产占比为 29.23%，风险在可控范围之内，符合公司的年度投资目标。实际资本为 800605.27 万元，最低资本为 66796.25 万元，资本溢额（或资本缺口）为 733809.02 万元，偿付能力充足率 1198.58%。

（十六）信达财产保险股份有限公司

信达财产保险股份有限公司成立于 2009 年 8 月，是经中国保险监督管理委员会批准，由中国信达资产管理股份有限公司作为主发起人，联合北京东方信达资产经营总公司、义马煤业集团股份有限公司、航天科技财务有限责任公司、国机财务有限责任公司等大中型国有企业及部分优秀民营企业发起设立的全国性财产保险公司。公司总部设在北京，注册资本金为 10 亿元人民币。截至 2011 年 8 月，公司已有北京、深圳、上海、广东、内蒙古、河南、江苏、重庆、浙江、新疆、山东、河北、山西、四川十四家省级分公司开业，湖北、辽宁分公司仍在筹建中。在未来 3 至 5 年，信达财险将在全国主要省会城市及经济发达地区开设分支机构，形成覆盖全国的销售、服务网络。信达财险公司的经营范围涵盖财产损失保险、责任保险、信用保险、保证保险、短期健康保险和意外伤害保险，及上述业务的再保险业务；同时，还包括国家法律、法规允许的保险资金运用业务及经保监会批准的其他业务等。

根据自身承保能力、保险产品的风险特点、不同险种的风险责任和暴露特征、公司承保政策及业务特点，公司安排了 2011 年度非水险、水险、高端健康险等六个再保险合同。对于新产品，公司有明确的新产品上线流程，对有再保险需求的产品将根据实际情况安排新合约、加入原有合约、进行特殊申报或者办理临时分出等再保险安排。对于合约险种，公司严格按照合约自留额表进行风险划分，并按照合约规定定期制作账单及报表。对于累积风险和巨灾风险，公司定期监控，以便有效的根据自身业务情况分散风险。对于超过合约限额或者特殊风险，公司通过临时分出安排等方式将自留风险控制在比较合适的水平。

2012 年，信达财险公司的偿付能力充足率为 745.9%，同比上涨了 556 个百分点。在 2012 年资本金增至 30 亿元，使得实际资本较上年度末有较大增长，因此，2012 年度偿付能力充足率得到大幅提高。

公司组织结构见图 3－12。

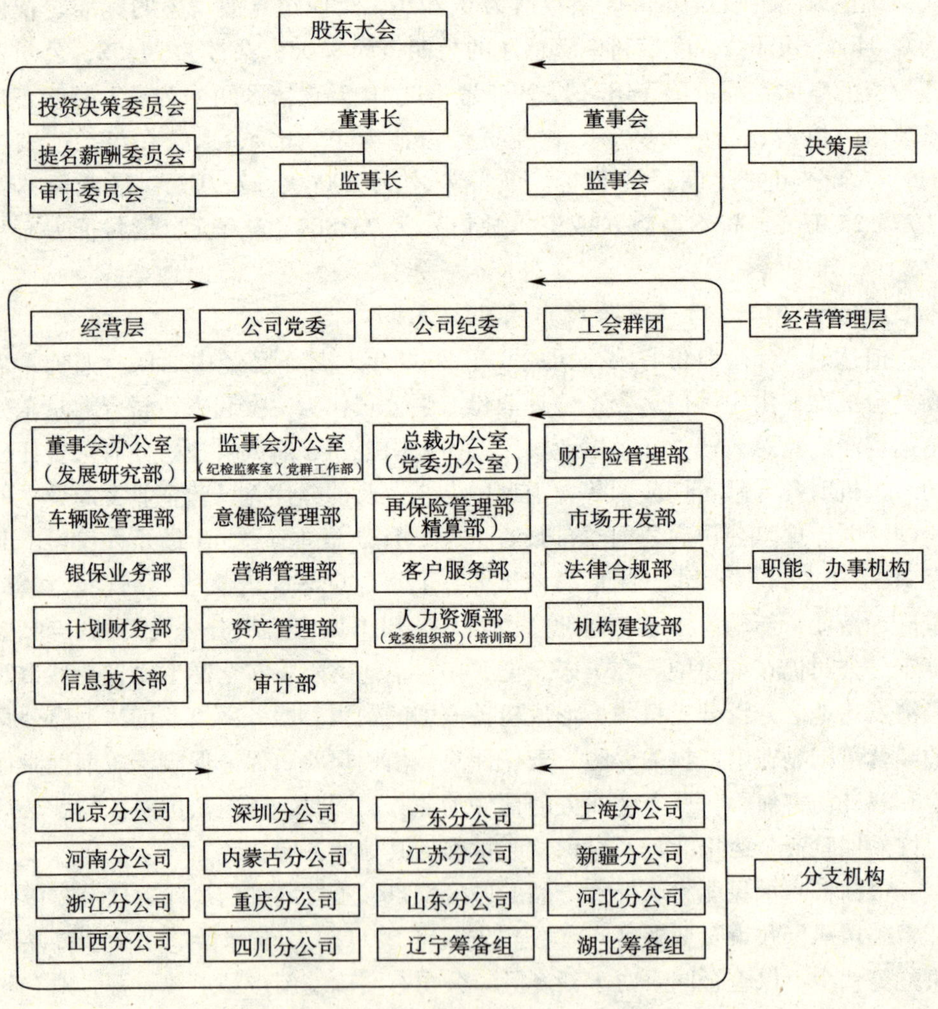

图 3－12　信达财产保险股份有限公司的组织架构

（十七）天平汽车保险股份有限公司

天平汽车保险股份有限公司是2004年12月经中国保险监督管理委员会批准设立的全国性金融机构，是中国第一家专业汽车保险公司。公司总部设在上海浦东陆家嘴金融区，注册资本6.3亿元人民币，主要经营机动车交通事故责任强制保险和机动车商业保险，同时还经营企业财产险、家财险、货运险、责任险、短期意外险和健康险等业务。天平汽车保险开创了中国保险市场上的数个先河，是第一家实行非核心业务外包模式和第一家提供全面汽车安全服务的保险公司。

天平汽车保险倡导“尊重、共享、执行、卓越”的企业文化，秉承“诚信、专业、创新、效益”的经营理念，拥有中国车险市场上具有重要影响力的资深专业人才，结合国际先进的保险技术、管理经验和中国市场实际，着力打造中国汽车保险第一品牌。

2011年末，偿付能力充足率达到151.70%，相比2010年有所下降，主要原因是最低资本较2010年提高16347.69万元，而实际资本有所下降，因而偿付能力充足率下降。

2012年末，偿付能力充足率达到152.09%，相比2011年有所上升，主要原因是实际资本较2011年有所增加。

（十八）阳光财产保险股份有限公司

阳光财产保险股份有限公司成立于2005年7月28日，是主要经营财产保险业务的全国性保险公司，注册资本金26.5亿元人民币，保费收入行业排名第七。阳光产险成立以来，连续刷新国内新设保险公司年度保费规模的历史纪录，实现了又好又快的发展；公司开业23个月开始实现盈利，并连续保持盈利记录。目前阳光产险已有36家分公司开业运营，三四级分支机构1000余家，服务网络实现全国覆盖。

母公司阳光保险集团股份有限公司（以下简称阳光保险）是国内七大保险集团之一、中国500强企业，由中国石油化工集团公司、中国南方航空集团公司、中国铝业公司、中国外运长航集团有限公司、广东电力发展股份有限公司等大型企业集团于2005年发起组建，注册资本金67.1059亿元人民币，集团总资产近800亿元。公司股东实力强大，涉及行业广泛，股权结构合理，符合现代企业制度。目前拥有阳光财产保险股份有限公司、阳光人寿保险股份有限公司、阳光资产管理股份有限公司等多家专业子公司。

阳光产险风险管理工作在集团风险管理委员会和集团战略与创新发展中心的指导下开展。公司董事会是公司风险管理的决策机构，公司总裁室负责执行集团公司风险管理战略，公司企划部是公司风险管理牵头部门，公司各职能部门负责所分管条线的风险管理工作，下属各级机构主要负责人负责本机构的风险管理工作。偿付能力充足率为172%，2011年底偿付能力充足率比2010年底下降51%，主要原因是保费增长使得最低资本要求增加较多。

公司于2012年7月12日募集了10亿元次级债，期限15年，使得实际资本增加。2012年底偿付能力充足率比2011年底上升41%，达到213%。

集团公司层面的组织架构见图3－13。

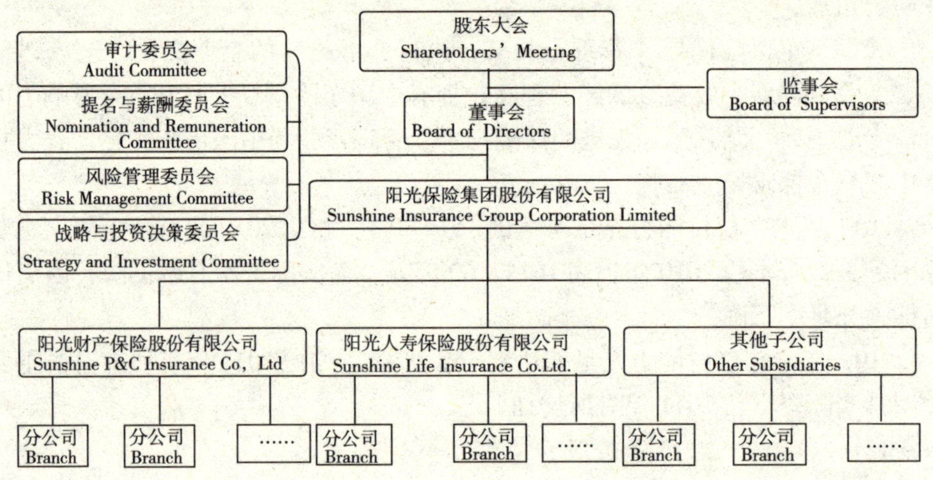

图3－13 阳光财产保险股份有限公司的组织架构

（十九）阳光农业相互保险公司

阳光农业相互保险公司是2005年经国务院同意、中国保监会批准设立的全国唯一一家相互制农业保险公司。作为国家相互保险试点，公司承担着探索中国农业保险发展道路和创新保险组织形式的历史使命。目前，公司开办的保险险种有种植业保险、养殖业保险、责任保险、机动车辆保险、交强险和其他涉农保险等主险产品100余个。总公司内设综合办公室、董事会办公室、人力资源部、财务会计部、发展战略部、农险管理部、财险管理部、客服管理部、产品精算部、审计内控部、合规法律部、统计信息部等12个部门。到2009年底，公司下设2个分公司、11个中心支公司。2009年2月20日，阳光农业相互保险公司广东分公司经过保监会批准开业，迈出了省外展业的第一步。在黑龙江省内，公司共设立了1个分公司和11个中心支公司、在94个农场设立了保险社、在5个县（市）设立了支公司、在68个县（市）设立了营销服务部、在2000多个村（农场居民组）成立了基层会员组织，发展会员100余万，服务网络已覆盖黑龙江省。公司成立五年来（2005—2009 年），共承保粮食作物面积 1.9 亿亩，累计支付农业保险赔款 23 亿元，使 91 万受灾农户得到及时赔付，占参保总户数的 50% 多，户均得到赔偿近 3000 元，保障了农民的生产和生活稳定，发挥了农业保险惠民、安民、富民的作用。

公司健全风险管理组织体系。在董事会设立审计与风险管理委员会。在经营层设立了风险管控委员会，由各职能部门负责人作为成员。在合规法律部设风险管理岗。以风险管理为导向，进一步完善了内控制度体系。

2012 年末偿付能力充足率达到 362.28%，相比 2011 年偿付能力充足率 312.41% 有较大幅度提升，主要原因是 2012 年度盈利增加偿付能力所致。

其组织架构见图 3－14。

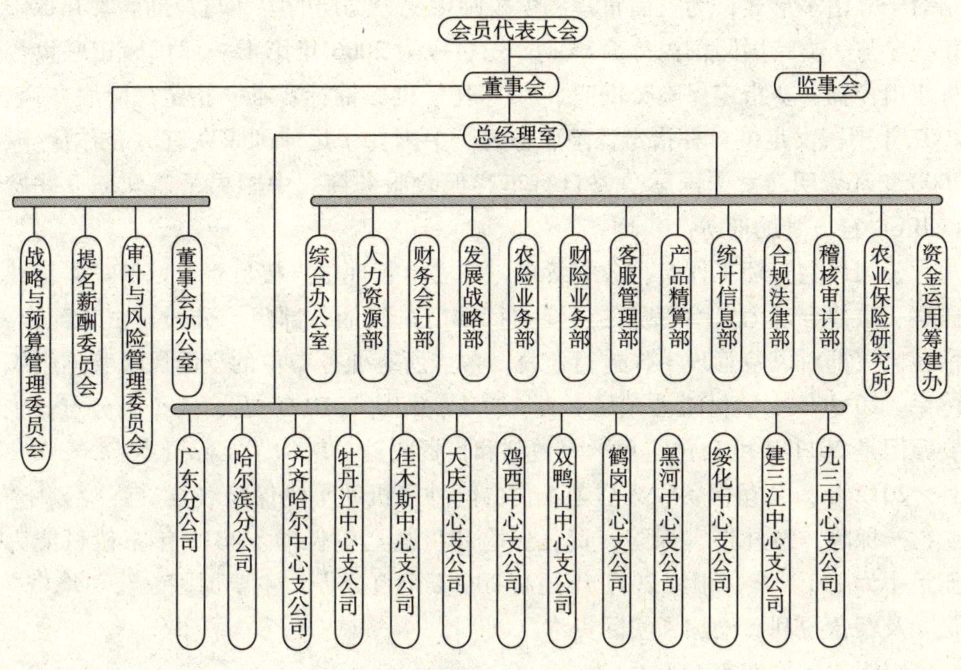

图 3－14　阳光农业相互保险公司的组织架构

（二十）都邦财产保险股份有限公司

都邦财产保险股份有限公司是经中国保险监督管理委员会批准，于 2005 年 10 月 19 日开业的全国性财产保险公司，注册资本为人民币 20 亿元。公司的主要经营范围包括机动车辆保险、财产损失险、责任保险、信用保险和保证保险、短期健康保险和意外伤害保险、上述业务的再保险业务，国家法律、法规允许的保险资金运用业务，以及经保监会批准的其他业务。从开业至今，都邦保险保费规模快速稳健增长，全国市场占有率不断攀升。截至2010年底，都邦保险在全国设立分公司32家，中心支公司、支公司、营业部、营销服务部近500家，员工近万人，形成了一个覆盖全国的保险服务网络。都邦保险先后承保了风云二号卫星、大庆油田、首都机场、国美电器、中国移动、广州至珠海城际轨道、赛特集团有限公司、洪都航空、奥运会广播中心、攀枝花钢铁集团、广东发展银行、深圳发展银行等多项大型集团公司保险业务，取得了客户的一致好评。

都邦保险积极履行企业社会责任，在汶川地震、玉树地震、吉林洪灾等大型自然灾难发生后，积极组织捐款捐物支援灾区，并在四川德阳设立长期的春蕾公益项目，建立"都邦春蕾学校"，通过捐款捐物、设立奖金、传道授业、结对子等诸多形式，为灾后重建的学校师生送去长期的关怀与帮助。都邦保险积极参与、支持国际国内体育事业，先后成为2006年第十一届国际田联世界青年田径锦标赛指定保险赞助商、F1摩托艇世界锦标赛唯一指定保险服务商、2007年中国女足世界杯指定保险服务商、中国女子足球国家队官方合作伙伴、2008年环崇明岛女子国际公路自行车赛保险服务商、中国男子篮球职业联赛（CBA）官方赞助商等。

公司风险管理工作实行分级管理，建立由管理层直接负责，以精算、稽核监察、法律合规为风险管理的主要执行部门，其他各部门、分公司密切配合，稽核监察部对风险管理工作进行监督，覆盖所有业务单位的全面风险管理组织体系。2011年末偿付能力充足率为-37%，相比2010年提高24个百分点，主要原因是2011年度公司实现承保盈利和投资收益，增加了实际资本。

2012年，公司保费收入居前5位的险种是机动车辆保险（含交强险）、企业财产保险、意外伤害保险、责任保险和货物运输保险。2012年末偿付能力充足率为161.7%，相比2011年提高206.1个百分点，主要原因是公司增资7亿元及经营盈利，增加了实际资本。

组织架构见图3-15。

（二十一）渤海财产保险股份有限公司

渤海财产保险股份有限公司（简称渤海保险）由天津和滨海新区的国有骨干企业发起设立，2005年10月18日开业，是首家总部设在天津的全国性财产保险公司。2008年8月，根据公司董事会和股东大会决议，公司股东一致同意将公司注册资本由人民币5.5亿元增至人民币11亿元。2012年渤海保险成功引入大洋洲最大的非寿险公司澳大利亚保险集团（简称IAG）作为战略投资者。渤海保险始终秉承积极、稳健、专业的经营理念，以科学发展观为指引，

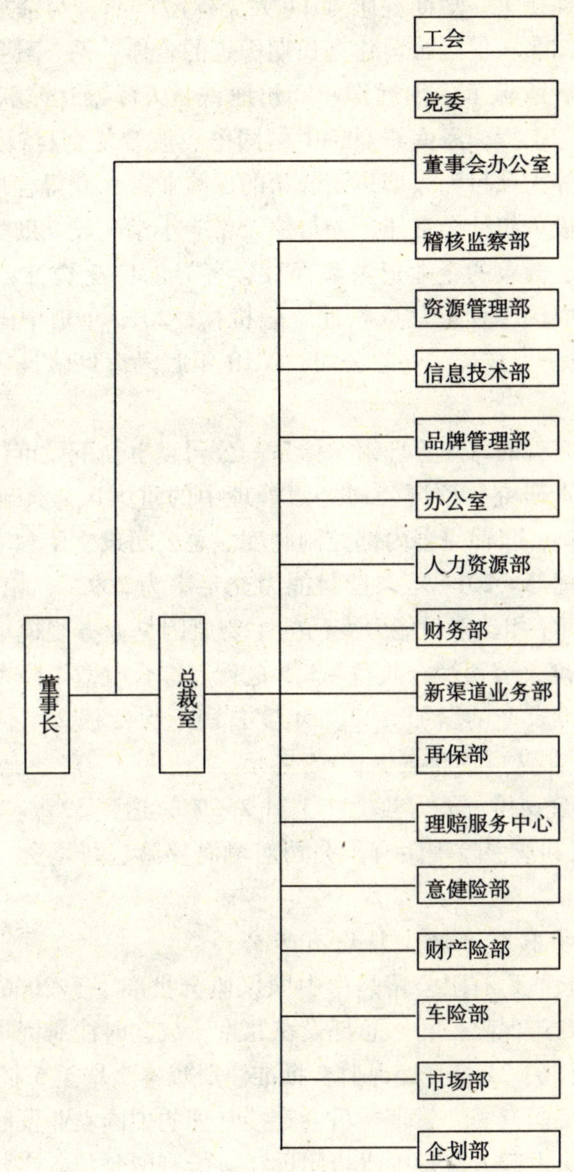

图 3－15　都邦财产保险股份有限公司的组织架构

牢牢把握天津滨海新区作为国家保险改革试验区的历史机遇，成立以来在机构建设、业务发展、产品创新、人才引进与培养、资金汇集与运用等方面取得显著成果。目前，渤海保险已经拥有 25 家省级机构，200 多家地市级和县级机构，形成全国性销售服务网络。能够为广大客户提供车险、财产损失、责任、信用、保证、意外伤害、短期健康等 11 大类保险产品，与慕尼黑再保险、瑞士再保险等国际知名再保险公司建立长期稳定的合作关系，具备雄厚的承保能力。渤海保险先后承保了中国远洋、广州地铁、天津泰达津联电力、亚太 VI 号卫星、南水北调工程、海南航空、中国国电、波音复合材料、空客 A320 组装线、天津地铁等大项目和大型集团公司的保险业务，获得客户的一致好评。

渤海保险积极承担社会责任，参与建设希望小学、设立助学基金等社会公益活动，以积极、健康的企业形象赢得社会各界的广泛赞誉。2009 年渤海保险被人民网评为中国十佳最具成长性金融机构；2010 年被中国社会科学院评为 2010 年卓越竞争力成长型保险公司；2010 年底渤海保险被认定为天津市著名商标。

公司已建立完善的风险管理组织体系。公司董事会下设审计委员会和风险控制委员会，负责研究、预测公司经营管理中的重大风险，确定公司风险管理、合规管理策略，督促完善内部控制制度。总公司设立了独立于业务、财务和审计部门的合规部。2011 年末偿付能力充足率为 269%，相比 2010 年降低 143 个百分点，两年相比偿付能力变动的主要原因是业务规模增长及承保、投资亏损。2011 年度，公司综合收益 -2.5 亿元。综合收益下降主要是承保亏损的增加以及非认可资产的增加。2011 年度公司承保亏损 2.5 亿元，投资收益亏损 0.66 亿元，非认可资产减少 0.63 亿元。

2012 年度内公司偿付能力较上年上升 256%，达到 525%。上升的主要原因是 2012 年澳大利亚保险集团有限公司对渤海保险进行增资，实际资本大幅上升。

（二十二）华农财产保险股份有限公司

华农财产保险股份有限公司是由中国保监会批准，于 2006 年 1 月注册成立的一家全国性财产保险公司，总部设在北京，成立时注册资本金为 2.1 亿元人民币。2009 年 1 月 24 日，经保监会批准注册资本金增至 5 亿元人民币。

公司由国务院国有资产管理委员会直接管理的中国农业发展集团总公司组织发起设立，牵头发起人包括中水集团远洋股份有限公司，主要股东包括中牧实业股份有限公司和中国渔船船东互保协会。经营范围为财产保险业务，包括财产损失保险、责任保险、农业保险、信用保险等；经保监会核准的短期健康险和意外伤害险业务；以及上述业务的再保险业务。

公司 2011 年末实际资本为 28326.47 万元，年末最低资本为 3740.04 万元，2011 年末资本溢额为 24586.43 万元。公司 2011 年末偿付能力充足率为 757%，比报告前一年度的偿付能力充足率下降了 44.91%，下降幅度较大，公司2011年出现了投资亏损。2011年度投资收益为-205万元，同比减少4657万元。2011年度实现综合收益-5070.31万元，较2010年减少2875.73万元，导致实际资本较大幅度减少。2011年度实际资本为28321.44万元，较2010年降低15.20%。

公司在采用情景分析、压力测试等技术评估和监控保险风险。准备金情景分析表明，2012年，若平均赔付成本上涨5%，降低净利润1560万元，公司的偿付能力充足率从459%降低至394%，降低65个百分点；费用情景分析表明，2012年，若费用成本上涨5%，降低净利润1816万元，公司的偿付能力充足率从459%降低至426%。截至2012年12月31日，公司偿付能力充足率为458.96%，相比2011年末偿付能力充足率下降了298.42个百分点。主要原因：一是2012年最低资本较2011年增加1813.74万元，主要是由于公司保费收入的增长较多，使最低资本有较大幅度的上升。2012年最低资本为5553.78万元，较2011年增长48.50%。二是2012年实际资本较2011年减少2836.58万元，主要是由于受北京地区农险业务“7·21”大灾等因素的影响导致综合赔付率提高造成综合收益的减少。2012年实际资本为25489.89万元，较2011年降低10.01%。充足率约33个百分点。

其组织架构见图3-16。

（二十三）中国人寿财产保险股份有限公司

中国人寿财产保险股份有限公司系国务院同意、中国保监会批准、中国人寿保险（集团）公司及旗下中国人寿保险股份有限公司共同发起设立的全国性专业财产保险公司，成立于2006年12月30日，注册资本80亿元人民币，经营范围包括财产损失保险、责任保险、信用保险和保证保险、短期健康保险和意外伤害保险、上述业务的再保险业务、国家法律法规允许的保险资金运用业务、经中国保监会批准的其他业务。

作为中国人寿旗下核心成员，中国人寿财产保险股份有限公司始终以科学发展观为统领，坚持高起点、高标准、高要求，充分依托中国人寿的整体优势资源，积极创新财产保险经营模式，全面构建差异化的经营特色和核心竞争力，不断拓宽发展空间和服务领域，着力打造国内领先、国际一流、不断超越的财产保险公司。2009年，公司当年实现经营盈利，打破了行业发展的常规模式；2010年公司保费收入突破100亿元，市场份额稳居第6位，实现承保盈利。

其第一大股东中国人寿保险（集团）公司是中国最大的综合性保险集团，总资产已超过1.56万亿元人民币，占保险业境内总资产的37.7%，是国内唯

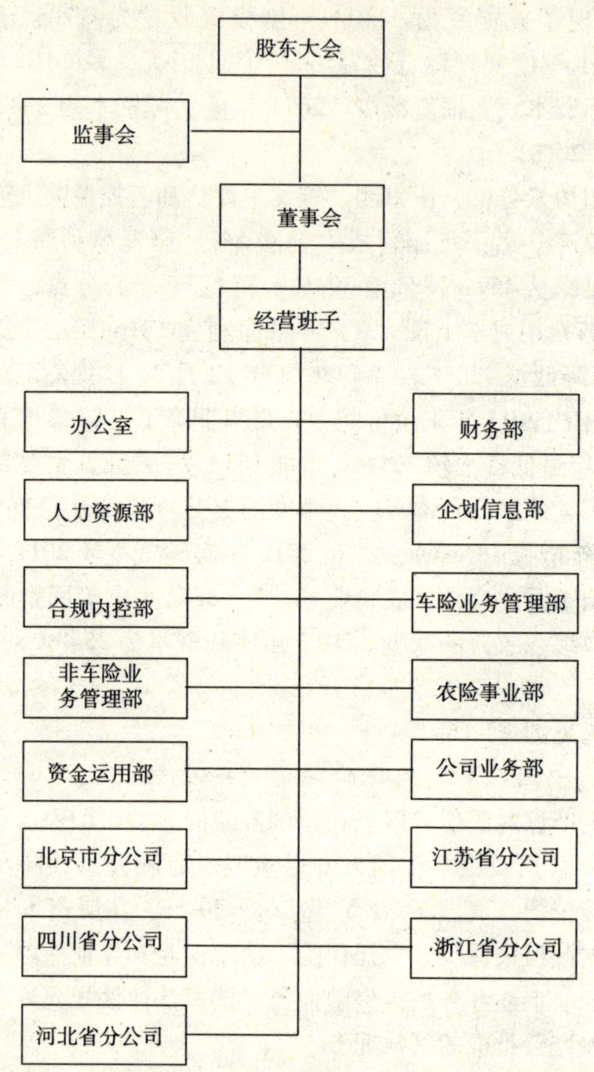

图3－16 华农财产保险股份有限公司的组织架构

——一家资产过万亿的保险集团，同时是我国资本市场最大的机构投资者之一，可运用资金超过1.54万亿元人民币；连续8年入选全球500强，2010年排名第118位，在入选的保险企业中排名第一；连续3年入选世界品牌500强，品牌价值达853.68亿元。另外一个重要股东中国人寿保险股份有限公司，是中国最大的寿险公司，中国寿险市场的领跑者，也是全球第一家在纽约、香港、上海三地上市的保险公司，内地资本市场“保险第一股”，市值高居全球上市保险公司首位。

中国人寿财产保险股份有限公司具有以下优势：（1）渠道网络优势。依托中国人寿3000多家服务柜面、71.6万名保险营销员、1.26万名团险销售人员、2.6万名银保客户经理等渠道资源以及公司自有的1000多家服务网点、各类专业渠道构成了其他主体不可比拟的渠道网络优势。（2）品牌文化优势。中国人寿历经六十多年的创新发展，塑造了享誉国内外的品牌形象，积淀了深厚的企业文化底蕴，在承担社会和行业责任方面发挥了积极的作用，有力促进了人民生活安定和社会和谐。（3）管理人才优势。中国人寿管理着纽约、香港和上海三地上市的公众公司——中国人寿保险股份有限公司以及国内最大的保险资产管理机构——中国人寿资产管理有限公司，在向适应经济全球化和金融一体化的国际顶级金融保险集团迈进的过程中，积聚了丰富的保险市场运作经验和管理机制，造就了一大批优秀的保险经营管理和专业技术人才。

其组织架构见图3－17。

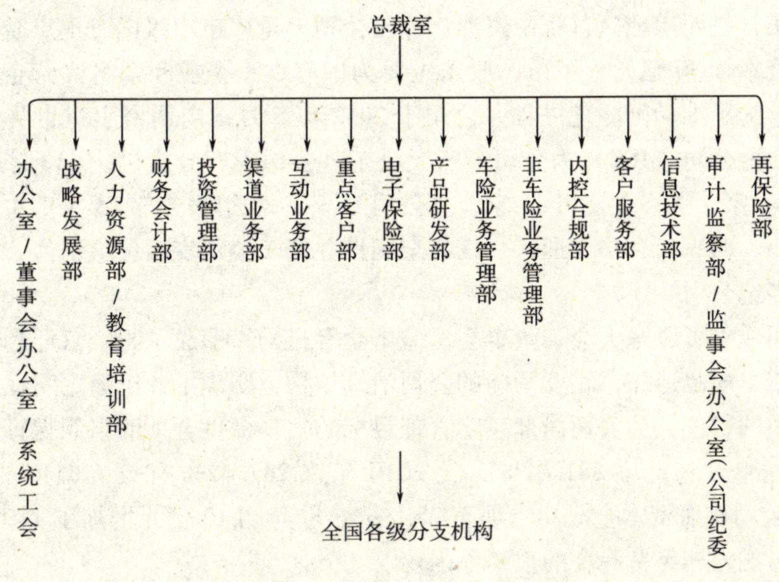

图3－17 中国人寿财产保险股份有限公司的组织架构

公司制定了《全面风险管理体系建设规划和实施意见》，明确了全面风险管理体系建设的蓝图、内容、方法、步骤和重点，建立了与自身经营目标、业务规模、资本实力、管理能力和风险状况相适应的风险管理体系。公司对绝大多数的风险采取“集中＋授权”的管理模式，通过明确相应权限加以控制。公司建立内部的风险计量模型，并将随着业务的发展针对各种假设进行敏感性分析，对各类风险进行评估和监控。公司2011年12月31日的偿付能力充足率保持在充足Ⅱ类水平，较2010年12月31日上升24个百分点。主要原因是2011年公司顺利完成40亿元增资，实际资本大幅增加；国内资本市场波动较大，投资资产浮亏使得实际资本受到较大负面影响；保费规模逐步扩大，导致最低资本持续增加。

2012年12月31日，公司偿付能力充足率为231.1%，保持在充足Ⅱ类水平，偿付能力较强。公司建立了董事会负最终责任、监事会监督评价、总裁室直接领导、以风险管理机构为依托、相关职能部门密切配合、全体员工共同参与，覆盖所有业务领域的风险管理组织体系。建立内部的风险计量模型，并随着业务的发展针对各种假设进行敏感性分析，对各类风险进行评估和监控。

（二十四）安诚财产保险股份有限公司

安诚财产保险股份有限公司于2006年12月经中国保监会批准成立，总部位于重庆，是西南地区首家中资财产保险公司、重庆市市级国有重点企业。公司注册资本金30亿元人民币，股东主要为国有大型企业和知名民营企业，国有控股。为了推动国际化进程，公司于2012年5月定向增资引进世界银行集团国际金融公司（IFC）为公司第三大股东。公司现有分支机构113家，其中分公司14家，中心支公司31家，支公司55家，营销服务部13家，主要分布在长三角、西三角和华北地区。设有全国性独资子公司安诚保险销售公司、安澜保险经纪公司。

公司建立了股东大会、董事会、监事会等机构，形成了与经营经理层之间各司其职、规范运作、相互制衡的公司治理结构，明确了各层级之间在内部风险管理中的责任，为公司内部风险管理目标的实现提供合理的组织保证。2011年末偿付能力充足率881.92%，较2010年末247.42%有较大幅度的上升。2011年公司注册资本金成功增加至25亿元，较年初10亿元增加了150%，增资是偿付能力充足率提高的主要原因。

2012年末偿付能力充足率1170.28%，较2011年末881.92%有一定幅度的上升。偿付能力充足率提高的主要原因：一是增资使实际资本增加。2012年公司注册资本金成功增加至30亿元，较年初25亿元增加了20%。二是保费规模下降导致最低资本减少。本年度公司保费收入为13.76亿元，较上年17.10亿元同比减少19.54%。

其组织架构见图3－18。

（二十五）国元农业保险股份有限公司

国元农业保险股份有限公司是经中国保险监督管理委员会（保监发改

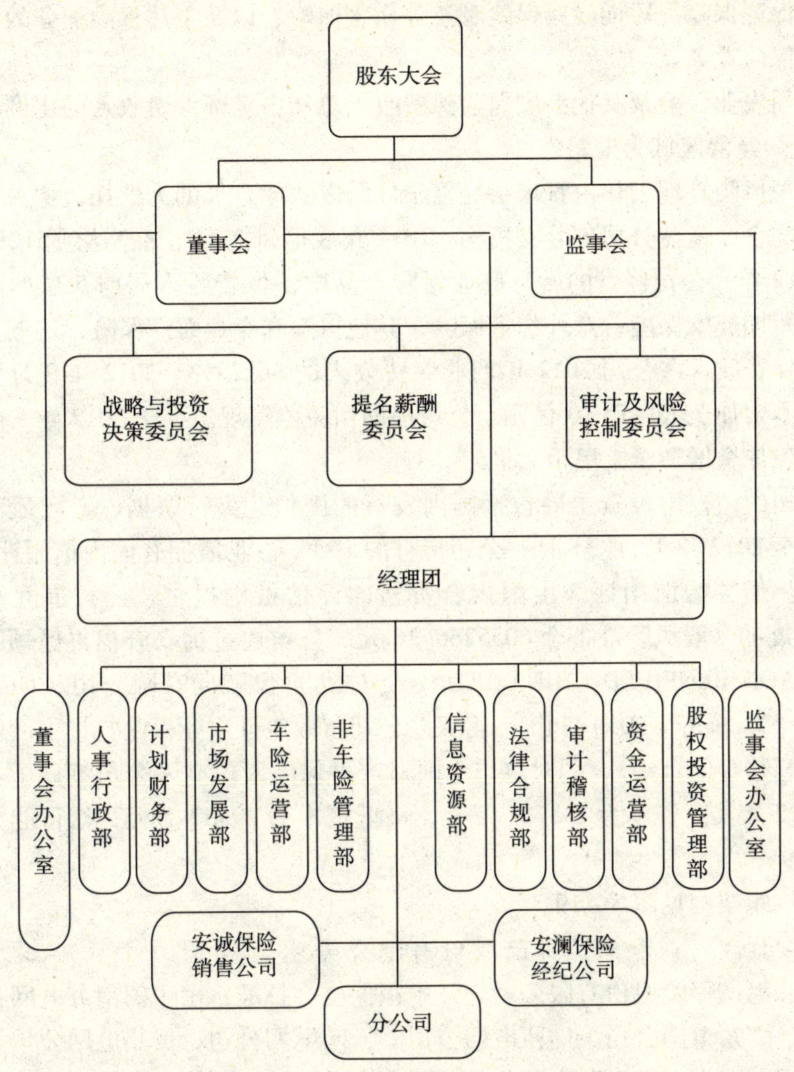

图 3－18　安诚财产保险股份有限公司的组织架构

〔2008〕54 号）批准成立的第一家总部设在安徽的财产保险公司。成立时间为 2008 年 1 月 18 日，当时注册资本为 8.9 亿元人民币。公司由安徽省金融资产规模最大的国有大型金融控股企业安徽国元控股（集团）有限责任公司等 23 家国有企业共同设立。现在注册资本 10 亿元人民币。国元保险以服务“三农”为重点，实行农业保险业务和财产保险业务并存发展的模式。经营范围不仅包括种植业保险、养殖业保险、农房保险、农民工意外伤害保险、森林火灾保险等农业保险业务，还包括财产损失保险、责任保险、法定责任保险、信用

保险和保证保险、短期健康保险和意外伤害保险，以及上述保险业务的再保险等财产保险业务。

公司农业保险及其他涉农保险保费收入总和占全部保费收入的比例不得低于60%。经营区域为安徽省。

公司风险管理工作由管理层直接领导，以法律合规部为依托，相关职能部门密切配合，覆盖公司各分支机构。2011年底偿付能力充足率达到510%。

2012年，公司经营的所有商业保险产品中，保费收入居前5位的险种是车险、短期健康保险、意外伤害保险、其他保险和企业财产保险，这五大类商业险种保费收入占公司2012年商业保费收入的96.28%。2012年9月公司增资后股本增加至人民币10亿元。公司根据相关监管规定，于2012年9月将存出资本保证金增加至人民币2亿元。

公司的债权型投资主要包括国内发行的国债、央行票据、金融债和企业债。截至2012年12月31日，公司持有的100%企业债拥有国内信用评级AA或以上。债券的信用评级由国内合资格的评估机构提供。公司追溯补提了2011年度的一般风险准备金6055266.26元。公司通过怡安奔福再保顾问有限公司（AON BENFIELD CHINA LTD.）和佳达再保顾问有限公司（GUY Carpenter & Company LTD.）和国际再保险公司就政策性农业保险签订了《政策性种植业超赔再保合约》，同时也与中国财产再保险股份有限公司签订了上述合同。2012年实际资本为182717万元，最低资本为29987万元，偿付能力充足率为609%。

其组织架构见图3－19。

（二十六）鼎和财产保险股份有限公司

鼎和财产保险股份有限公司是经中国保监会批准，由中国南方电网有限责任公司、广东电网公司、广西电网公司、云南电网公司、贵州电网公司、海南电网公司、南方电网财务有限公司共同出资设立的全国性财产保险公司，总部设在深圳，于2008年5月22日成立，注册资本为15.18亿元人民币。2011年8月10日，中国保监会下发《关于鼎和财产保险股份有限公司变更注册资本的批复》（保监发改〔2011〕1270号），同意公司注册资本变更为15.18亿元人民币。鼎和保险的业务范围涵盖非寿险业务的各个领域，包括财产损失保险，责任保险，信用保险和保证保险，短期健康保险和意外伤害保险，上述业务的再保险业务，国家法律法规允许的保险资金运用业务，经中国保监会批准的其他业务。

公司成立监事会，负责监督公司经营情况，向股东大会报告。公司建立了

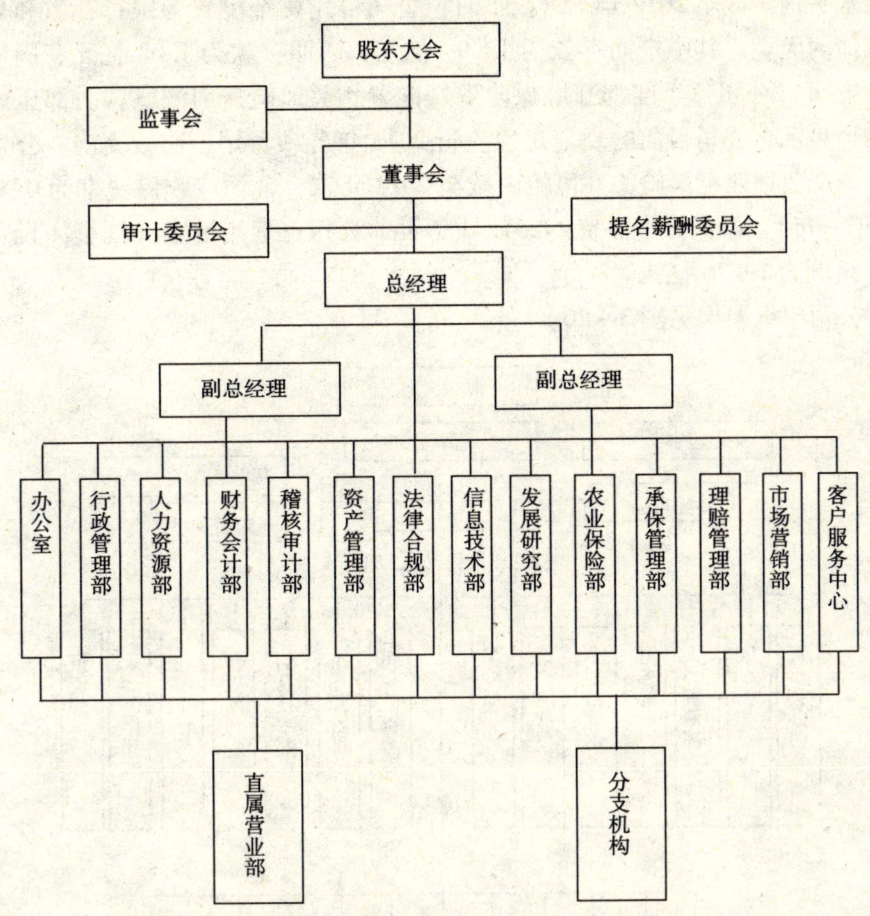

图 3－19 国元农业保险股份有限公司的组织架构

董事会负最终责任，审计委员会监控决策，管理层直接负责，合规部、再保部、企划精算部、财务部为主要执行部门，其他各部门紧密配合，监察审计部检查监督覆盖所有业务单位的风险管理组织体系。各分公司均明确风险控制责任人，负责本单位的风险管理工作。2011 年，公司完成了 10 亿元人民币的增资，使公司实际资本大幅度增加，由 2010 年底的 3.34 亿元增长至 2011 年底的 13.35 亿元，在抵消了公司保费收入增长导致偿付能力下降的因素之后，偿付能力充足率由 2010 年底的 354% 上升至 2011 年底的 877%，公司偿付能力大大增强。

公司 2012 年末偿付能力充足率 740%。公司承保保单的风险保额为 2371.66 亿元，从承保的风险保额及风险分布情况来看，风险保额处于合理的风险水平内。截至2012年12月31日，公司可用资金配置为银行存款和凭证式国债两大类，其中定期存款为14.99亿元、活期存款为1.02亿元、国债为3.73亿元。公司每季度都开展保险资产配置相关风险压力测试。内部压力测试结果显示，公司目前的现金足以应付2013年各项费用、赔款支出，公司面临的资产负债匹配风险小并可控。截至2012年末，公司应收保费率为0.59%（小于一年），再保分出保费27237.41万元，公司可运用资金（现金+投资资产）余额为19.76亿元。

公司组织架构见图3-20。

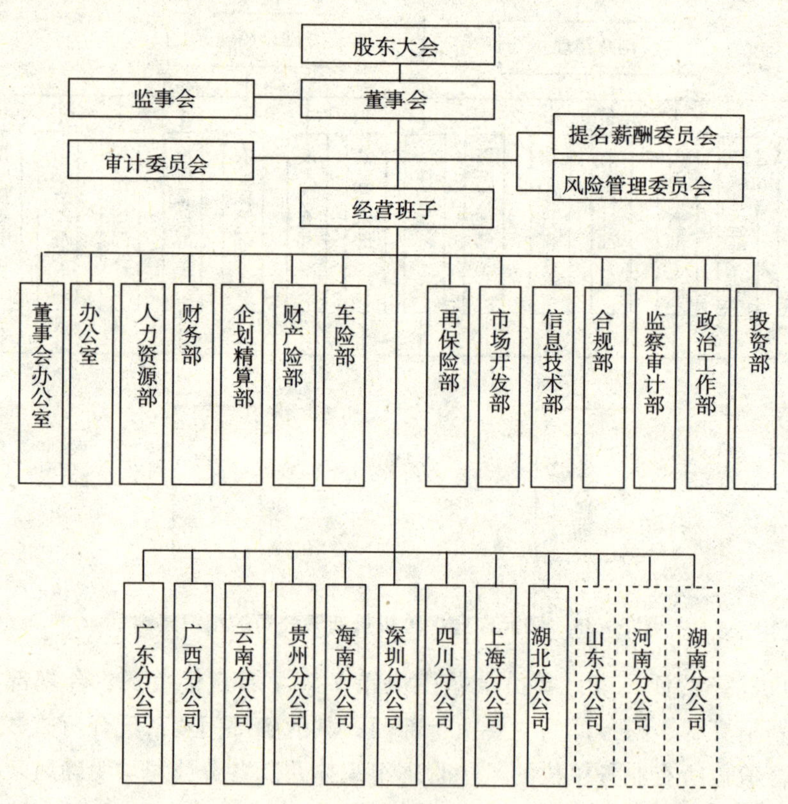

图3-20 鼎和财产保险股份有限公司的组织架构

（二十七）中煤财产保险股份有限公司

中煤财产保险股份有限公司成立于2008年10月13日，注册资本人民币5亿元。公司建立了由董事会负最终责任，总经理室直接领导，以法律合规部为具体牵头协调部门，各相关职能部门密切配合、各司其职，覆盖所有流程和机构的风险管理组织体系。董事会下设立风险管理委员会负责风险管理工作，全面了解公司面临的各项重大风险及其管理状况，监督风险管理体系运行的有效性。风险管理委员会负责对公司风险管理的总体目标、基本政策、重大决策的风险评估和重大风险的解决方案等事项进行审议并向董事会提出意见和建议。法律合规部具体负责公司风险管理相关事务工作。公司2011年度偿付能力充足率为256%，较上年度大幅下降。主要原因是自2011年度恢复开展业务以来，公司分入业务和原保险业务迅速增长，导致最低资本大幅增加。

公司2012年度偿付能力充足率为548%，较上年度有所上升，主要原因是2012年实现保险业务收入4.13亿元，较2011年减少2.37亿元，使本年度最低资本大幅下降。

（二十八）英大泰和财产保险股份有限公司

英大泰和财产保险股份有限公司于2008年10月28日获准开业。注册资本为人民币21亿元，实收人民币21亿元。公司按照监管部门的工作要求，建立了由董事会负最终责任、管理层直接领导，以风险管理部门为依托，相关职能部门密切配合，覆盖所有业务单位的风险管理组织体系。董事会下设审计委员会，负责指导公司风险管理工作，监督风险管理体系运行的有效性。公司管理层负责协调风险管理整体工作。一是总公司成立全面风险管理委员会，负责研究部署风险管理和内部控制的相关工作任务。二是总公司设置特殊风险管理委员会，负责研究和评估特殊风险承保业务，为公司严把业务承保风险关口。公司指定审计与风险管理部具体负责风险管理相关事务工作。2011年末偿付能力充足率达到482.71%，相比2010年末有小幅提高，主要原因是2011年度公司注册资本金增加9亿元，从2011年1月24日起，变更为21亿元人民币，使实际资本大幅提高，缓解了业务快速增长带来的压力。

2012年末偿付能力充足率达到288.18%，相比2011年末有所下降，主要原因是2012年度公司承保规模增长较快，导致最低资本大幅提高。

（二十九）浙商财产保险股份有限公司

浙商财产保险股份有限公司是第一家总部设在浙江省的全国性财产保险公司，于2009年6月25日登记注册，公司注册资金为人民币15亿元，注册地为浙江省杭州市，公司专业经营各类财产保险业务。浙商保险由浙江省商业集团有限公司、浙江省能源集团有限公司、雅戈尔集团股份有限公司、正泰集团股份有限公司等规模较大、实力雄厚的综合性集团，与浙江国大集团有限责任公司、浙江勤业建工集团有限公司、嘉凯城集团名城有限公司、苏泊尔集团有限公司、德邦控股集团有限公司等运作灵活、市场知名度较高的企业共同组建。

公司建立了由董事会负最终责任、监事会监督、管理层直接领导、合规管理部门组织推动内部控制实施、各业务职能部门具体实施风险管理和内部控制、稽核审计部门对风险管理和内部控制情况进行审计的风险管理组织体系。此外，公司董事会下设审计与风险控制委员会，负责监督公司风险管理体系运行的有效性，负责对风险管理事项进行审议并向董事会提出意见和建议。偿付能力充足率131.16%，变化原因为保险业务增幅大所致。2011年全年自留保费25.11亿元，较上年增加3.53亿元，使得最低资本较上年增加4936万元。

浙商保险2012年增资扩股，将资本金由原先10亿元增加为15亿元，使得实际资本达到99567.36万元，最低资本为34659.95万元，资本溢额为64907.41万元，偿付能力充足率达到287.27%，偿付能力充足率比上年增大153.11%。

公司组织架构见图3-21。

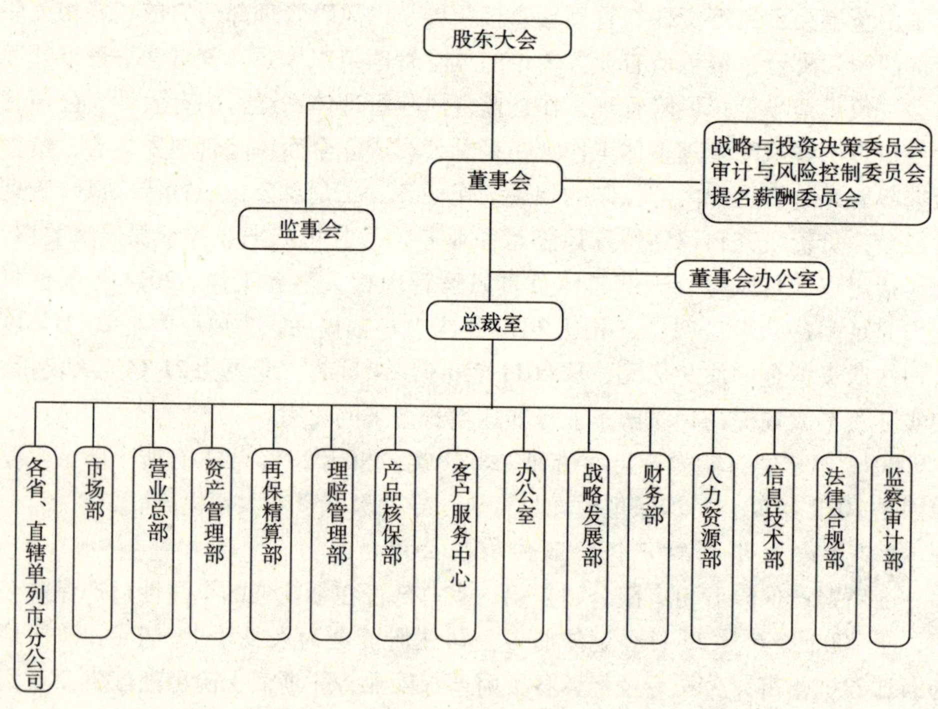

图3-21 浙商财产保险股份有限公司的组织架构

（三十）紫金财产保险股份有限公司

紫金财产保险股份有限公司是首家总部设在江苏省的全国性财产保险公司。公司注册资本金人民币25亿元，注册地江苏省南京市。紫金保险成立以来，秉承“始于责任，成于精细”的核心价值理念，以“追求价值保障，致力社会和谐”为使命，以“成为最具责任感的保险企业公民”为愿景，坚持创新驱动，打造“活力”紫金；坚持服务民生，打造“责任”紫金；坚持科学发展，打造“实力”紫金，实现了高起点组建、远战略规划、全国性布局、跨越式发展。截至2011年底，公司下辖全国各级分支机构165家。其中，省级分公司24家、地市级中心支公司59家（含在筹）、县区级支公司与营销服务部82家（含在筹）。业务覆盖江苏全境和全国的北京、上海、浙江、河北、广东、山东、四川、河南、安徽、湖北、湖南、福建、宁波、青岛、内蒙古、天津、辽宁、广西、山西、深圳、厦门21个省（自治区、市）。公司员工3600余名，平均年龄34岁。累计实现保险业务收入超过45亿元，累计提供保险保障总额超过3万亿元。公司始终将“关注民生、紧贴民生、服务民生”作为不懈的追求，努力提高“对社会的保障能力、对经济的支持能力、对管理的参与能力”，千方百计地探索保险服务的新领域，为经济社会发展作出了积极的贡献，先后获得“最受尊敬的25大江苏品牌”、“2011年度最具发展潜力（非寿险）”等荣誉。

紫金财产保险股份有限公司的股东实力雄厚，主要股东包括江苏省国信资产管理集团有限公司、江苏舜天股份有限公司、南京紫金控股投资有限责任公司、江苏高科技投资集团有限公司、江苏汇鸿国际集团有限公司、南京河西新城区国资集团、常州高新技术产业开发区发展（集团）总公司、苏州市营财投资集团公司、江苏省高科技产业投资有限公司、江苏沙钢集团有限公司等42家单位。截至2010年底，股东总资产超过1000亿元，所有股东均实现连续三年盈利。

公司在公司董事会层面成立审计委员会，统筹规划公司重大风险管理，监督风险管理体系运行的有效性；在管理层中明确分管副总裁的风险管理职责；成立法律合规部负责风险管理的具体工作；明确核保、理赔、再保、财务、资金运用等各条线和分支机构风险责任岗位，负责其职责范围内的风险管理工作；稽核监察部负责风险管理执行情况检查。公司成立业务管理委员会、投资管理委员会，对公司重大业务、重大资金运用项目风险进行管理。公司已建立了由董事会负最终责任、管理层直接领导，以风险管理部门为依托，相关职能部门及各分支机构密切配合，覆盖所有业务单位的风险管理组织体系。2011年公司的实际资本为205298万元，最低资本为22835万元，资本溢额为182463万元，偿付能力充足率为899%。2011年公司注册资本金由10亿元增加至25亿元，资本金的增加带动认可资产的增加。2011年公司保费收入大幅度增加带动最低资本增加，同时提取未到期责任准备金大幅度增加影响了实际资本的变动，使偿付能力充足率提升。

2012 年公司保费收入快速增长，带动最低资本涨幅较大，最终导致偿付能力充足率有较大的降幅。本年度最低资本为 33296 万元，较上年末增加 10461 万元，增长 45.81%。公司的最低资本 33296 万元，资本溢额或者缺口 170233 万元，偿付能力充足率达到 611%。

其组织架构见图 3－22。

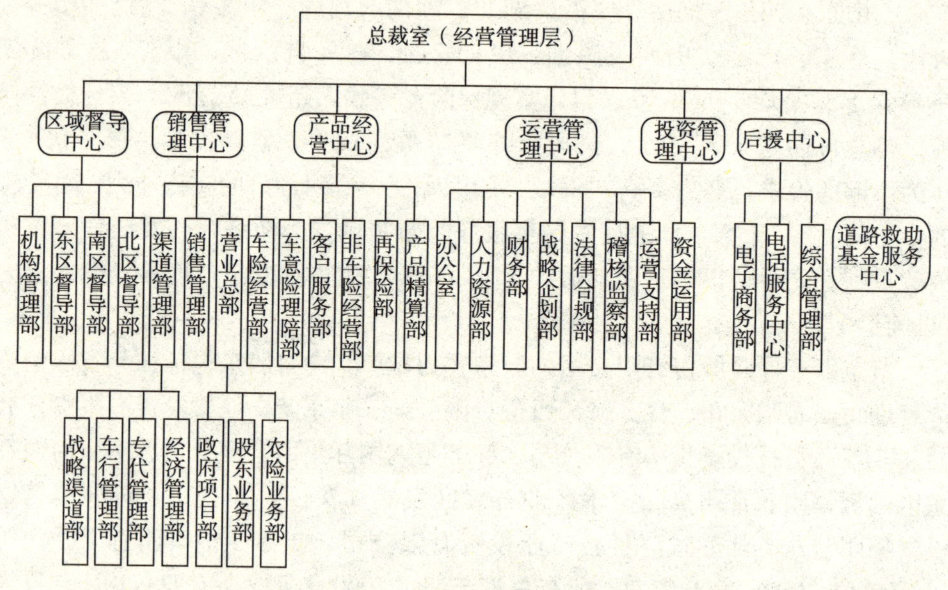

图 3－22 紫金财产保险股份有限公司的组织架构

（三十一）泰山财产保险股份有限公司

泰山财产保险股份有限公司（简称泰山保险）是经中国保险监督管理委员会批准成立的首家注册地在山东省的全国性保险法人机构，由中国重汽集团、山东高速集团等 16 家省管国有企业发起设立，注册资本 20.3 亿元，于 2011 年 1 月 18 日正式挂牌。公司主要经营财产损失保险，责任保险、信用保险和保证保险，短期健康保险和意外伤害保险，上述业务的再保险业务，国家法律、法规允许的保险资金运用业务；经保监会批准的其他业务。

公司建立了由董事会、审计风控委员会、经营管理层、风险管理部门及各职能部门和各级机构组成的、覆盖所有业务单位的风险管理组织体系。公司偿付能力充足率较高的主要原因为公司成立初期，保费收入为 4614 万元，按照保监会偿付能力计算最低资本仅为 641 万元，资本溢额为 201714 万元。

2012 年末偿付能力充足率 3453.91%，相比 2011 年有较大幅度降低，主要原因是：一是 2012 年综合收益 -7777.98 万元，较 2011 年减少 7133.66 万元，降低了实际资本。二是 2012 年度公司业务保持快速增长，实现原保费收入 38484.19 万元，与上年同期相比增长 736.69%；年末最低资本 5633.54 万元，较 2011 年末最低资本提高 778.22%。

公司的组织架构见图 3-23。

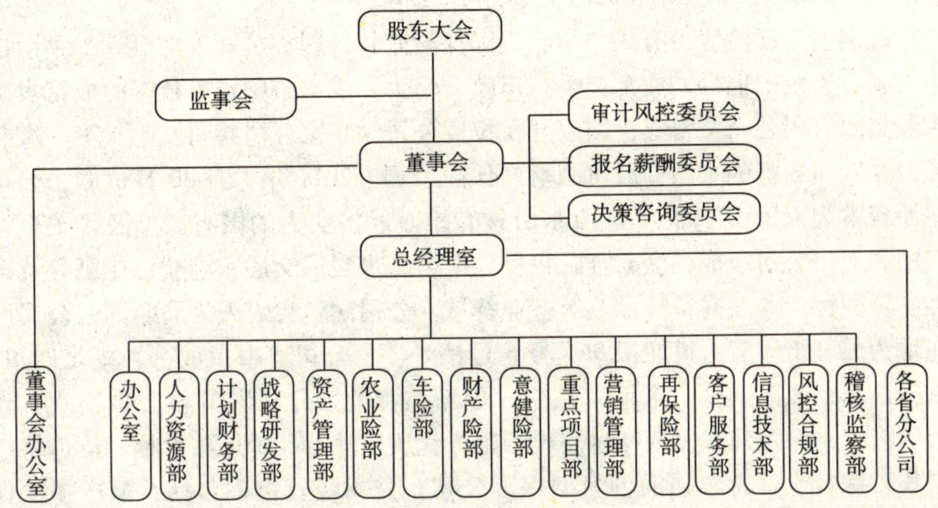

图 3-23　泰山财产保险股份有限公司的组织架构

（三十二）众诚汽车保险股份有限公司

众诚汽车保险股份有限公司（简称众诚保险，下同）经中国保监会批准，于 2011 年 6 月成立，是首家总部设在广州市的中资保险法人机构。公司注册资本为人民币 5 亿元，由广汽集团、粤财信托、粤科风投、广州长隆等广东本地企业共同发起创立。众诚保险主要经营各种机动车辆保险业务，与机动车辆保险有关的其他财产保险业务，短期健康保险和意外伤害保险业务，上述业务的再保险业务，国家法律、法规允许的保险资金运用业务，经中国保监会批准的其他业务。

公司已经初步构建了由董事会负最终责任、总经理室直接领导、内控职能部门统筹协调、审计监察部门检查监督、业务单位负首要责任的分工明确、路线清晰、相互协作的风险管理组织体系，为公司风险管理提供了组织保证。公司在董事会下设风险管理委员会负责风险管控工作；总公司设置合规管理部作为风险管控机构，由经营企划部、审计监察部、精算产品部、计划财务部等职能部门密切配合，履行相应职责，开展风险管理工作。公司的实际资本为44385.20万元，最低资本为367.44万元，资本溢额为44017.76万元，偿付能力充足率达到12079.70%，相比2010年度偿付能力充足率的变化为999%。

公司的实际资本为33669.19万元，最低资本3324.87万元，资本溢额30344.32万元，偿付能力充足率达到1012.65%，相比2011年度偿付能力充足率下降11067.05个百分点。

（三十三）锦泰财产保险股份有限公司

锦泰财产保险股份有限公司经中国保险监督管理委员会批准设立，是由四川省委、省政府倡导，成都市委、市政府牵头，成都市国资委独资的成都投资控股集团有限公司主发起，国家开发投资公司等8家公司共同发起，第一家总部设在四川成都的全国性股份制财产保险公司。2011年1月30日成立，公司注册资本为人民币11亿元。股东由具有雄厚经济实力的国有大型及骨干企业集团和上市公司组成，涵盖金融投资、电力、煤炭、交通、港航、化肥等基础性、资源性产业及高科技产业等行业领域。公司法定代表人为邓明湘，公司所在地为成都市天府大道北段966号6号楼8楼。公司将根植成都、立足四川、依托西部、面向全国，秉承“诚信、创新、价值、分享”的核心价值观，致力于将锦泰保险建成发展特色突出、服务优质高效、品牌形象卓越、价值持续增长、综合竞争力较强的创新型保险公司。公司经营范围包括：财产损失保险，责任保险，信用保险和保证保险，短期健康保险和意外伤害保险，上述业务的再保险业务，国家法律、法规允许的保险资金运用业务，经保监会批准的其他业务。

公司2011年度末的偿付能力充足率为5036%，偿付能力溢额为100143万元。

2012年度，公司偿付能力充足率由年初5036%下降至年末1268%，偿付能力充足率仍高于150%的偿付能力充足Ⅱ类监管要求。偿付能力充足率变化的主要原因有两个：一是业务快速增长的要求，最低资本较上年增长4963万元。二是受公司业务增长拨备增加和机构铺设等造成的经营亏损影响，实际资本较上年减少13480万元。

其组织架构见图3-24。

（三十四）长江财产保险股份有限公司

长江财产保险股份有限公司于2011年9月21日经中国保监会批准筹建，11月17日正式获得保监会开业批复，11月18日正式开业，注册资本12亿元人民币。

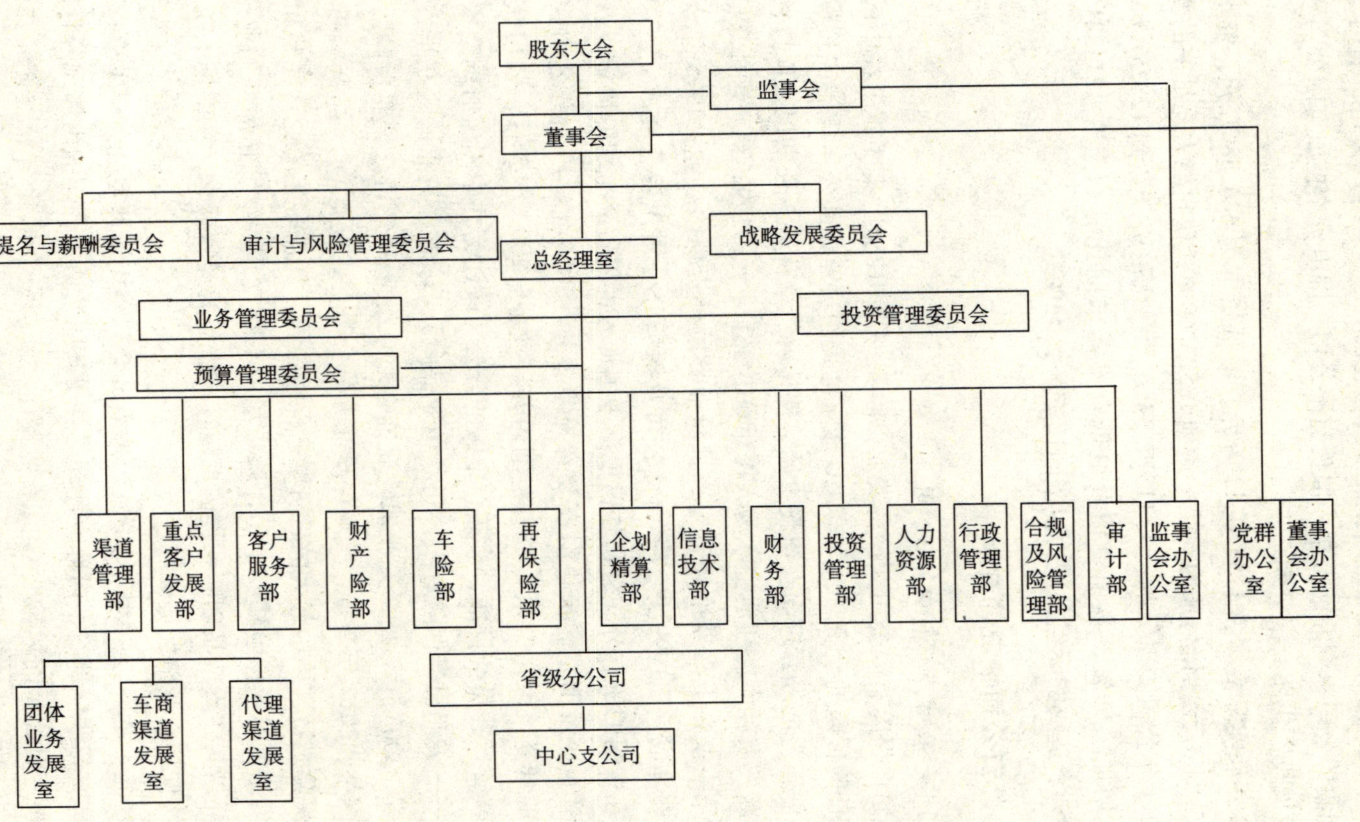

图3-24　锦泰财产保险股份有限公司的组织架构

其主要股东包括中国国电集团公司、武汉钢铁（集团）公司、中国电力工程顾问集团公司、湖北能源集团股份有限公司、国电资本控股有限公司和湖北联合发展投资集团有限公司。

2012 年底实际资本为 115570.42 万元，最低资本为 624.58 万元，资本溢额 114945.84 万元，偿付能力充足率达到 18503.60%。偿付能力充足率的变化原因：2012 年公司实现保费收入 11577.37 万元，认可资产达到 128257.62 万元，同比增加 7.99%，各项负债及最低资本需求同比分别上升 1214.21%、31455.23%，造成实际偿付能力溢额同比下降 2.42%。

三、外资公司情况简介

（一）美亚财产保险有限公司

美亚财产保险有限公司（简称美亚保险），是 AIG 保险集团旗下在中国经营财产责任险保险的全资子公司。AIG 旗下的美国美亚保险公司凭借“核保严谨、产品创新”的经营理念在市场上始终保持着竞争优势，长期以来保持领先地位并不断发展壮大。注册资本为人民币 601036114 元，1992 年，美国美亚保险公司为第一家在上海获准经营财产保险业务的外资保险企业；1995 年，广州分公司获准成立；1999 年，佛山支公司及深圳分公司先后获准成立。2004 年，公司在中国的所有分支公司均已根据中国加入世界贸易组织的协定，获准向本地所有企业及消费者提供财产及意外险服务。2006 年，广州分公司获中国保监会的批复，可在广东省全省范围内开展业务。2007 年 7 月，公司获中国保险监督管理委员会批准，将其在中国的分公司改建为在中国注册的全资附属子公司——美亚财产保险有限公司（美亚保险），标志着美亚保险在华发展迈向新里程。2008 年 7 月，美亚保险获准在北京设立分公司。美亚保险致力拓展全国网络，2012 年 2 月，美亚保险江苏分公司正式成立。

美亚保险是目前中国最大的外资财产保险公司。凭借多年的经营经验和广泛的业务网络，美亚保险随着中国保险市场的不断放开而继续拓展新的业务。美亚保险凭借其注重产品创新和提供卓越客户服务的经营理念，在市场上脱颖而出并始终保持着竞争优势。

公司建立了董事会、风险与资本管理委员会、合规管理委员会、风险管理部、合规部、各职能部门、内部审计部等各司其职又通力合作的内部风险管理架构。董事会对公司的风险管理负最终责任。公司设立风险与资本管理委员会，由公司总裁、风险管理负责人、财务负责人、主要业务部门负责人等组成。委员会负责制定公司风险管理的总体目标，并监督目标实施。合规管理委员会由公司总裁、各部门负责人、合规负责人以及分公司总经理组成，制定和监督公司合规政策的执行。公司设立了风险管理部，对风险进行识别、评估和跟踪，并对风险评估中出现的问题等定期出具书面报告，向公司管理层、风险与资本委员会和公司区域总部的风险管理部门汇报；并负责协调各部门，跟踪了解风险控制解决方案的实施状态，更新上报给风险管理委员会及管理层。公司在2011年末的实际资本为人民币55558万元，最低资本为人民币11265万元。在2011年末的偿付能力溢额为人民币44293万元。偿付能力充足率为493%，远高于监管要求100%的充足率水平，公司的偿付能力非常充足。尽管公司的总资产由2010年的19.3亿元上升至2011年的20.7亿元，但认可资产率由2010年的94.2%下降至2011年的93.3%，认可资产仅增加1.11亿元至19.3亿元。公司广东分公司于2011年7月因跨省经营产品责任保险业务受到中国保监会广东监管局警告并罚款3万元的行政处罚。2011年公司董事会累计变更人数超过董事会成员人数的三分之一。

美亚公司2012年的实际资本为55085万元，最低资本为13368万元，偿付能力溢额为41717万元，偿付能力充足率为412%。

（二）东京海上日动火灾保险公司

东京海上日动火灾保险（中国）有限公司（简称东京海上日动（中国）），前身为成立于1994年的日本东京海上日动火灾保险株式会社上海分公司，是首家进入中国保险市场的日资保险公司。2008年7月获批改建为独资法人公司，同年11月1日正式开业（由东京海上日动火灾保险株式会社100%出资），注册资本为3亿元人民币。在18年的经营历史中，东京海上始终坚持稳健经营、客户为本的经营方针，不仅经营业绩与规模在外资财险公司中首屈一指，更是以较高的专业水平、严谨的经营作风、诚实可信的服务态度在保险行业中赢得较高的声誉。

东京海上日动（中国）公司凭借较强的专业水平赢得众多客户的赞誉。截至2011年末，公司实现总保费收入约5.9亿元人民币，实现利润总额约1.2亿元人民币。其中，货物运输险保费规模位居上海财险市场前列，市场份额达22.5%。公司建立了董事会负最终责任，风险管理委员会直接领导，以内部控制部为依托，相关各职能部门密切配合的风险管理体系。2011年末的偿付能力充足率为699.03%，相对于2010年上升了20个百分点。

东京海上2012年度偿付能力充足率为610.33%，较2011年下降了90个百分点，其中认可资产同比上升了11.08%，认可负债上升了38.99%。

（三）丰泰保险（亚洲）有限公司上海分公司

丰泰保险（亚洲）有限公司上海分公司于1996年11月经中国人民银行批准成立，经营财产保险和责任保险业务。成立时间为1997年1月17日，注册资本为2亿元人民币。

丰泰保险公司（Winterthur Swiss Insurance）于1875年成立于瑞士北部的工业城市温特图尔市（Winterthur），为当地劳工群众因意外事故导致的身体伤害和财产损失提供保障。丰泰保险（亚洲）有限公司是安盛集团成员之一。1997年，丰泰保险成为进入中国的首家欧洲财产险公司。至今，丰泰保险一直致力于为广大的企业和个人客户提供全面的保险产品及服务，其产品范围除了财产保险、责任保险、工程保险、货物运输保险、个人家居保险以及短期意外及健康保险等比较普遍的险种外，特色产品还包括艺术品保险、租赁一切险、展览会责任险、游艇险及办公室综合险等。

在亚洲，虽然早在1914年丰泰保险公司已通过英国的一家保险公司 Scottish Union/Norwich Union 作为它在香港的代理商而进入香港市场，然而，直至70年代，丰泰才开始注意到将在世界保险市场上占据重要地位的亚洲太平洋地区。1977年，丰泰保险集团在香港成立 Norwich Winterthur Insurance（International）Ltd.。1988年，丰泰人寿保险公司也开始在香港推销团体寿险保单。1991年，Norwich Winterthur Insurance（International）Ltd. 更名为丰泰保险（亚洲）有限公司，成为丰泰保险集团的全资子公司。1992年，丰泰保险集团又购并了一家在香港的荷兰保险公司 Kahwah AMEV Insurance，并更名为丰泰瑞士保险（亚洲）有限公司 Winterthur Swiss Insurance（Asia）Ltd.，完成了丰泰保险集团在亚太地区的组织架构，并开始拓展业务。

目前，丰泰保险公司已成为一个经营寿险、非寿险和再保险等所有保险业务的综合性国际保险集团。集团总部设在世界金融中心之一的苏黎世（Zurich）西北约20公里处的温特图尔市。丰泰保险集团不仅是瑞士保险市场的领先者，也是世界上10家最大的综合性保险公司之一，被 S&P、Moody's 和 Best 等世界主要评级机构认定具有最高信用等级。作为一个在全世界范围运作的跨国保险集团，丰泰保险公司以其丰富的国际经营经验和技术专长，在世界保险市场享有卓著的声誉。1995年，丰泰保险集团员工人数达28876人，保险费收入为193亿美元，盈利达3.6亿美元，净资产总值超过650亿美元。

丰泰保险集团于1994年进入中国大陆市场，首先在北京与天津成立代表处。翌年，在上海设立第三个代表处。1996年，又在广州开设第四个代表处。1996年11月开办的上海分公司，是经中国政府金融主管部门核准在中国正式开业的第三家外国独资保险公司，也是第一家进入中国的欧洲保险公司。

分公司设有风险管理委员会，由副总经理担任主任，共有十五名成员。成员组成涵盖主要的部门经理及部分主管，每年会依据公司情况作相应调整。风险管理委员会定期召开例会（2011 年度共召集了五次风险管理委员会会议），研究分析经营中存在的各种潜在及现实的风险，并提出相应的建议、对策，交由相关部门研究、改进。例会形成会议纪要存档。风险管理委员会直接对管理层负责，并向区域风险管理经理报告。2011 年末偿付能力充足率达到 673%，相比 2010 年下降了 30.38%，主要是因为 2011 年度业务规模增长迅速，其中自留保费较 2010 年增加了 42%，所以最低偿付能力额度较上年同期增加 39.92%；同时实际资本较上年同期减少 2.6%，主要是因为 2011 年度仍有亏损。

2012 年末偿付能力充足率达到 590%，相比 2011 年下降了 83%，主要是因为（1）本年度业务规模增长迅速，其中自留保费较 2011 年增加了 19.75%，所以最低偿付能力额度较上年同期增加 19.68%。（2）实际资本较上年同期也有所增加，但增加幅度比最低偿付能力额度低，为 5.09%。综合以上两点原因导致本年度偿付能力充足率有所下降。

（四）太阳联合保险（中国）有限公司

太阳联合注册资本为 5 亿元人民币，成立于 2008 年 3 月 17 日。太阳联合保险（中国）有限公司是英国 RSA 保险集团（前皇家太阳联合）的全资子公司。

英国 RSA 保险集团是一家拥有 300 年历史的世界领先的综合保险集团，在业界拥有良好的口碑和优秀的业绩。集团在全球 130 个地区开展业务，全球有 23000 名员工。穆迪 2008 年 12 月 2 日将其评级为 A2，未来展望为稳健。A. M. Best 2009 年 2 月 26 日将其评级为 A，未来展望为稳健。2012 年 3 月标准普尔信用评级升为“优 +”，未来展望为稳健。RSA 早在 1852 年就曾来华开展业务。作为进入中国的第一批外资保险公司，RSA 于 1992 年设立在华办事处。1998 年正式成立上海分公司，由时任英国首相布莱尔剪彩开业。2008 年在上海成立中国区总部。2009 年北京分公司正式开业。2011 年在江苏开设分公司。RSA 计划在中国其他主要省市成立分公司以建立全国性的经营网络。

公司的经营活动面临各种保险风险、金融风险以及资产与负债失配风险，其中保险风险来自主要的保险合同，而金融风险来自主要的金融工具。与这些保险合同和金融工具有关的风险，以及公司为降低这些风险所采取的风险管理措施如下所述：公司管理层对这些风险敞口进行管理和监控以确保将上述风险控制在限定的范围之内。公司从事风险管理的目标是在风险和收益之间取得适当的平衡，将风险对公司经营业绩的负面影响降到最低水平，使股东利益最大化，尽可能减少对财务状况的潜在不利影响。

2012 年末的偿付能力充足率为 2675%，与 2011 年末的 2546% 相比略有提高：（1）2012 年公司的实际资本为 40651 万元，较上年增加了 7527 万元。（2）认可资产为 69841 万元，较上年减少了 1362 万元。（3）认可负债为 29190 万元，较上年减少了 8889 万元。（4）2012 年最低资本为 1520 万元，较上年的 1301 万元增加了 219 万元，主要是由于 2012 年自留保费有所增加。（5）本年的偿付能力溢额为 39131 万元，偿付能力充足率为 2675%，较上年的 31823 万元和 2546% 有所增加，主要原因是公司与母公司达成债务豁免协议，将 6134 万元应付母公司款项转为资本公积。

（五）丘博保险

丘博保险公司于 1882 年在纽约成立。经过近 130 年的经营发展，丘博保险已成为美国第 11 大财产保险公司，在全球 27 个国家设有 120 家分支机构，在财务稳定性和理赔给付能力上持续获得保险领域内最具权威的独立评级机构所给予的高度信用评价。

丘博保险（中国）有限公司是丘博保险集团旗下成员在中国设立的子公司。丘博保险（中国）有限公司的前身是成立于 2000 年的美国联邦保险公司上海分公司，后经中国保监会批准于 2008 年改建为独资子公司。至今，丘博保险（中国）有限公司已获准在上海和江苏省经营保险业务。公司成立了由董事会负最终责任，管理层直接负责，以合规部、法律部、再保和风险管理部、财务部等为风险管理职能的主要执行部门。2011 年末偿付能力充足率达到 234%，比 2010 年上升 46%，主要原因为 2011 年增资 7690 万元。

2012 年末认可资产 50755 万元，认可负债 44891 万元，实际资本 5864 万元，最低资本（即最低偿付能力额度）1789 万元，偿付能力溢额 4075 万元，偿付能力充足率 328%。

（六）三井住友

三井住友也即三井住友海上火灾保险（中国）有限公司，注册资本为 5 亿元人民币，成立于 2009 年 9 月 6 日。三井住友海上火灾保险（中国）有限公司是由日本 MS&AD 保险集团旗下的核心企业——三井住友海上火灾保险株式会社（简称 MSI）全额出资，并于 2007 年实现“分改子”，由原 MSI 上海分公司改制成中国独立法人公司。其后，又于 2008 年设立广东分公司，2010 年设立北京分公司，2011 年设立江苏分公司、深圳和苏州营销服务部，规模不断壮大。截至2012年底，在国内21家外资产险公司中，公司的总保费收入位居第二。同时，自2007年成为独立法人以来，连年保持盈利，并连续5年获得美国标准普尔公司（S&P）“A”的财务评级。2004年伊始，三井住友海上火灾保险（中国）有限公司与国内最大保险集团之一的中国太平洋保险（集团）股份有限公司缔结了战略合作伙伴关系，对公司的业务发展起到了积极的促进作用。此外，2010年，MSI和集团内部的风险管理咨询公司共同出资，在上海成立了瑛得管理咨询（上海）有限公司，努力为客户提供更完善、更专业的风险管理方案和咨询服务，建立了面向全国提供服务的稳定经营体制，是一家拥有完善营销服务网络和出色业绩的日资产险公司。

公司成立了由董事会负最终责任，管理层直接领导，以风险管理机构为依托，相关职能部门密切配合，审计部门精密协作，覆盖所有业务单位的风险管理组织体系。2011年底偿付能力充足率达到453%，相对于2010年底的658%有所下降。

2012年末偿付能力充足率为328%，相比2011年末的453%减少125个百分点，主要原因是由于本年度公司业务扩张，急速增长的业务量导致最低偿付能力额度从10305.5万元上升到目前的12204.16万元，增幅达18.42%。

（七）三星财产保险（中国）有限公司

三星财产保险（中国）有限公司原名三星火灾海上保险（中国）有限公司，是韩国三星火灾海上保险公司在中国设立的具有法人资格的独资财产保险公司，隶属于韩国三星集团，于2005年4月25日正式设立法人公司。2010年5月11日公司正式更名为三星财产保险（中国）有限公司，注册资本为3.24亿元人民币。

母公司是韩国最大的财产保险公司，具有60年的经营历史，连续多年获得标准普尔以及A. M. Best等机构A+（Stable）的评级，并于2011年荣升至A. M. Best最高评级A++。

凭借在中国7年的稳健经营基础，2005年4月，三星财产保险（中国）有限公司获企业法人营业执照，率先成功地改建为国内第一家外资独资财产保险公司。2006年8月，在北京设立了其第一家分公司，并于2008年、2009年、2011年分别设立了深圳、苏州、青岛和天津分公司。为努力实现成为外资保险公司中销售网络分布最广、销售平台最大的保险公司，公司在2010年6月开始进入汽车保险市场。2011年，共实现保费收入7572万美元，较上年增长26%。

凭借雄厚的资本及优秀的经营成果，公司在2008年至2011年连续多年获得美国标准普尔财务实力A评级，并被《金融时报》连续两年评选为“年度最佳外资财险公司”。

公司设有风险管理委员会。风险管理委员会是一个常设机构，具有风险管理的最高决策权。委员会设委员长一名，由总经理担任，总经理无法履行职责时由董事会确定的人员担任。委员实行表决通过制度，对于决议事项实行过半数通过制。三星集团的五大经营原则中的第一条即为“遵守法律和伦理”。公司作为三星集团的重要组成部分，一贯执行“依法合规经营”的理念。2011年12月31日偿付能力充足率为2494%。

2012年底公司实际资本60575万元，最低资本2277万元，偿付能力溢额58298万元，偿付能力充足率达到2660%。

（八）安联公司

安联公司法定名称为安联财产保险（中国）有限公司。安联财产保险（中国）有限公司（Allianz China General Insurance Company Ltd.）是由德国安联保险公司单独出资，在中国注册成立，总部设于广州的外商独资法人保险公司。其前身为安联保险公司广州公司，是安联保险集团在中国设立的首家经营财产保险的分公司，于2003年在广州注册成立。2006年至2007年期间，深圳、佛山、东莞、江门营销服务部先后获准成立。2011年12月6日，公司的注册资本由2.2亿元人民币变更为4.7亿元人民币。安联保险公司广州分公司一贯以专业、尽心的敬业精神向广东省（包括深圳）的客户提供财产险、责任险、货运险、工程险和国内信用保险，以及短期健康险和意外伤害保险等保险业务，并先后在深圳、东莞、佛山、江门等地设立了营销服务部。多年以来，公司经营业绩持续增长，并连年突破预期经营目标，保持着良好的发展态势。2010年1月12日，中国保险监督管理委员会批准，同意将安联保险公司广州分公司改建为安联财产保险（中国）有限公司。在完成改建的相关登记手续后，安联财产保险（中国）有限公司于2010年7月1日起正式开业。2012年3月，其首家分公司也于上海正式营业。2012年11月由《第一财经》举办的“2012第一财经金融价值榜”评选中，安联财险被评为年度保险公司——外资财险。

作为世界领先的金融服务集团之一，母公司安联集团在全球范围提供保险和资产管理解决方案，14.2万名员工在世界70多个国家和地区为7800多万客户提供服务。在财产险和责任险、寿险和健康险及资产管理三大核心业务领域，安联在全球的32个市场居五强地位。安联集团年度总收入达到1036亿欧元，纯利润28亿欧元。寿险和健康险领域的保费收入达529亿欧元，财产险和责任险的保费收入达448亿欧元。安联同时也是世界最大的资产管理人之一，2011年管理的总资产增长9.2%，创16570亿欧元的纪录。截至2011年底管理的第三方资产总额达12810亿欧元，偿付能力提高6个百分点达179%。凭借在全球保险和金融服务领域中坚实的地位和雄厚的财力，安联拥有全球信用等级评审机构如标准普尔和美国保险评审机构A. M. Best所评定的高等信用评级。安联在2011年美国财富杂志*Fortune*全球500强中列第27位，在2011年福布斯杂志（*Forbes*）全球2000中位居第20位。安联保险在道琼斯可持续发展指数评定中居保险行业之首。

安联财产保险（中国）有限公司实际资本2011年初为13306万元，2011年末为15341万元；公司最低资本2011年初为1126万元，2011年末为1335万元。公司资本溢额（偿付能力溢额）2011年初为12179万元，2011年末为14006万元。公司偿付能力充足率2011年初为1181%，2011年末为1149%。相比2010年末1181%的偿付能力充足率，公司2011年末偿付能力充足率略微下降2.7%，下降的主要原因是最低资本的提高。随着公司业务的开展和保费收入的增长，由此计算的最低资本也不断地增长，2011年末为1335万元，相比2010年的1126万元增长了18.6%。虽然偿付能力充足率略有下降，但依然充足。公司已建立由董事会负最终责任、管理层直接领导，以风险管理部门为依托，相关职能部门密切配合，覆盖所有业务单位的风险管理组织体系。公司原总经理傅濶思于2011年3月辞去总经理职务，自2011年6月1日起，聂培德先生担任公司总经理。

安联公司全年完成总保费收入13.78亿元，较2011年增长了37%；年末总资产达92.28亿元，比上年末增长20%。与此同时，公司积极加强偿付能力管理，促进稳健经营和可持续发展。通过调整产品结构和严格的费用控制，截至2012年12月31日，公司年末偿付能力充足率达到205%。

（九）日本财产保险（中国）有限公司

日本财产保险公司于2005年6月，作为日资财险公司率先在中国大陆成立了现地法人公司——日本财产保险（中国）有限公司（由2003年设立的日本财产保险公司大连分公司升格为现地法人公司），注册资本为5亿元人民币。以辽宁省为中心展开业务的同时，公司规模也在逐步顺利扩大。日本财产保险（中国）有限公司于2007年10月成立上海分公司，2009年2月成立广东分公司，2010年6月成立江苏分公司，2011年12月成立北京分公司，成为首家同时在中国北方（辽宁省、北京市）、华东（上海市、江苏省）、华南（广东省）三个地区拥有五家营业机构的日资财产保险公司。

公司经营会议下设承保收支管理委员会，专门负责管理承保风险。承保收支管理委员会由核保部总经理、理赔部总经理、营业规划部总经理、战略规划部总经理及监察部负责人组成，每季度召开一次会议，负责分析、评估承保收支的相关业务，并就其风险进行防范管理。经承保收支管理委员会审议决定的事项上报公司经营会议，并根据公司规定将需要取得董事会决议的事项报请董事会审议。公司经营会议下设运用管理委员会，专门负责管理资金运用风险。运用管理委员会由财务负责人、精算责任人、战略规划部总经理和副总经理、财务部副总经理及监察部负责人组成，每月召开一次会议，负责资产运用及资金流动的相关业务，并对资产运用的相关风险进行分析、评估及管理。公司2011年末偿付能力充足率为745%，较2010年末下降约218个百分点，下降幅度为22.64%。

公司2012年末偿付能力充足率为582%，较2011年末下降约163个百分点。主要原因：（1）由于业务增长以及本年赔款的大幅增加，准备金认可负债增幅较大，导致实际资本与上年相比下降12.45%。（2）由于业务增长带动最低资本的增长，致使最低资本与上年相比增长12.13%。

公司的组织架构见图3－25。

（十）利宝保险有限公司

利宝保险有限公司原系美国利宝互助保险公司在重庆市开办的分公司，于2003年12月3日获得营业执照。成立时的营运资金为24499990美元，折合人民币202786417元。2003年利宝互助保险集团在中国重庆设立了分公司，把发展中国市场列为关键战略，成为第一家进入中国西部的外资保险公司。公司于2007年6月，增加营运资金人民币95229924元。2007年7月，利宝互助保险集团重庆分公司经保监会批准，升格为利宝在中国的全资子公司，并正式更名为利宝保险有限公司，并于2007年9月21日获得营业执照，成为首家将中国总部设在重庆的世界五百强企业。目前利宝保险也是重庆地区唯一的一家外资财产保险公司，注册资本为2亿元人民币。在2009年3月利宝保险有限公司北京分公司正式进入竞争激烈的北京市场。2009年12月美国利宝对公司进行增资，增资金额为人民币1.15亿元；2010年利宝保险浙江分公司开业，成为首家进入浙江地区的外资财产保险公司；2011年，利宝保险广东分公司成立，至此利宝保险已完成在中国东南西北的战略布局。2011年2月及2011年7月，由美国利宝两次对公司进行增资，增资金额分别为人民币1.15亿元和人民币0.73亿元。该增资完成后，公司的注册资本为人民币5.43亿元。公司的营业收入主要为机动车辆保险业务的保费收入。

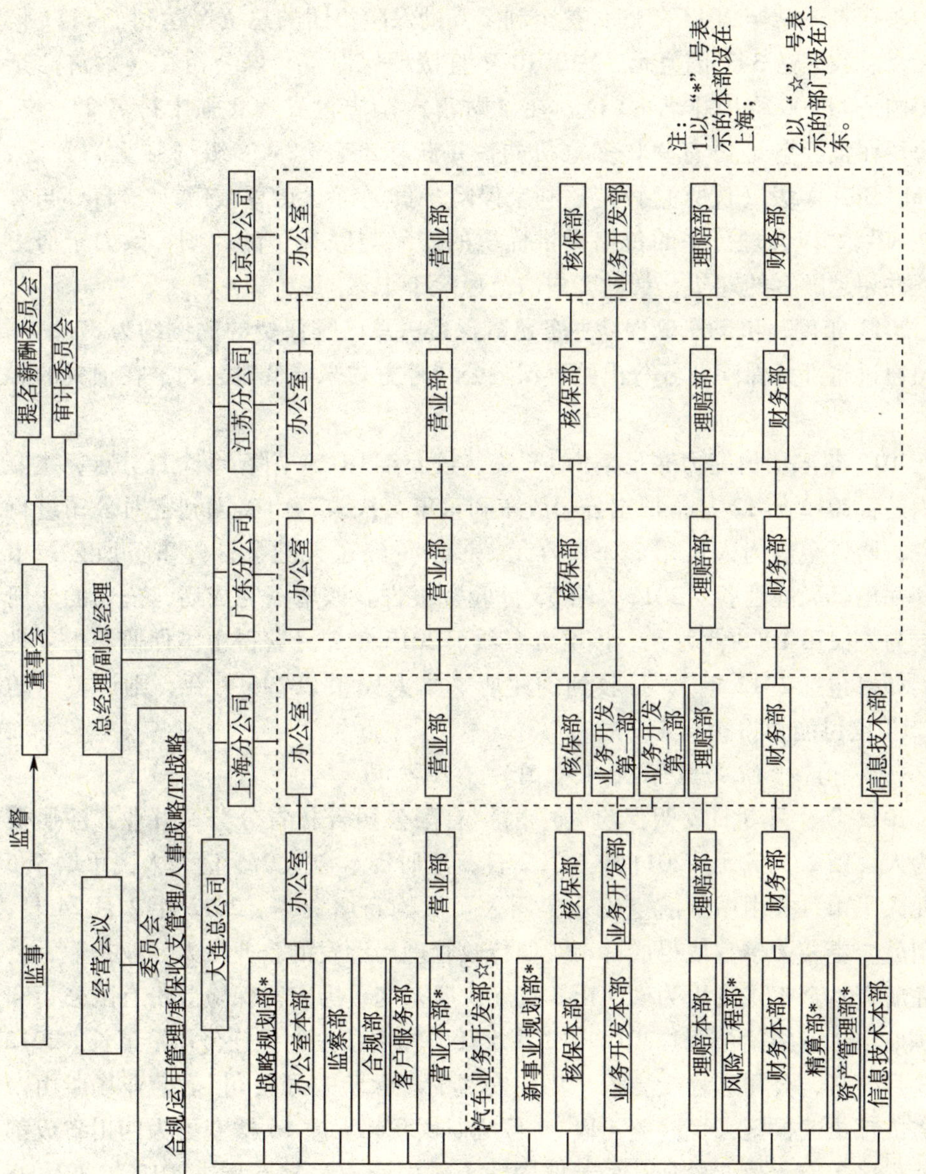

注：1.以“*”号表示的本部设在上海；
2.以“☆”号表示的部门设在广东。

图3-25　日本财产保险（中国）有限公司的组织架构

具有百年历史的利宝互助保险集团是一家多险种的国际保险公司集团，创建于1912年，总部设在美国马萨诸塞州的波士顿，是美国第三大财产险保险公司，目前在全球有大约45000名员工，被公认为全球职业健康与安全服务研究的领导者。截至2011年底，整个利宝互助保险集团的总资产达到了1171亿美元，总收入达347亿美元。按2010年直接承保保费，该公司在《财富》杂志美国公司500强中排名82位，在《财富》杂志世界500强中排名281位。该公司在世界各地设有900多家机构，并获标准普尔A-级（强大）评定、A. M. Best A级（优秀）评定。利宝保险一贯坚持"正直诚信"、"自尊与尊重他人"、"以合理公平的价格提供优质的产品与服务"的原则，致力于努力服务并超越顾客的期望，帮助客户防范风险于未然。

2011年度，机动车辆保险业务已赚保费占总已赚保费的比例约为82.8%。公司通过将部分保险业务分出给再保险公司等方式来降低对公司潜在损失的影响。

2012年末偿付能力充足率为132%，较上年197%下降65个百分点，主要原因是：2012年12月，根据公司股东和董事会决议，由美国利宝对公司进行增资，增资金额为人民币28296万元。该增资经过天健会计师事务所公司审验，并出具天健渝验（2012）第53号验资报告。该增资完成后，公司的注册资本为人民币100866万元。该增资事项于2013年3月获得中国保监会批复批准。如果包括2012年12月收到的注册资本人民币28296万元，则调整后的2012年偿付能力将达到413%。

（十一）中航安盟保险（中国）有限公司

2011年9月6日安盟保险（中国）有限公司吉林省分公司开业，注册资本为人民币2.5亿元。2011年6月2日，注册资本金从2.5亿元人民币增至5亿元人民币，并由中国航空工业集团公司认购新增资本。2012年2月24日，公司就变更相关事宜取得成都市工商行政管理局颁发的企业法人营业执照，公司注册资本金正式变更为人民币5亿元。股东变更为安盟保险股份有限公司和中国航空工业集团公司。2012年3月5日，郭柏春先生担任公司董事长。2012年3月5日，公司名称变更为"中航安盟财产保险有限公司"。营业场所由四川省成都市武侯区人民南路4段19号威斯顿联邦大厦16楼变更为四川省成都市武侯区天府大道北段966号天府国际金融中心4号楼6层。2012年3月28日，公司就变更相关事宜取得成都市工商行政管理局颁发的企业法人营业执照，公司名称正式变更为"中航安盟财产保险有限公司"；营业场所正式变更为四川省成都市高新区天府大道北段966号天府国际金融中心4号楼6层；法定代表人变更为郭柏春，由中国航空工业集团公司和法国安盟保险公司共同投资设立。中国航空工业集团公司和法国安盟保险股份有限公司分别持有公司50%股权。

组织架构见图3-26。

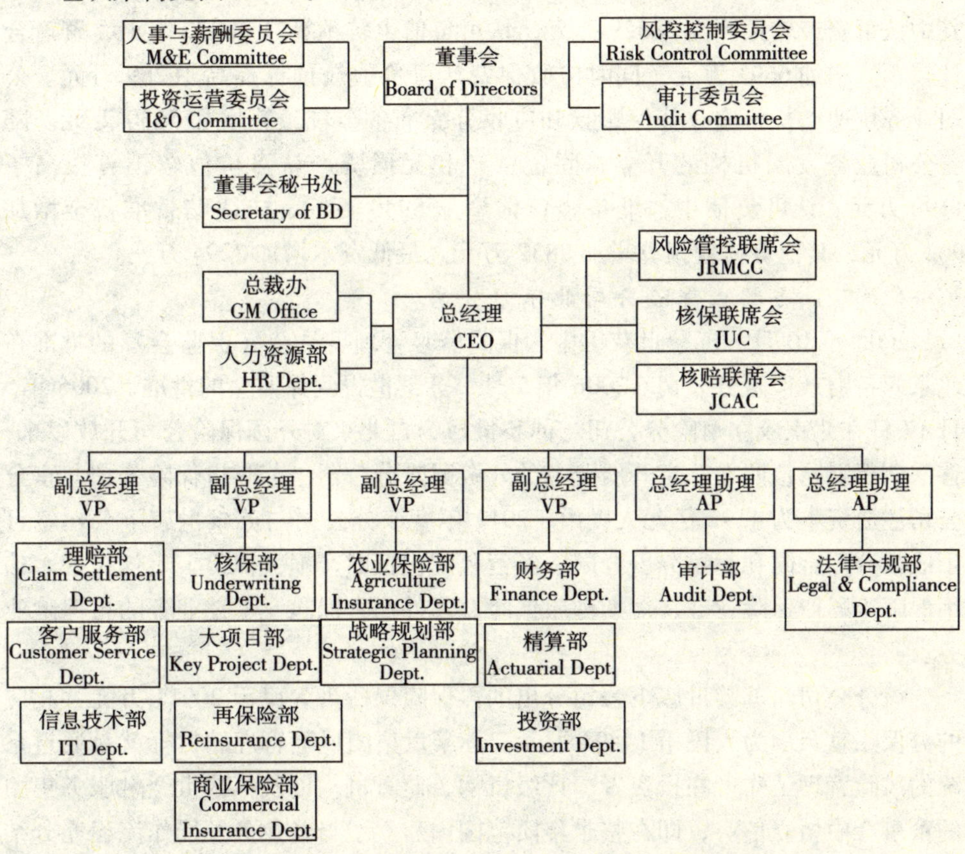

图3-26 中航安盟保险（中国）有限公司的组织架构

2011年，公司共取得保费收入13403万元，较2010年保费收入增长96%。其中，机动车商业保险保费收入2646万元，占商险保费收入55%。吉林省分公司商险保费收入782万元，占商险保费收入16%；四川地区商险保费收入4026万元，占商险保费收入84%。2011年，承保利润损失增加1952万元人民币，已赚保费取得较快增长，但整个承保利润出现下降。公司建立由董事会负最终责任、管理层直接负责，以产品精算部、再保部、法律合规部、财务部为风险管理职能的主要执行部门，其他各部门密切配合，审计稽核部对风险管理履行情况进行监督，覆盖所有业务单位的风险管理组织体系。

2012年末偿付能力充足率为132%，较上年197%下降65个百分点。主要原因是：2012年12月，由美国利宝对公司进行增资，增资金额为人民币28296万元，注册资本为人民币100866万元，则调整后的2012年偿付能力将达到413%。实际资本实际值与预测值之间的差异为22.76%，超过了20%。其中认可资产较预测高28529万元，认可负债也较预算高18772万元，资产合计较预算增加6691万元，同时应收保费认可价值较预算提高16289万元。公司业务快速增长，应收分保账款和应收分保准备金较预算增加5630万元。随着公司业务发展机构的开立，固定资产和无形资产认可价值较预算提高了1190万元。认可负债中，准备金负债增加8940万元，未决赔款准备金增加962万元，其他负债较预算增加9832万元。最低资本增加2294万元。

（十二）苏黎世保险公司北京分公司

2005年10月，苏黎世获得中国保险监督管理委员会（保监会）的批准在北京筹备财产保险分公司。2006年5月，苏黎世得到保监会的批准，2006年5月17日在北京成立财险分公司。苏黎世成为自北京对外国保险公司开放以来，首家获得财险执照在北京开展业务的外资财险分公司。苏黎世保险公司北京分公司注册资本为4.92亿元人民币，2011年度该分公司与苏黎世旗下公司签订了成数分保合同和超赔分保合同。经营范围包括财产损失保险、责任保险、信用保险等财产保险业务，短期健康保险、意外伤害保险，上述业务的再保险业务。

该分公司向苏黎世旗下公司分出的再保险保费为人民币20911万元，相应的分保账款余额为人民币14494万元。苏黎世集团风险管理的目标就是通过系统的风险管理工作，在投资者、评级机构、监管机构以及苏黎世金融服务集团的董事会中树立信心，即在整个集团范围内建立了与各业务及操作流程充分结合的高效的风险管理机制。风险管理文化的建立和推动始于最高领导及决策层，包括董事会及董事会下属的风险管理委员会、首席执行官及执行管理层、首席风险官和专门的风险管理职能部门GRM。GRM向首席风险官汇报工作，负责及时识别集团运营及业务发展过程的各类风险并予以妥善处理。GRM内部按照管理内容的不同又细分为多个小组，如信用风险、资产负债管理、投资及财务风险、运营风险、风险建模、风险管理政策等。在中国，公司也设有专门的风险管理职能部门负责开展北京分公司的各项风险管理活动，这些活动与北京分公司的实际需求密切结合，如持续识别和评估可能影响公司运营的各类潜在风险问题，组织和推行内部控制框架和制度，制定并演练公司的应急预案和业务延续计划，以及定期举办风险管理培训提升所有员工的风险意识等。公司应用TRP（整体风险剖析）工具每年对公司的整体风险进行分析，还采用TDS（自上而下的风险管理）及LEM（损失管理）等操作风险管理工具从各种角度对公司的操作风险进行全面的分析。公司制定有详细的内部控制框架，该框架与国际通用的SOX 404、COSO内部控制框架以及中国保监会《保险公司内部控制基本准则》的要求相一致。该分公司在2011年末的实际资本为人民币29392万元，最低资本为人民币1712万元。在2011年末的偿付能力溢额为人民币27680万元。年末的偿付能力充足率为1717%。与上年末的755%的偿付能力充足率相比，2011年度上升了962个百分点，主要原因是分公司的最低资本由536万元增长到1712万元，认可资产2011年增长15%，而认可负债降低24%。

苏黎世保险公司北京分公司的母公司为苏黎世金融服务集团（Zurich Financial Services，苏黎世），创建于1872年，总部位于瑞士苏黎世，是瑞士第一家跨国性的保险公司。苏黎世金融服务集团是以保险为核心业务的金融服务机构，其全球网络的分支机构和办事处遍布北美、欧洲、亚太、拉丁美洲和其他市场。苏黎世金融服务集团是财富杂志（*Fortune*）全球500强企业中排名前100位的企业。在2006年最新公布的榜单中排名第63位。苏黎世金融服务集团的财务实力基于稳健及专注的业务发展策略，获得标准普尔A+评级。1998年苏黎世集团与英美烟草金融服务公司合并，组成苏黎世金融服务集团，成为世界最著名十大金融保险集团之一。苏黎世金融是一家居世界领先地位、获国际公认从事金融保险服务的全球性集团，核心业务为非寿险、寿险、再保险和资产管理，业务遍及50多个国家和地区。由于具有全球化的实力和技术及对当地市场的了解，该集团成为世界上屈指可数的几家真正立足于全球的金融服务集团之一。苏黎世金融服务集团2005年股东权益报酬率达15.5%，增长1.9%；营运利润为39.47亿美元，比上年同期增长32%；税后营运利润股东权益报酬率增长30%达每股21.8美元。标准普尔等机构给予苏黎世集团A+的评价，保险业知名的评等机构A. M. Best也给予A的优秀评鉴。从市场地位来说，《财富》杂志评比的全球100大知名企业当中，一半以上是该集团的客户。在美国、英国和欧陆三大市场，苏黎世金融服务集团排名都在前四大之内。苏黎世是全美第四大的产险公司（美国的Farmers产险是由苏黎世集团经营）、全英第三大产险公司与欧陆第二大企业产险公司。全球员工总数逾55000人，2005年全球签单保费收入为468亿美元，在瑞士与英国皆有股票上市，信誉卓著。苏黎世保险公司北京分公司当选“2008—2009最具影响力保险公司”。苏黎世金融服务集团是财富杂志

(*Fortune*) 全球500强企业中排名前100位的企业。在2006年最新公布的榜单中排名第63位。

分公司在2012年末的实际资本为人民币23757.10万元，最低资本为人民币2325.08万元。偿付能力溢额为人民币21432.03万元。偿付能力充足率为1021.78%，与2011年末的偿付能力充足率1716.97%相比，下降695.19个百分点。主要原因是：（1）分公司的最低资本由1711.85万元增长到2325.08万元，主要是因为2012年保险业务收入较2011年上升33.97%。（2）年末的认可资产较2011年增长36.21%，而认可负债增长70.59%。

（十三）现代财产保险（中国）有限公司

现代财产保险（中国）有限公司（简称现代财产保险），成立于2007年，注册资本为3亿元人民币。

现代财产保险（中国）有限公司的母公司是现代海上火灾保险株式会社。成立于1955年的韩国现代海上火灾保险株式会社，通过持续提供以客户为中心的差别化服务，终于发展成具有最高竞争力的财产保险公司，一直引领着韩国财产保险业的发展。现代海上火灾保险在过去的三年中，连续获得机动车保险全球客户满意度第一位；在全球著名咨询企业贝恩（Bain&Co）公司发表的NPS中，荣列消费者推荐财产保险公司第一位。

2011年公司经营的保险产品中，原保费收入居前五位的是企业财产险、机动车辆及商业第三者责任险、货物运输险、责任险、船舶险，这五大险种保费合计占公司2011年原保费收入的95.1%。本期的分保费收入为9705万元，较2010年相比增加了约3956万元，增幅为69%。分保费收入主要为企财险2833万元，工程险2765万元，责任险2219万元。2011年末偿付能力充足率为1969%，相比2010年下降222%，符合公司实际情况。公司在山东省青岛市设立现代财产保险（中国）有限公司青岛分公司，在山东省行政辖区内经营业务。

公司2012年末偿付能力充足率为1457.219%，相比2011年下降511.76%，主要原因是自留保费增加带来最低资本要求增加，造成偿付能力下降。

其组织架构见图3－27。

（十四）劳合社保险（中国）有限公司

2007年3月，劳合社在中国上海成立全资子公司——劳合社再保险（中国）有限公司（以下简称劳合社中国或公司），从事非寿险再保险业务，注册资本为人民币2亿元。2010年5月，劳合社中国获得中国保险监督管理委员

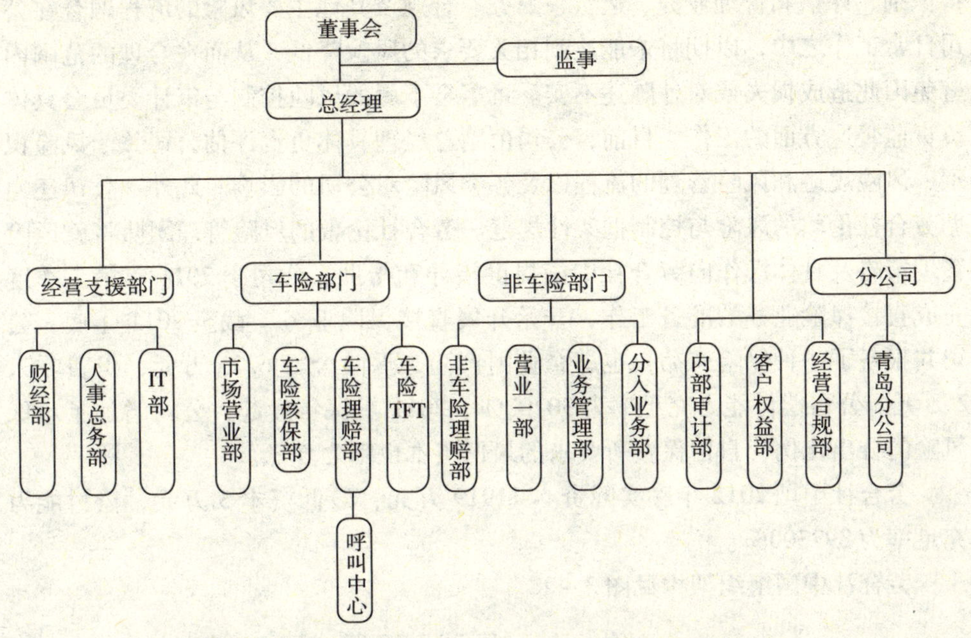

图3-27　现代财产保险（中国）有限公司的组织架构

会的批准，在经营原非寿险再保险业务的基础上，扩展经营非寿险直接保险业务。这对劳合社中国的发展具有重大和深远的意义。2010年10月，公司正式更名为劳合社保险（中国）有限公司，以反映公司扩展的营业范围。从2011年9月开始，劳合社中国正式开始按照扩展的营业范围经营保险业务。劳合社中国承保的所有业务均得到劳合社安全链的全面保障，因而劳合社中国享有与劳合社市场同等的信用评级，即标准普尔和惠誉的A+评级以及贝氏（A. M. Best）的A评级。

母公司劳合社起源于300多年前爱德华·劳埃德的咖啡馆，为当时蓬勃发展的船舶及货运贸易提供保险。劳合社从水险出发，逐渐发展成为全球领先的专业财产险与责任险市场。劳合社目前在全球200多个国家和地区开展业务。劳合社的承保人往往率先承保那些新的、不同寻常的或是最为复杂和最为昂贵的风险，并在全球享有卓著的声誉。劳合社中国秉承劳合社市场专注承保原则和勇于创新的精神，为快速发展的中国保险市场提供专业的保险和再保险保障。劳合社中国旨在把劳合社独特的市场结构和公司法人的组织形式的优势有机地结合起来，建立劳合社中国独具特色的经营模式。

董事会负责制定公司的风险管理战略，建立风险识别及管理机制。该机制将识别、评估和管理业务、运营、财务、合规及其他主要风险的流程融合在公司日常工作之中，以期将未能达到相关要求的风险降低，从而在合理的范围内避免因此造成损失或对外陈述不实。董事会下属的风险控制与审计委员会具体负责监督这方面的工作。目前，公司由副总经理具体负责评估公司关于风险识别、风险规避和风险管理的流程以及各类风险对公司的影响。此外，公司还遵循劳合社伦敦的风险与控制框架性规范。劳合社伦敦的风险管理团队将就风险管理策略及具体操作向劳合社中国提供指导和帮助。公司于 2011 年第三季度完成直接保险业务的准备工作，开始开展直接保险业务。截至 2011 年底，公司共报备了一种保险产品，也即企业财产险，保险金额 6225 万元，保费收入 2 万元。公司偿付能力充足率为 30700%。2011 承保年度起，公司增加了承保风险的分出比例，自留保费所要求的最低资本也随之降低。

劳合社中国 2012 年底实际资本 11919 万元，最低资本 3 万元，偿付能力充足率为 397300%。

劳合社中国组织架构见图 3－28。

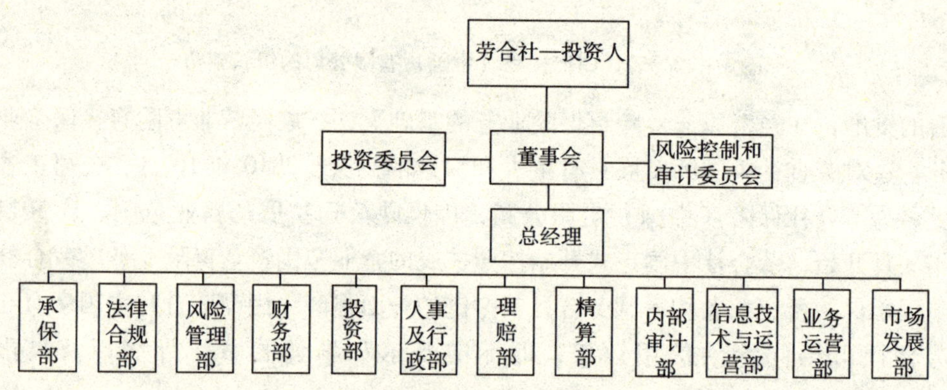

图 3－28　劳合社保险（中国）有限公司的组织架构

（十五）中意财产保险有限公司

中意财产保险有限公司是 2007 年 4 月经中国保险监督管理委员会批准在京成立，是由中国石油天然气集团公司和意大利忠利保险有限公司合资组建的全国性合资财产保险公司，是中国首家中外合资的财产保险公司，注册资本为 5 亿元人民币。2011 年度保费收入居前 5 位的保险险种分别是特殊风险保险、企业财产保险、责任保险、货物运输保险和机动车辆保险。

中国石油天然气集团公司是集石油和天然气上下游业务、油气田工程技术服务、石油装备制造和供应于一体的综合性能源公司。在世界 50 家大石油公司中排名第5位。在《财富》杂志2010年度世界500强排名中列第10位，是2008年北京奥运会合作伙伴和2010年上海世界博览会全球合作伙伴。意大利忠利保险有限公司成立于1831年，迄今已有近180年的保险经营经验。其所在的忠利集团是世界最大的保险集团之一，旗下的保险及金融实体遍布全球68个国家和地区。忠利集团在《财富》杂志2010年度世界500强企业营业收入排名中列第19位，标准普尔指数评级为AA。

2011年末，公司的偿付能力充足率为289%，相比2010年末下降583个百分点。

2012年末，公司的偿付能力充足率为287%，相比2011年末下降2个百分点，主要是受公司保险业务规模及准备金的影响。

（十六）爱和谊公司

爱和谊公司全称为爱和谊日生同和财产保险（中国）有限公司，注册资本为2.6亿元，注册地为天津市和平区南京路，成立时间为2009年，公司前身为爱和谊保险公司天津分公司（2007年6月成立），在天津市行政管辖区内及已设立分公司的省、自治区、直辖市内经营除法定保险业务以外的财产损失保险、责任保险、信用保险等财产保险业务，通过险种开发及核保选择和接受可承保风险，通过监察偿付能力、保险准备金充足性等指标评估、计量和监控所承受的保险风险，通过再保险安排等措施限制和转移所承受的保险风险。2011年度公司承保险种主要有企财险、责任险、货运险，保险风险同时发生的可能性不大，风险相对分散。公司没有投资型业务，大面积退保的可能性比较小。2011年度公司经国家外汇局批准后，只保留少量经营外汇保险业务所必需的外汇资本金，其余外汇资本金全部结汇，汇率风险已经减少。公司风险管理组织体系是由董事会负最终责任、管理层直接领导、合规部具体执行、各个部门相互配合的风险管理体系。公司董事会下设的审计委员会负责风险管理工作；合规部为风险管理的协调部门，指导、协调和监督各职能部门和各业务单位开展风险管理工作。每季度总经理室成员及各部门部长一起召开风险管理委员会会议，持续进行风险识别、评估和控制，不断提高公司整体风险防范的能力，促进公司健康发展。

爱和谊日生同和保险公司（以下简称公司）于2010年10月由爱和谊保险公司与日生同和财产保险公司合并成立。公司资本金为1000亿日元（约80亿元人民币），总资产为39616亿日元（约3170亿元人民币），年净保费收入达到11241亿日元（约900亿元人民币）。公司总部坐落于日本东京涩谷区。公司隶属于MS & AD保险集团（三井住友爱和谊日生同和保险集团）。该集团于

2010年4月由爱和谊保险、日生同和财产保险以及三井住友海上火灾保险经营重组后成立。集团保费收入居日本第一、世界第七位。目前，MS & AD保险集团旗下有爱和谊日生同和保险公司和三井住友海上火灾保险公司两个主要品牌。2010年，MS & AD保险集团排名财富世界500强第417位，营业收入211亿美元。

2011年末偿付能力充足率2603.63%，较上年末2842.44%下降了238.81个百分点。偿付能力充足率下降的主要原因是2011年实际资本比上年减少1.33%，实际资本的下降主要由于认可负债增加，同时由于保费收入增长。2011年最低资本较2010年增加7.72%。最低资本增加的幅度高于实际资本，故导致报告期内偿付能力充足率下降。

2012年末偿付能力充足率2037.44%，较上年末2603.63%下降了566.19个百分点。偿付能力充足率下降的主要原因是2012年实际资本比上年减少8.09%，实际资本的减少主要由于剩余综合收益减少；同时由于保费收入增长，2012年最低资本较2011年增加17.45%。最低资本增加的幅度大于实际资本，故导致报告期内偿付能力充足率下降。

（十七）国泰财产保险有限责任公司

国泰财产保险有限责任公司（简称国泰产险）是由台湾地区名列世界500强企业之国泰金融集团旗下的国泰人寿和国泰世纪产险共同出资组建，公司注册资本为4亿元人民币，于2008年8月在上海正式成立。国泰金融集团为台湾地区金融业的卓越品牌，公司结合保险、银行、证券等多样化的金融服务，秉持着“稳健、守法、信赖、不浮夸”的企业文化，多年来持续整合集团资源，凭借遍及全台湾地区的服务网点与专业、优秀的服务团队，提供客户一站购足的全方位金融理财服务。国泰人寿是台湾寿险业第一品牌，每三位台湾居民就有一人是国泰人寿的客户，公司总资产超过5400亿元人民币，连续9年入选全球500大企业，为全球第14大寿险公司。国泰世纪产险是台湾地区经营绩效卓越的领先品牌，凭借集团优势，稳居保险市场领先地位。公司以专业的服务、稳健的经营，获得“2009年度亚洲最佳产险公司”的称号。国泰产险的成立将延续以往专业服务及稳健经营的理念，凭借有力的集团资源、专业的金融保险管理经验，快速发展，预期将成为大陆市场卓越的金融品牌。国泰产险主要业务包括财产保险、货物运输险、责任险、工程险、车险及旅游不便险等。

国泰产险2011年末偿付能力充足率达到1527.00%，相比2010年下降71.44%，主要原因是2011年度保险业务收入较上年度增长9282.58万元，增长幅度为131.91%；最低资本由575.84万元增加到1608.45万元，增长幅度为179.32%，导致2011年度偿付能力充足率较上年度有较大变动。资产负债表中面临信用风险的资产项目面临的最大信用风险敞口合计为336586326.54元。公司2011年度再保前保费收入同比增长131.9%，已赚保费随着保费规模提升亦同步快速增长。2011年度企业财产保险再保前保费收入占比从前一年的47.5%降为39.0%，机动车辆保险则从13.7%大幅提升至23.7%，其余占比较大险种为责任保险18.9%与货物运输保险12.1%，险种结构更趋于均衡。公司在董事会下设立审计委员会，负责风险管理工作，以全面了解公司面临的各项重大风险及其管理状况，监督风险管理体系运行的有效性。公司亦设立风险管理小组，主要职责为综合协调风险管理事务与负责具体风险管理相关工作事宜。小组由相关高级管理人员以及企划、财会、业务管理、信息技术等部门主管组成，总经理担任召集人。

国泰产险2012年末偿付能力充足率达到361.70%，相比2011年下降76.31%。主要原因是本年度保险业务收入较上年度增长10460.22万元，增长幅度为64.10%；最低资本由1608.45万元增加到3057.17万元，增长幅度为90.07%，导致本年度偿付能力充足率较上年度有较大变动。

（十八）日本兴亚

日本兴亚即日本兴亚财产保险（中国）有限责任公司，成立于2009年，注册资本为3亿元人民币。公司2011年与日本兴亚损害保险公司、日本东亚再保险公司签订了超赔再保合约，合约金额为766万元人民币，其中日本东亚再保险公司作为该合约的首席再保人合约份额为20%，日本兴亚损害保险公司合约份额为80%。

公司建立了由董事会负最终责任，管理层直接领导，风险管理评价小组全面协调，相关职能部门密切配合，覆盖所有业务部门的风险管理组织体系。

公司2011年度超赔再保险合约的最大份额接受人为日本兴亚损害保险公司，系公司以股权关系为基础的关联企业，且单笔交易金额超过500万元人民币，属于重大关联交易。2011年度超赔再保合约分出保费合计766万元人民币，其中关联企业日本兴亚损害保险公司占比80%，分出保费合计612.8万元人民币。公司于2011年12月15日存入单笔人民币1000万元的存出资本保证金来替代上述即将到期的人民币500万元存出资本保证金，并于2011年12月16日向中国保监会备案。2011年度，董事会成员人数由原来的五名增加至六名。泽田一男担任公司董事，波多野雅哉担任公司副董事长，丛林担任公司董事。公司建立了由董事会负最终责任，管理层直接领导，由各部门业务负责人组成的风险管理评价小组全面协调，合规管理部门密切配合，覆盖所有业务部门的风险管理组织体系。公司董事会下设审计委员会负责风险管理工作。审计委员会由独立董事和董事各一名组成，其中独立董事任主任委员。审计委员会负责审议公司重大风险事项，指导制定风险管理政策和制度，监督风险管理工作的组织和实施，推动风险管理文化建设；审查内部审计部提交的风险管理评估报告。合规管理部在董事会审计委员会的领导下，通过制定统一的合规风险管理政策、指标和实施标准，监控和干预异常风险指标，实现对风险的事前、事中管控。风险管理评价小组由各部门业务负责人组成，综合协调公司的风险管理工作。公司总经理任组长，合规负责人任副组长。公司 2011 年末偿付能力充足率为 5677%，较 2010 年同比降低 36.85%。导致偿付能力充足率变动较大的主要原因是最低资本变动较大。随着公司业务规模不断扩大，2011 年公司最低资本为 481 万元，较 2010 年同比增加 54.66%，而实际偿付能力额度的变动幅度仅为 2.38%。

公司 2012 年末偿付能力充足率为 4111%，较 2011 年同比降低 27.59%。导致偿付能力充足率变动较大的主要原因是最低资本变动较大。随着公司业务规模不断扩大，2012 年公司最低资本为 649 万元，较 2011 年同比增加 25.88%，而实际偿付能力额度的变动幅度仅为 2.25%。公司 2012 年末定期存款余额为 19800 万元，其中 2015 年 9 月、10 月到期的协议存款共计 10000 万元。除协议存款外，假设存款到期转存时利率增或减 0.25 个百分点，将导致年利息收入增或减，敏感性分析结果是对公司权益及利润都减少 306 万元。2012 年末的财务数据与上年相比无太大变化，公司应收保费余额为 0.03 亿元，资产总额为 3.17 亿元，应收保费占资产总额的比例 0.88%。公司应收保费的信用期控制在 3 个月以内，并按时催收，因此风险状态良好。

（十九）乐爱金

乐爱金即乐爱金财产保险（中国）有限公司，成立于 2009 年 10 月 23 日，注册资本 2 亿元人民币。公司定期召开风险管理会议，实行风险上报机制。公司成立了风险管理委员会，并制定了会议制度和风险评估、报告制度，为公司风险管理的规范化、专业化奠定了制度基础。风险管理委员会负责公司全面风险管理，确定公司在主要风险领域的基本策略；制订及修改公司风险管理政策、管理办法和实施细则；审议跨业务线的所有风险议题和方案；对公司的承保风险和经营风险进行持续和量化的监控和管理；定期审议和检查各专业公司和部门风险管理过程和风险报告。

2011 年末，公司偿付能力充足率为 4976%，较 2010 年的 5844% 下降

14.9%，主要是随着公司经营期的增加，保费收入上升，公司的最低资本要求由2010年的330.26万元上升为365.45万元，上升11%，同时由于亏损，实际资本下降，但偿付能力仍处于充足状态。

从市场风险来看，截至2012年12月31日公司总资产36772万元，其中存放银行的资金为24255万元。2012年度累计投资收益1050万元。从汇率风险来看，公司除极少部分保险业务及再保险业务以美元结算外，公司大部业务主要以人民币结算。从保险风险来看，公司2012年累计风险保额为2246.57亿元。在2012年承保的企业财产险业务中，大保额的业务笔数占比较大，公司合约的承保能力为5亿元，超过5亿元的业务再保险，分散承保风险。信用风险主要存在于保险业务和再保险业务中：应收保费是公司保险业务的主要风险。截至2012年12月31日应收保险费余额1752.3万元，简单应收率为20.18%。公司对再保险接受人的最低评级要求为标准普尔BBB级以上或A.M Best等评级机构相应的信用评级，以保证其具有足够的偿付能力和良好的资信。

随着公司经营期的增加，保费收入上升，公司的最低资本要求由2011年的365.45万元增加为519.25万元，增长42.1%；公司2012年初增加2000万元资本金，使偿付能力充足率增加11%。2012年末，公司偿付能力充足率为4011%，较2011年的4976%下降19.4%。

（二十）富邦财险

富邦财险是两岸经济合作框架协议（ECFA）通过后，第一家于大陆核准设立的台资保险公司，由台湾富邦产物保险公司与富邦人寿共同出资人民币4亿元，2010年于厦门成立总部。富邦财险主要提供财产保险的各项服务，在母公司富邦产险专业团队的支持与经营下，将陆续推出多元商品，包括机动车辆险、意外伤害险、短期健康险、企业财产险、家庭财产险、货物险、船舶险、工程险、责任保险、信用与保证保险等，以及其他经保监会核准的保险商品。

富邦财险母公司富邦产险，已连续28年在台湾产险市场占有率保持第一名，曾荣获Asia Insurance Industry Awards两度颁赠“亚洲最佳产险公司”，服务网络从台湾出发，遍布亚洲。

公司2010年底开业，风险管理组织体系由董事会负最终责任、管理层直接领导，以风险管理机构为依托，相关职能部门密切配合，并覆盖所有业务单位。在董事会下设立风险管理委员会负责风险管理工作。风险管理组织体系将主要风险管理措施融入于各业务单位的日常生活中，定期培训。董事会审核公司的风险管理政策、准则、风险限额及任免风险管理最高主管，确保风险管理的有效性并负整体风险管理的最终责任。风险管理委员会于2010年12月7日成立，直属董事会，由总经理担任总召集人，并由总召集人指派执行秘书及各小组召集人。开业第一年业绩仅125万元，最低资本约6.6万元。2011年业绩快速增长，保险业务收入约5500万元，最低资本也倍增到665万元，故偿付能力充足率4773.09%。

2012年保险业务快速增长，保险业务收入为16184万元，最低资本倍增到2197万元，偿付能力充足率降为978.92%。

（二十一）信利保险

信利保险成立于2011年3月17日，注册资本为2亿元人民币。信利保险（中国）有限公司以“一切险”和“列明风险”为基础提供财产损失和营业中断保险，包括飓风、洪水、地震风险以及机器损坏和/或锅炉爆炸风险保障。拥有专业的团队和丰富的内部资源，如风险管理工程师、承保专家和理赔专员，可对风险进行综合评估，并为客户多元复杂的风险定制适合的保险方案。

公司已经建立由董事会承担最终责任的风险管理体系，公司总经理对风险管理承担监督管理责任，并于2011年成立了风险监督委员会，负责风险管理体系的有效运作。2011年资本溢额16910万元，偿付能力充足率7649%。

2012年公司的偿付能力充足率达到3834%。与2011年相比，偿付能力充足率下降了3815%，主要原因是：（1）2012年公司保费规模增长了158.48%，导致了最低资本上升84%。（2）同时准备金的增加使认可负债比2011年增加了132.81%，导致了实际资本下降了7.68%，资本溢额比2011年减少了人民币1505万元。

评级过程中，我们会对这些公司进行调整，即在研究对象的选择上，我们在兼顾全面的条件下，根据不同的业务性质进行了合理删选。

第四章
中国非寿险公司信用评级实证分析

“信用评级是国家金融体系的重要构成，是国家金融体系安全的战略制高点，掌握了信用评级话语权就控制了一国金融体系运行的主导权。……一个国家的金融体系运行依赖外国评级机构的信用评级，实际是信用评级话语权和金融主权让别国控制，建立在这个基础上的国家金融体系是不安全的。”

“美国三大评级机构在2008年10月22日的国会听证会上公开承认其为了利益，违背职业道德，评级故意掩盖了次债风险。正是由于这种不负责任的评级和错误诱导，给美国金融体系造成毁灭性打击，给全球金融体系造成重大破坏。……美国评级机构公正权威的神话彻底破灭。……西方评级机构是政治化的，高度受到意识形态的影响，而不遵循客观标准。”

——大公国际资信评估公司董事长关建中

本章对中国非寿险公司信用评级进行实证分析。本研究根据49家保险公司2010—2011年的信息披露数据进行财务评级和微观评级，结合宏观经济运行现状进行宏观评级，汇总三项评级给出总评级。

根据我们的研究，综合评级中获得最高信用评级A++的公司有平安财险、人保股份和阳光财产三家公司，获得A+信用的公司有太保财险、国寿财产、浙商财产、大地财产、英大财产、太平保险、中银保险和安邦八家公司。

从分指标体系来看，获得A++信用的有平安财险、浙商财产、阳光财产、英大财产、太保财险五家公司，获得A+信用的安华农业、国寿财产、人保股份、天平车险、安邦、紫金财产、中煤财产、太平保险、东京海上九家公司；

微观评级中获得最高评级信用的只有人保股份和国寿财产两家，获得 A+信用的公司有大地财产、太保财险、中银保险、太平保险、平安财险、阳光财产六家公司。

本章第一节介绍保险公司评级所采用的变量和数据；第二节介绍公司总评级结果；第三节介绍中国非寿险公司分层指标得分和评级，具体包括一级指标得分和评级、二级指标得分和三级指标得分等内容。

第一节　保险公司评级变量和数据

根据中国保险监督管理委员会令 2010 年第 7 号《保险公司信息披露管理办法》，保险公司应当在每年 4 月 30 日前在公司互联网站和中国保监会指定的报纸上发布年度信息披露报告。保险公司应当披露基本信息、财务会计信息、风险管理状况信息、保险产品经营信息、偿付能力信息等。因此，我们进行信用评级所采用的所有数据来自保险公司的信息披露。

从 2010 年的数据来看，出口信用、中华联合、长安责任、众诚保险（2011 年 6 月 8 日成立）、锦泰财产（2011 年 1 月 30 日成立）、诚泰财产（2011 年 12 月 30 成立）、长江财产（2011 年 11 月 17 日成立）和信利保险（2011 年成立）没有公布相关报表信息。长江财产、利宝互助公布了负债充足性测试，没有公布偿付能力充足率，对我们计算 2011 年的财务指标没有太大影响。华信财产成立于 2012 年 5 月 7 日，因此也不纳入计算。鑫安汽车保险公司成立于 2012 年 6 月 15 日，财务数据暂不支持信用评级。

从 2011 年的数据来看，出口信用、中华联合、阳光农业（有 2010 年数据，阳光农业保险的 2012 年信息披露链接有误）、长安责任、诚泰财产暂未公布相关报表信息。信息披露报告中，长江财产、利宝互助已公布负债充足性测试，暂未公布偿付能力充足率。通过网站，搜索到利宝 2011 年偿付能力充足率为 478.80%，2010 年数据为 79.41%。值得注意的是，长江财产 2011 年偿付能力充足率为 5951627%，新成立的公司容易出现类似情况。因为经营年限太短，所以无法体现其经营能力，数据失真。信用评级中，公司的持续经营本身是一个重要因素，有鉴于此，我们删除信利保险、泰山财险、众诚保险、锦泰财产、长江财产等公司，调整统计口径后计算相应的指标值。而且，2011 年度报表中，大地财产、太保财险、民安、中银保险、都邦、渤海、国寿财产、美亚、东京海上、丰泰、丘博保险、苏黎世、现代财产、日本兴亚和信利保险信息披露表中，支出部分用负值表示，我们统一进行调整，以与其他保险公司一致。民安、苏黎世、现代财产三家保险公司 2010 年支出部分用负值表示，2011 年支出部分用正值表示，东京海上提取保险责任准备金为负。人保股份、劳合社和富邦财险公布的财务报表中，营业支出用正值表示，但是现金流量表中，支出用负值表示。国泰财产“减分出保费”、“提取未到期责任准备金”等项用负值标识。安盟公司 2010 年“现金及现金等价物净增加额”和“期末现金及现金等价物余额”计算结果与我们核算的结果有差异。人保股份、国寿财险、太保的单位是千元，其他为元。调整安信农业利润表“减：所得税费用”一项值 22291275. 02 元，把正号表示支出改为负向现金流；紫金财产利润表“减：所得税费用”一项值疑为正号。中银保险利润表经营活动、投资活动、筹资活动现金流量各项应该为正，特作更正。永诚、安邦、信达财险、安华农业、诚泰财产都有类似情况。其中，信达财产的偿付能力充足率数据来自网上，年报上没有公布。

2012 年度的信息披露比较完备，个别公司没有在年报中注明偿付能力充足率，我们通过其官网获得相应数据。从 2012 年的财务报表来看，中银保单位为千元，为了具有可比性，本研究将单位换算为元。同时发现，安邦公司报表中保费收入为 4421709661 元，但是保监会官网公布的是 7063709700 元；中煤财产公司报表中保费收入为 413294364 元，但是保监会官网公布的是 218175500 元；诚泰财产公司报表中保费收入为 157275850 元，但是保监会官网公布的是 41558600 元；三井住友公司报表中保费收入为 1008253000 元，但是保监会官网公布的是 459717900 元；安联公司报表中保费收入为 1377847638 元，但是保监会官网公布的是 575405600 元；日本财产公司报表中保费收入为 57639 万元，但是保监会官网公布的是 294558600 元。在数据整理的过程中，调整天安公司的支出，把负号表示支出改为正向现金流；调整永安公司的支出，把负号表示支出改为正向现金流；调整民安公司的支出，把负号表示支出改为正向现金流；类似的有美亚、东京海上、利宝互助（部分）、安盟、苏黎世、现代财产、劳合社、日本兴亚、乐爱金、富邦财险、信利保险等公司。

从数据异常来看，劳和社的综合费用率为负，经查证，原因是摊回分保费用达到 66928516 元。泰山财险的综合费用率达到 1. 63，众诚保险的综合费用率为 1. 41，长江财产的综合赔付率达到 1. 43，综合费用率 3. 52；华信财产的综合赔付率达到 2. 92，综合费用率 108. 87；鑫安汽车的综合赔付率达到 15. 28，综合费用率 19. 35；富邦财险的综合费用率 1. 35；这些取值都大于 1。

华信财产的偿付能力充足率为 63516.95%，鑫安汽车的偿付能力充足率为 52520%，劳和社的偿付能力充足率为 397300%，这与他们的注资有关。而利宝互助和安盟的偿付能力充足率只有 132%。

从承保潜力来看，阳光农业为负，达到 -6.74，这与其政策性保险公司的性质有关。人保的承保潜力也有类似问题，其承保潜力指标为 -0.97。课题组召开专家讨论会，由专家根据其他算法确定其承保潜力得分为 85 分。中煤的保费收入增长率达到 40541，如果直接将这些异常值或者离群值纳入计算，会导致较大偏倚。三井住友的保费收入增长率达到 1124.89 倍，长江财产保费收入增长率达到 643.42 倍，安邦财产保费收入增长率达到 99.1 倍。三井住友总资产增长率达到 1179.72 倍，安邦总资产增长率达到 16.28 倍。三井住友的利润增长率达到 552.55 倍，资本积累率达到 964 倍。安邦的利润增长率达到 839.68 倍。

从报表上看，劳和社的赔付支出为 138146148 元，但是摊回赔付支出也为 138146148 元；提取未决赔款准备金为 19195118 元，但马上摊回未决赔款准备金也为 19195118 元。因此计算赔付率上没有可比性，我们考虑删除。

综上，我们最终剔除了出口信用、劳和社、中华联合、阳光农业、渤海、长安责任、泰山财险、众诚保险、锦泰财产、诚泰财产、长江财产、华信财产、鑫安汽车、信利保险 14 家公司，对 48 家公司进行评级。没有进入中国非寿险公司评级的公司名单，及没有参与评级的理由见表 4 -1。

表 4 -1 中国非寿险公司评级中不纳入研究的公司

剔除公司	剔除理由
中华联合、阳光农业、渤海、长安责任、泰山财险、众诚保险、锦泰财产、诚泰财产、长江财产、华信财产、鑫安汽车、信利保险	没有近三年数据，新成立的公司，经营年限太短，所以无法体现其经营能力，数据代表性不够
出口信用、劳和社	再保险或特殊性质的保险公司

对于财务指标的权重，课题组采用主成分分析方法，使用 SAS 统计软件对指标得分数据进行主成分分析，进行特征值分解，根据主成分载荷汇总主成分值，计算二级指标得分。然后，根据二级指标得分计算一级指标的得分，最后根据一级指标得分计算总得分。

第二节　中国非寿险公司总评级结果

这一节我们展示中国非寿险公司总评级的规则、结果和得分情况。

本研究收集了2010—2011年的财务报表数据进行评级分析。根据2011年数据计算的结果，中国非寿险公司2011年总评级情况如下：

获得A++信用的公司有3家，分别是平安财险、人保股份和阳光财产。

获得A+信用的公司有8家，分别是太保财险、国寿财产、浙商财产、大地财产、英大财产、太平保险、中银保险和安邦。

获得A信用的公司有16家，分别是永诚、天平车险、安华农业、紫金财产、永安、中煤财产、安信农业、华泰、国元农业、东京海上、都邦、信达财险、天安、三井住友、大众、鼎和财产。

获得B++信用的公司有19家，分别是安诚、三星、美亚、民安、爱和谊、日本兴亚、华农、安盟、日本财产、太阳联合、渤海、国泰财产、中意财产、现代财产、丰泰、利宝互助、乐爱金、苏黎世、安联。

获得B+信用的公司有3家，分别是华安、富邦财险、丘博保险。

获得B信用及以下的公司为0家。

从2011年中国非寿险公司财务评级上看：

获得A++信用的公司有5家，分别是平安财险、浙商财产、阳光财产、英大财产、太保财险。

获得A+信用的公司有11家，分别是安华农业、人保股份、天平车险、国寿财产、安邦、太平保险、中煤财产、东京海上、紫金财产、永诚、国元农业。

获得A信用的公司有9家，分别是大地财产、安信农业、永安、三井住友、中银保险、爱和谊、大众、华泰、日本财产。

获得B++信用的公司有10家，分别是都邦、三星、日本兴亚、美亚、鼎和财产、安诚、信达财险、天安、华农、现代财产。

获得B+信用的公司有10家，分别是民安、安盟、乐爱金、丰泰、国泰财产、中意财产、利宝互助、太阳联合、富邦财险、苏黎世。

获得B信用的公司有4家，分别是安联、渤海、丘博保险、华安。

获得更低信用的公司有0家。

2011 年中国非寿险公司得分分布情况如下：

获得 A ++ 信用的公司只有人保股份和国寿财产两家，这主要是因为其绝对的市场占有率，造成其他保险公司的得分偏低。

获得 A + 信用的公司有 6 家，分别是大地财产、太保财险、中银保险、太平保险、平安财险、阳光财产。

获得 A 信用的公司有 9 家，分别是华泰、信达财险、天安、安邦、都邦、永诚、渤海、永安、紫金财产。

获得 B ++ 信用的公司有 21 家，分别是浙商财产、英大财产、安信农业、民安、鼎和财产、华安、中煤财产、国元农业、天平车险、安诚、太阳联合、安盟、华农、安华农业、丘博保险、大众、苏黎世、三星、安联、中意财产、国泰财产。

获得 B + 信用的公司有 10 家，分别是美亚、三井住友、利宝互助、东京海上、丰泰、富邦财险、日本兴亚、现代财产、乐爱金、爱和谊。

获得 B 信用的公司有 1 家，是日本财产。

获得更低信用的公司有 0 家。

下面介绍中国非寿险公司 2012 年评级的结果。

一、中国非寿险公司总评级规则

中国非寿险公司总评级共分为九级，评级规则如下：

1. 当总得分不低于 95 分时，评级为 A ++。
2. 当总得分低于 95 分但不低于 90 分时，评级为 A +。
3. 当总得分低于 90 分但不低于 85 分时，评级为 A。
4. 当总得分低于 85 分但不低于 80 分时，评级为 B ++。
5. 当总得分低于 80 分但不低于 75 分时，评级为 B +。
6. 当总得分低于 75 分但不低于 70 分时，评级为 B。
7. 当总得分低于 70 分但不低于 65 分时，评级为 C ++。
8. 当总得分低于 65 分但不低于 60 分时，评级为 C +。
9. 当总得分低于 60 分时，评级为 C。

中国非寿险公司总评级的含义见表 4 – 2。

二、中国非寿险公司总评级结果

中国非寿险总评级的结果见附录。其中，2011 年的结构见附录 F2，2012 年的结果见附录 F1。

表4-2　　　　中国非寿险公司总评级含义

等级	字母等级	得分等级	文字评价	具体内容	备注
优秀级	A ++	9	优秀的资金保障和风险管控能力	资本实力绝对充足与安全，完全可以承担保单责任；具有优秀的风险管控实力，完全可以承担风险	这里仅依据公开信息给出评级。如果可以使用更多信息，在A ++级到B的等级分类中，每一个资信级别还可以进行微调。例如，公司把主要风险通过再保险或者共保来分散，可以用括号进行注释和补充说明。以使评级结果更加精确
	A +	8	优良的资金保障和风险管控能力	资本实力相对充足与安全，可以承担保单责任；具有优良的风险管控实力，可以承担风险	
	A	7	良好的资金保障和风险管控能力	在经济恶化、承保条件变化时，保单责任会受到轻微影响；在出现严重风险事件时，风险承担能力会受到轻微影响	
安全级	B ++	6	足够的资金保障和风险管控能力	在经济恶化、承保条件变化时，保单责任可能会受到一定影响；在出现严重风险事件时，风险承担能力可能会受到一定影响	
	B +	5	适度的资金保障和风险管控能力	在经济恶化、承保条件变化时，保单责任会受到影响；在出现严重风险事件时，风险承担能力会受到影响	
	B	4	可能适度的资金保障和风险管控能力	在经济恶化及承保条件变化时，其资金保障不能与保单责任相适应，特别是那些依赖较大的保单或巨额风险保单；在出现严重风险事件时，其风险承担能力会受到较大影响	
风险级	C ++	3	脆弱的资金保障和风险管控能力	资本金在当前状况下可与保单责任相适应，但在遭遇经济恶化及承保条件变化时，其适应性会变得脆弱；在出现严重风险事件时，其风险承担能力会变得脆弱	
	C +	2	特别脆弱的资金保障和风险管控能力	在遭遇经济恶化及承保条件变化时，其适应性会变得特别脆弱；在出现严重风险事件时，其风险承担能力会变得特别脆弱	
	C	1	不能提供包括承担保单责任在内的任何资金保障，不具备足够的风险管控实力		
未评级	Un		未被评级	标注为"Un"的公司没有给予评级	

根据2012年财务报表数据进行计算分析，中国非寿险公司2012年总评级结果如下：

1. 获得A ++信用的公司有3家，分别是平安财险、人保股份和阳光财产。

2. 获得A +信用的公司有9家，分别是太保财险、大地财产、中银保险、国寿财产、天安、华泰、英大财产、都邦、太平保险。

3. 获得A信用的公司有12家，分别是国泰财产、安华农业、天平车险、永诚、信达财险、浙商财产、中煤财产、华安、安邦、永安、安信农业、鼎和财产。

4. 获得B ++信用的公司有20家，分别是紫金财产、华农、国元农业、大众、中意财产、安联、富邦财险、苏黎世、三井住友、东京海上、民安、利宝互助、美亚、安诚、丘博保险、爱和谊、丰泰、三星、太阳联合、日本财产。

5. 获得B +信用的公司有4家，分别是日本兴亚、安盟、乐爱金、现代财产。

6. 获得B信用及以下的公司为0家。

中国非寿险总评级的频次分布见表4－3。

表4－3　2012年中国非寿险公司总评级的频次分布

评级	频数	百分比	累积频数	累积百分比
A	12	25.00	12	25.00
A +	9	18.75	21	43.75
A ++	3	6.25	24	50.00
B +	4	8.33	28	58.33
B ++	20	41.67	48	100.00

从中国非寿险总评级的频次分布表可以看出，大部分公司的评级停留在A和B ++级别，位于两端（最高评级A ++和最低评级）的公司较少。中国非寿险总评级的概率分布情况见图4－1。

得分最高的十家公司总得分、各个一级指标得分等情况见表4－4。

评级较差的十家公司得分见表4－5。

三、中国非寿险公司总评级各项得分情况

这一小节我们详细分析各个不同总评级下，各个公司在总指标、一级财务指标、一级微观指标、一级宏观指标上的得分分布情况。

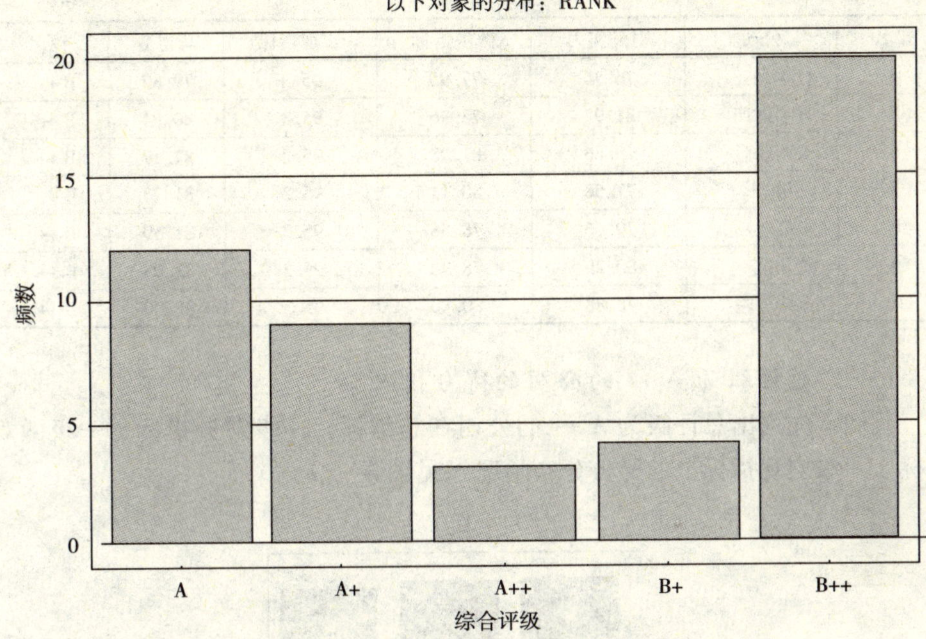

图4－1　2012年中国非寿险总评级分布

表4－4　2012年中国非寿险公司总评级得分最高的十家公司

排名	公司	财务实力	微观指标	宏观指标	总得分	评级
1	平安财险	100.00	96.01	95.3	97.73	A ++
2	人保股份	95.72	99.75	95.3	97.23	A ++
3	阳光财产	99.58	92.46	95.3	96.15	A ++
4	太保财险	94.57	95.22	95.3	94.93	A +
5	大地财产	92.58	96.51	95.3	94.52	A +
6	中银保险	94.45	91.57	95.3	93.45	A +
7	国寿财产	89.08	97.37	95.3	93.26	A +
8	天安	93.71	87.72	95.3	91.61	A +
9	华泰	92.33	89.32	95.3	91.60	A +
10	英大财产	92.05	87.70	95.3	90.83	A +

表4－5　2012年中国非寿险公司总评级得分较低的十家公司

排名	公司	财务实力	微观指标	宏观指标	总得分	评级
1	现代财产	74.05	77.40	95.3	78.55	B +
2	乐爱金	74.88	76.57	95.3	78.60	B +
3	安盟	70.00	82.68	95.3	78.75	B +

续表

排名	公司	财务实力	微观指标	宏观指标	总得分	评级
4	日本兴亚	76.36	77.95	95.3	79.82	B +
5	日本财产	81.97	73.96	95.3	80.84	B ++
6	太阳联合	75.86	81.98	95.3	81.17	B ++
7	三星	77.58	80.11	95.3	81.23	B ++
8	丰泰	79.66	78.58	95.3	81.59	B ++
9	爱和谊	80.29	78.98	95.3	82.03	B ++
10	丘博保险	78.88	80.80	95.3	82.09	B ++

（一）总评级为 A ++ 的公司的得分情况

我们首先列出总评级为 A ++ 的公司在总指标、一级财务指标、一级微观指标、一级宏观指标上的得分分布情况（见图 4 －2）。

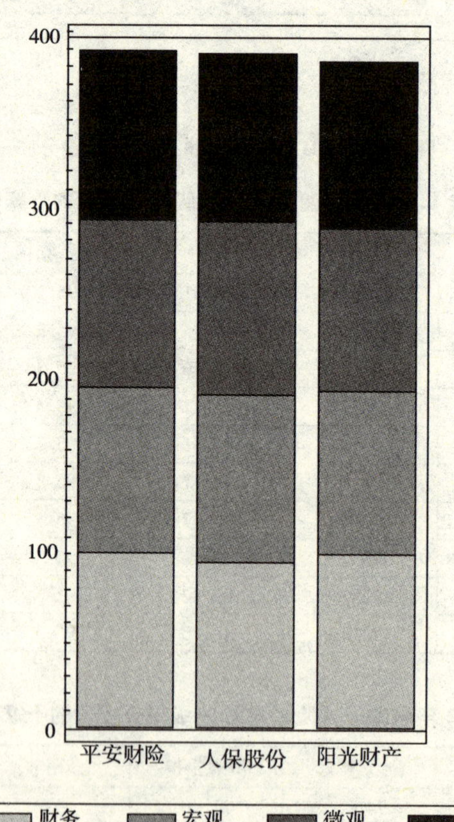

图 4 －2　2012 年中国非寿险公司总评级为 A ++ 的公司得分

从总评级得分来看，平安财险、人保股份两家公司的总评级分数差异不大，平安财险和阳光财产在财务指标得分上较高，人保股份在微观指标得分上较高。

（二）总评级为A+的公司的得分情况

下面分析总评级为A+的公司在总指标、一级财务指标、一级微观指标、一级宏观指标上的得分分布情况（见图4-3）。

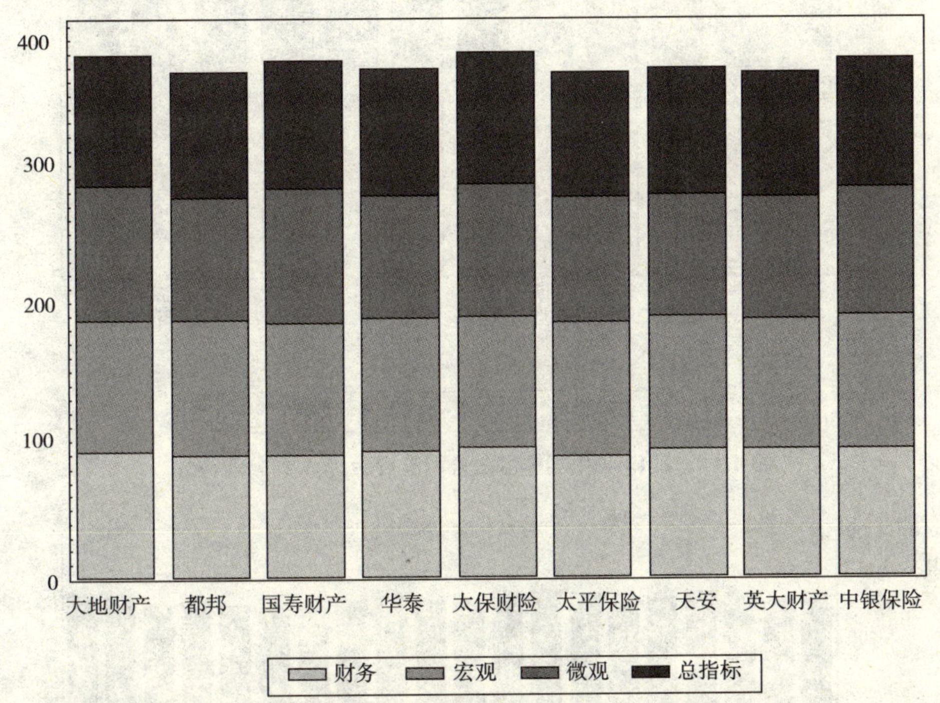

图4-3 2012年中国非寿险公司总评级为A+的公司得分

这些公司在财务指标得分上差异不大，但是微观指标差异相对较大。总体上看，这些公司在宏观、微观、财务上的得分比较均衡。

（三）总评级为A的公司的得分情况

下面分析总评级为A的公司在总指标、一级财务指标、一级微观指标、一级宏观指标上的得分分布情况（见图4-4）。

无论是在财务指标还是微观指标上的得分，这些公司之间的差异都比较大。

（四）总评级为B++的公司的得分情况

下面分析总评级为B++的公司在总指标、一级财务指标、一级微观指标、一级宏观指标上的得分分布情况（见图4-5）。

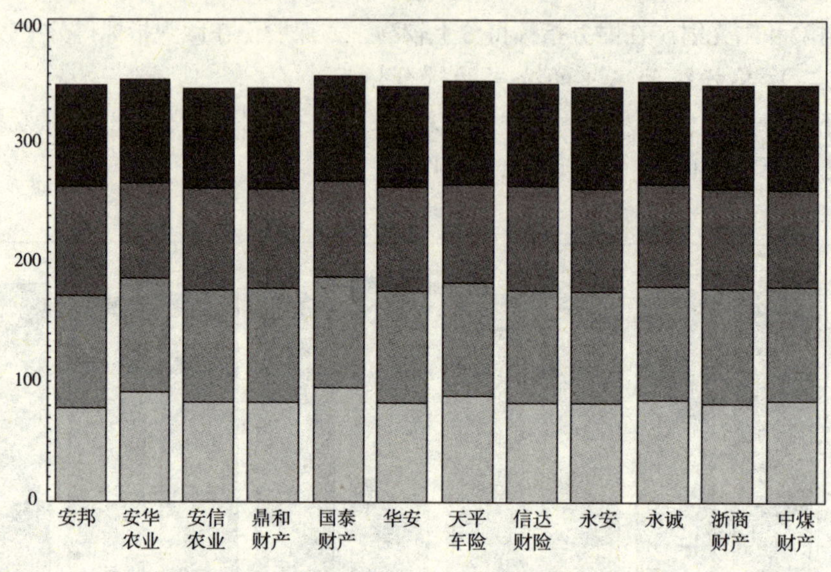

图 4－4　2012 年中国非寿险公司总评级为 A 的公司得分

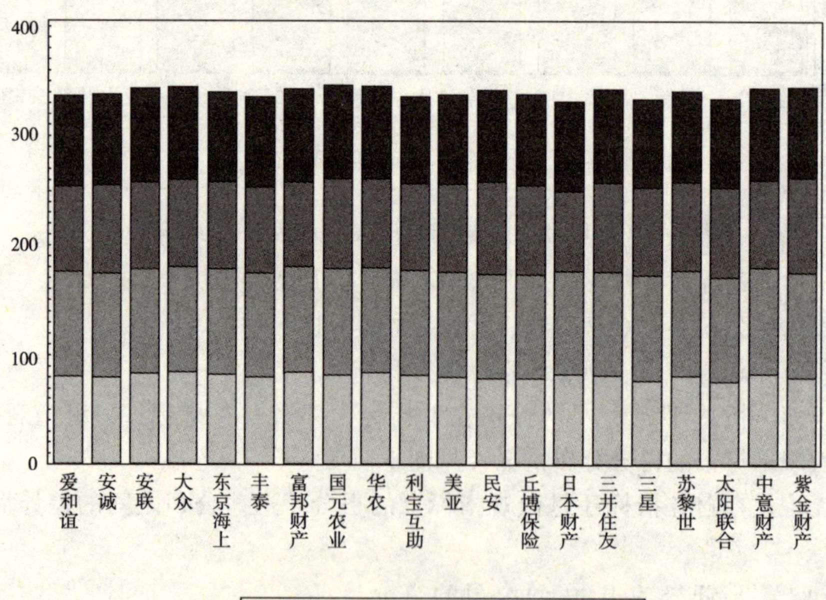

图 4－5　2012 年中国非寿险公司总评级为 B ++ 的公司得分

（五）总评级为 B + 的公司的得分情况

下面分析总评级为 B + 的公司在总指标、一级财务指标、一级微观指标、一级宏观指标上的得分分布情况（见图 4 – 6）。

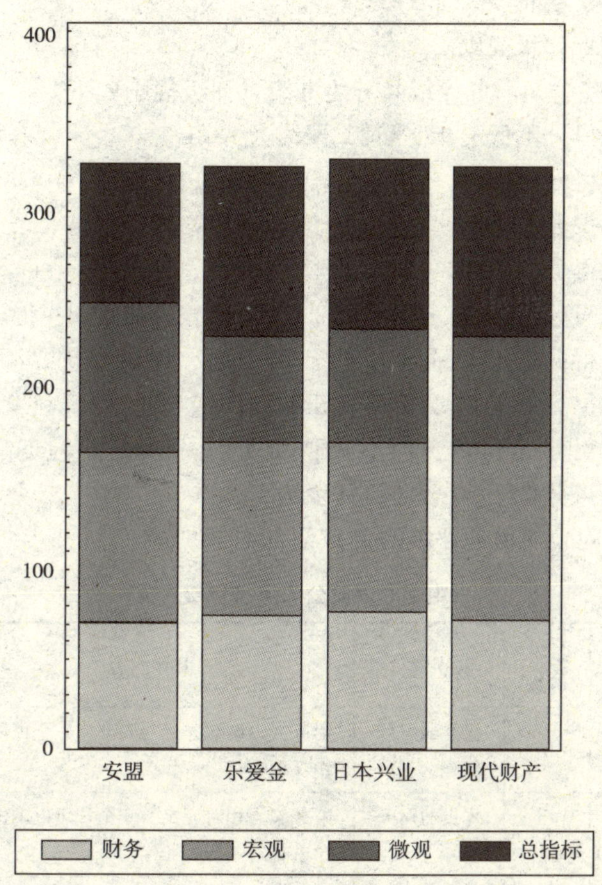

图 4 – 6　2012 年中国非寿险公司总评级为 B + 的公司得分

第三节　中国非寿险公司分层指标得分和评级

下面我们分析中国非寿险公司分层指标得分和评级情况，具体包括一级指标得分和评级、二级指标得分和三级指标得分。

一、中国非寿险公司一级指标得分和评级

我们分别从财务指标得分和评级、微观指标得分和评级、宏观指标得分三个方面介绍一级指标得分和评级。

（一）财务指标得分和评级

1. 财务指标评级规则。

中国非寿险公司财务评级共分为九级，评级规则如下：

（1）当总得分不低于95分时，评级为A++。

（2）当总得分低于95分但不低于90分时，评级为A+。

（3）当总得分低于90分但不低于85分时，评级为A。

（4）当总得分低于85分但不低于80分时，评级为B++。

（5）当总得分低于80分但不低于75分时，评级为B+。

（6）当总得分低于75分但不低于70分时，评级为B。

（7）当总得分低于70分但不低于65分时，评级为C++。

（8）当总得分低于65分但不低于60分时，评级为C+。

（9）当总得分低于60分时，评级为C。

中国非寿险公司财务评级的含义见表4-6。

表4-6 中国非寿险公司财务评级含义

等级	字母等级	得分等级	文字评价	具体内容	备注
优秀级	A++	9	优秀的财务保障	财务实力绝对充足与安全，完全可以承担保单责任	这里仅依据公开信息给出评级。如果可以使用更多信息，在A++级到B的等级分类中，每一个资信级别还可以进行微调。例如，公司把主要风险通过再保险或者共保来分散，可以用括号进行注释和补充说明。以使评级结果更加精确
	A+	8	优良的财务保障	财务实力相对充足与安全，可以承担保单责任	
	A	7	良好的财务保障	在经济恶化、承保条件变化时，保单责任会受到轻微影响	
安全级	B++	6	足够的财务保障	在经济恶化、承保条件变化时，保单责任可能会受到一定影响	
	B+	5	适度的财务保障	在经济恶化、承保条件变化时，保单责任会受到影响	
	B	4	可能适度的财务保障	在经济恶化及承保条件变化时，其财务保障不能与保单责任相适应，特别是那些依赖较大的保单或巨额风险保单	

续表

等级	字母等级	得分等级	文字评价	具体内容	备注
风险级	C ++	3	脆弱的财务保障	财务在当前状况下可与保单责任相适应，但在遭遇经济恶化及承保条件变化时，其适应性会变得脆弱	
	C +	2	特别脆弱的财务保障	在遭遇经济恶化及承保条件变化时，其适应性会变得特别脆弱	
	C	1	不能提供包括承担保单责任在内的任何财务保障		
未评级	Un		未被评级	标注为“Un”的公司因为数据、经营年限问题，没有给予评级	

2. 财务指标评级结果。

从2012年中国非寿险公司财务评级上看：

获得A ++信用的公司有3家，分别是平安财险、阳光财产、人保股份。

获得A +信用的公司有9家，分别是太保财险、中银保险、国泰财产、天安、大地财产、华泰、英大财产、安华农业、都邦。

获得A信用的公司有6家，分别是天平车险、国寿财产、太平保险、永诚、中煤财产、富邦财险。

获得B ++信用的公司有19家，分别是大众、中意财产、华农、东京海上、鼎和财产、安联、浙商财产、安信农业、国元农业、华安、苏黎世、信达财险、永安、利宝互助、日本财产、三井住友、紫金财产、美亚、爱和谊。

获得B +信用的公司有8家，分别是丰泰、丘博保险、安诚、民安、安邦、三星、日本兴亚、太阳联合。

获得B信用的公司有3家，分别是乐爱金、现代财产、安盟。

获得更低信用的公司有0家。

中国非寿险公司财务指标评级的分布情况见表4－7。

表4－7　　2012年中国非寿险公司财务评级的频次分布

评级	频数	百分比	累积频数	累积百分比
A	6	12.50	6	12.50
A +	9	18.75	15	31.25
A ++	3	6.25	18	37.50
B	3	6.25	21	43.75
B +	8	16.67	29	60.42
B ++	19	39.58	48	100.00

中国非寿险公司一级财务指标评级分布图见图4－7。

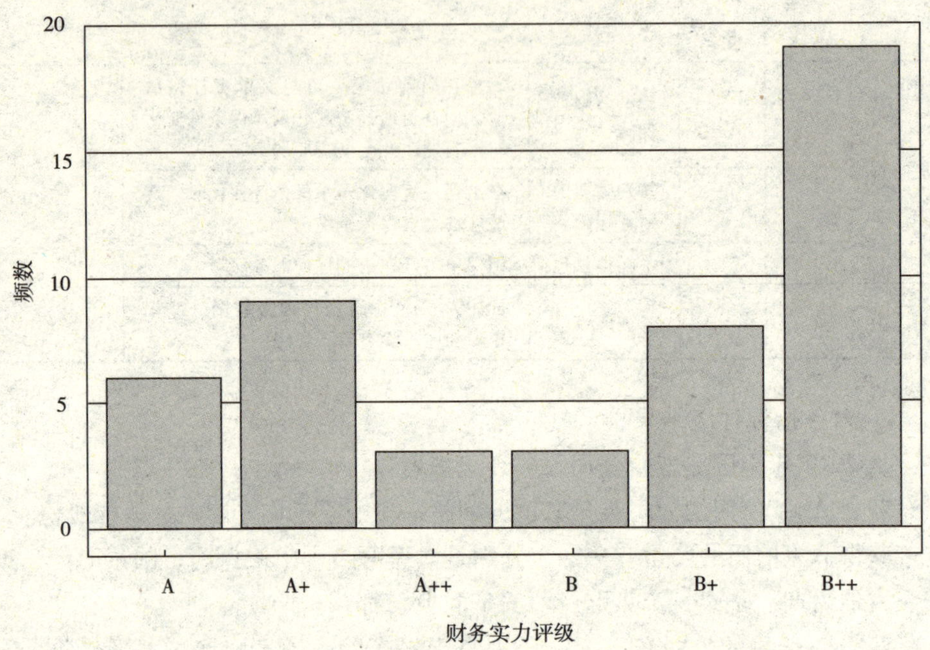

图4－7 2012年中国非寿险公司一级财务指标评级分布

在财务指标上得分最高的十家中国非寿险公司情况见表4－8。

表4－8 2012年财务指标得分最高的十家中国非寿险公司排名

排名	公司	盈利能力	偿债能力	营运能力	现金流量	发展能力	财务指标	财务评级
1	平安财险	87.62	99.64	100.00	94.44	96.81	100.00	A ++
2	阳光财产	90.10	100.00	96.03	92.72	94.91	99.58	A ++
3	人保股份	90.32	98.30	90.57	82.88	98.03	95.72	A ++
4	太保财险	84.58	97.87	95.16	88.57	91.15	94.57	A +
5	中银保险	95.29	95.08	84.69	88.03	96.23	94.45	A +
6	国泰财产	100.00	94.17	79.08	90.00	78.56	93.84	A +
7	天安	94.50	95.74	84.44	78.67	97.33	93.71	A +
8	大地财产	84.61	97.91	91.34	81.37	98.02	92.58	A +
9	华泰	85.22	97.76	89.91	83.96	97.44	92.33	A +
10	英大财产	87.40	94.03	89.53	93.81	94.34	92.05	A +

平安财险得分最高，然后是阳光财产、人保股份，这些公司的得分都超过了95分，都是A++信用。然后是太保财险、中银保险、国泰财产、天安、大地财产、华泰、英大财产，信用等级为A+。

其中，值得一提的是，人保股份因为现金流量指标、营运能力和盈利能力指标的限制，得分并不很高。

在财务指标上得分较低的十家中国非寿险公司情况见表4-9。

表4-9　　2012年财务指标得分较低的十家中国非寿险公司排名

排名	公司	盈利能力	偿债能力	营运能力	现金流量	发展能力	财务指标	财务评级
1	安盟	70.00	70.00	80.67	92.04	91.78	70.00	B
2	现代财产	72.55	86.83	71.56	90.28	90.53	74.05	B
3	乐爱金	86.47	76.05	70.15	74.52	89.67	74.88	B
4	太阳联合	82.67	78.39	72.81	93.24	87.46	75.86	B+
5	日本兴亚	82.85	75.05	77.22	94.88	88.20	76.36	B+
6	三星	85.47	81.53	70.54	92.12	93.85	77.58	B+
7	安邦	82.61	78.21	79.01	82.02	98.37	77.76	B+
8	民安	73.97	85.74	83.71	79.53	98.60	78.47	B+
9	安诚	81.20	80.38	79.10	96.52	99.54	78.71	B+
10	丘博保险	77.69	90.43	73.71	95.40	91.74	78.88	B+

其中，安盟公司因为盈利能力、偿债能力的分值较低，造成财务指标得分较低，总体信用评级较低，其现金流量指标和发展能力还是不错的。现代财产的盈利指标得分较低，乐爱金的营运能力得分较低。

3. 财务指标评级得分分布情况。

（1）财务指标评级为A++的公司的得分情况。财务指标评级为A++的公司的财务指标得分、盈利能力、偿债能力、营运能力、现金流量指标及发展能力指标得分之间的情况见图4-8。

（2）财务指标评级为A+的公司的得分情况。财务指标评级为A+的公司的财务指标得分、盈利能力、偿债能力、营运能力、现金流量指标及发展能力指标得分之间的情况见图4-9。

（3）财务指标评级为A的公司的得分情况。财务指标评级为A的公司的

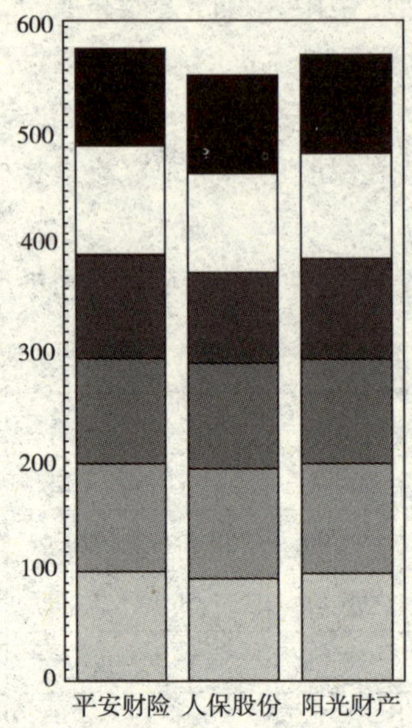

图 4-8 2012 年中国非寿险公司财务评级为 A ++ 的公司得分

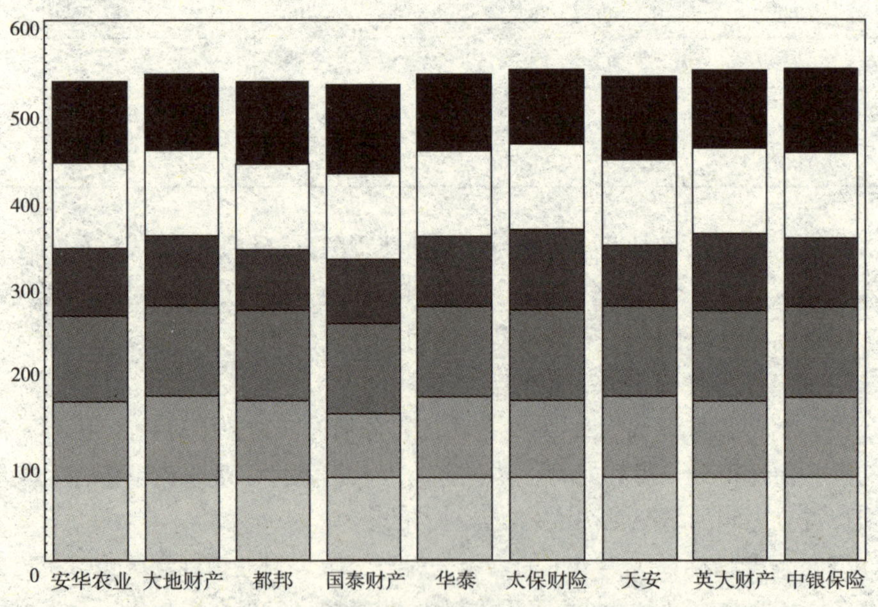

图 4-9 2012 年中国非寿险公司财务评级为 A + 的公司得分

财务指标得分、盈利能力、偿债能力、营运能力、现金流量指标及发展能力指标得分之间的情况见图 4 – 10。

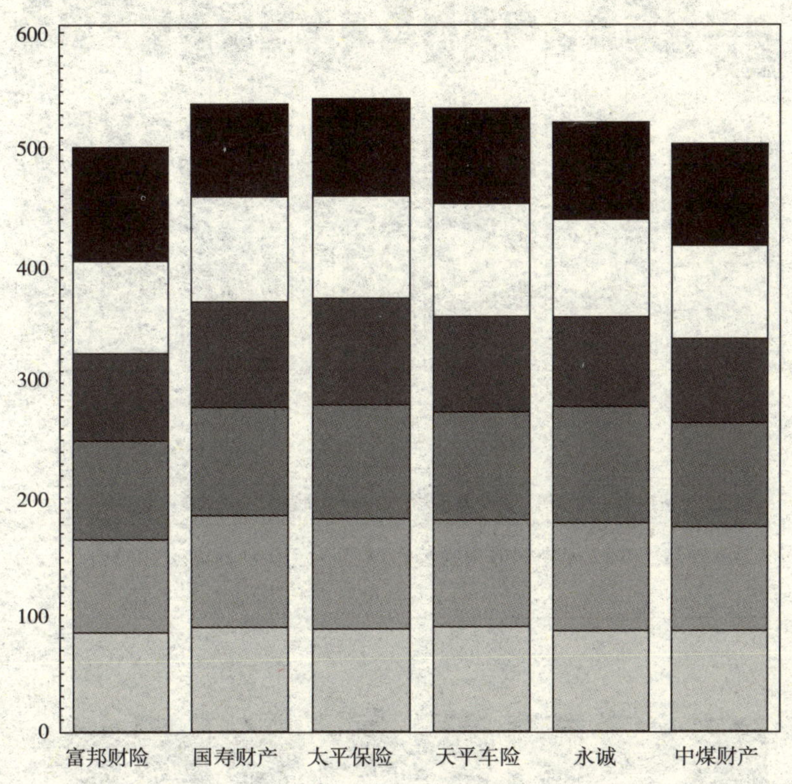

图 4 – 10　2012 年中国非寿险公司财务评级为 A 的公司得分

（4）财务指标评级为 B ++ 的公司的得分情况。财务指标评级为 B ++ 的公司的财务指标得分、盈利能力、偿债能力、营运能力、现金流量指标及发展能力指标得分之间的情况见图 4 – 11。

（5）财务指标评级为 B + 的公司的得分情况。财务指标评级为 B + 的公司的财务指标得分、盈利能力、偿债能力、营运能力、现金流量指标及发展能力指标得分之间的情况见图 4 – 12。

（6）财务指标评级为 B 的公司的得分情况。财务指标评级为 B 的公司的财务指标得分、盈利能力、偿债能力、营运能力、现金流量指标及发展能力指标得分之间的情况见图 4 – 13。

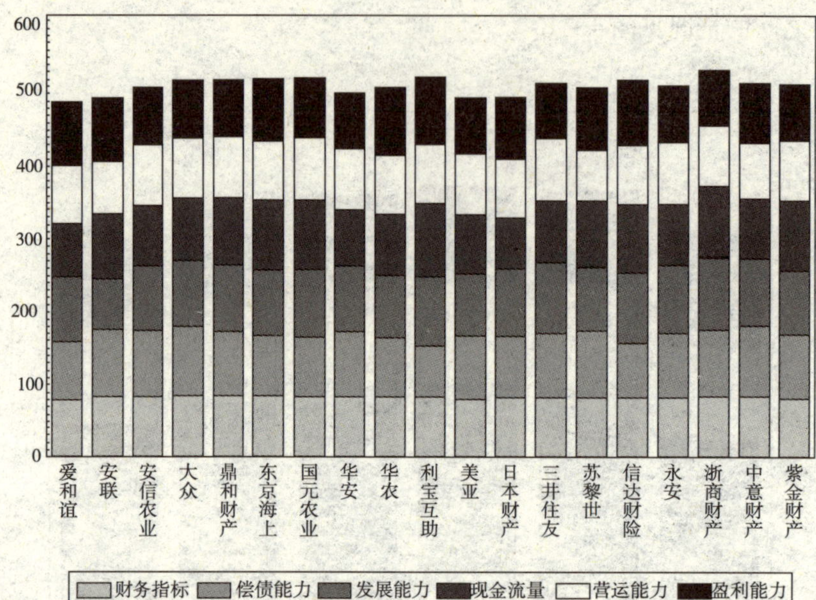

图 4－11　2012 年中国非寿险公司财务评级为 B ++ 的公司得分

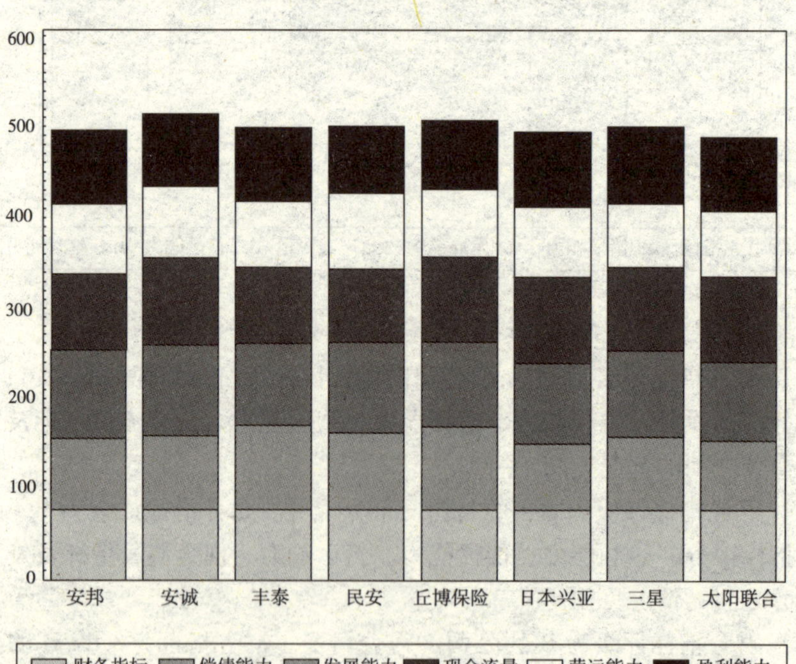

图 4－12　2012 年中国非寿险公司财务评级为 B + 的公司得分

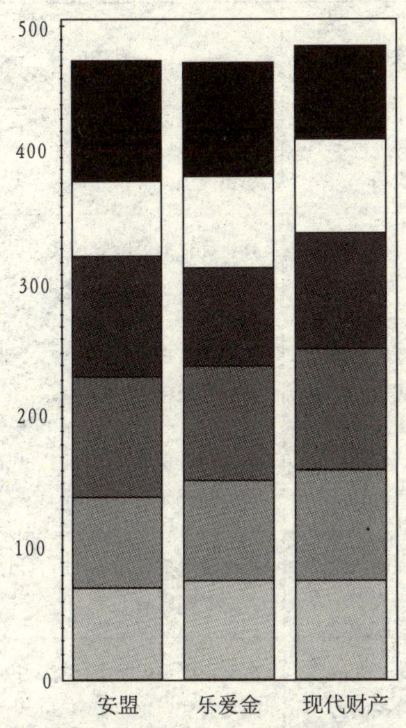

图 4－13　2012 年中国非寿险公司财务评级为 B 的公司得分

（二）微观指标得分和评级

我们利用层次分析法进行分析，建立微观指标与企业的信用评价模型。

1. 微观指标评级规则。中国非寿险公司微观评级的含义，如表 4－10 所示。

2. 微观指标评级结果。从微观指标上来看，2012 年中国非寿险公司得分分布情况如下：

获得 A ++ 信用的公司只有人保股份、国寿财产、大地财产、平安财险、太保财险 5 家。

获得 A + 信用的公司有 4 家，分别是阳光财产、中银保险、太平保险、安邦。

获得 A 信用的公司有 10 家，分别是华泰、都邦、天安、英大财产、信达财险、紫金财产、华安、永安、浙商财产、永诚。

表 4－10　中国非寿险公司微观评级含义

等级	字母等级	得分等级	文字评价	具体内容	备注
优秀级	A ++	9	优秀的风险管控实力	具有优秀的风险管控实力，完全可以承担风险	这里仅依据公开信息给出评级。如果可以使用更多信息，在 A ++ 级到 B 的等级分类中，每一个资信级别还可以进行微调。例如，公司把主要风险通过再保险或者共保来分散，可以用括号进行注释和补充说明
	A +	8	优良的风险管控实力	具有优良的风险管控实力，可以承担风险	
	A	7	良好的风险管控实力	在出现严重风险事件时，风险承担能力会受到轻微影响	
安全级	B ++	6	足够的风险管控实力	在出现严重风险事件时，风险承担能力可能会受到一定影响	
	B +	5	适度的风险管控实力	在出现严重风险事件时，风险承担能力会受到影响	
	B	4	可能适度的风险管控实力	在出现严重风险事件时，其风险承担能力会受到较大影响	
风险级	C ++	3	脆弱的风险管控能力	在出现严重风险事件时，其风险承担能力会变得脆弱	
	C +	2	特别脆弱的风险管控实力	在出现严重风险事件时，其风险承担能力会变得特别脆弱	
	C	1	不具备足够的风险管控实力		
未评级	Un		未被评级	标注为“Un”的公司没有给予评级	

获得 B ++ 信用的公司有 20 家，分别是民安、安信农业、鼎和财产、国元农业、中煤财产、安盟、太阳联合、安诚、华农、三井住友、天平车险、丘博保险、苏黎世、安联、中意财产、利宝互助、安华农业、美亚、三星、大众。

获得 B + 信用的公司有 8 家，分别是国泰财产、东京海上、爱和谊、丰泰、富邦财险、日本兴亚、现代财产、乐爱金。

获得 B 信用的公司有 1 家，是日本财产。

获得更低信用的公司有0家。

中国非寿险公司微观指标信用评级的分布情况见表4－11。

表4－11　2012年中国非寿险公司微观指标评级的频次分布

评级	频数	百分比	累积频数	累积百分比
A	10	20.83	10	20.83
A +	4	8.33	14	29.17
A ++	5	10.42	19	39.58
B	1	2.08	20	41.67
B +	8	16.67	28	58.33
B ++	20	41.67	48	100.00

一级微观指标评级分布见图4－14。

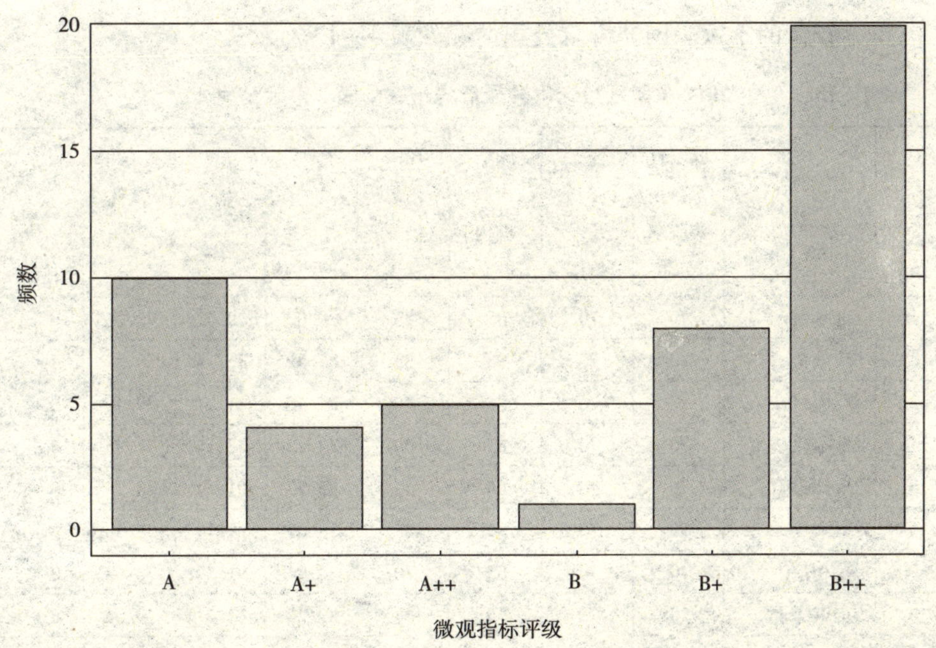

图4－14　2012年中国非寿险公司一级微观指标评级分布

根据计算的结果，得分最高的十家中国非寿险公司情况如表4－12所示。

表4－12　　2012年微观指标得分最高的十家中国非寿险公司

排名	公司	股东背景与主要股东变动	分支机构的开设数量	风险管理机构设立	风险信息披露程度	市场占有率	社会声誉和服务	微观指标	微观指标评级
1	人保股份	100	100	100	100	100.00	98.86	99.75	A ++
2	国寿财产	100	100	85	100	96.92	95.14	97.37	A ++
3	大地财产	100	100	100	85	96.36	92.43	96.51	A ++
4	平安财险	85	100	100	100	99.91	97.57	96.01	A ++
5	太保财险	85	100	100	100	99.18	94.71	95.22	A ++
6	阳光财产	85	100	85	85	95.94	94.14	92.46	A +
7	中银保险	100	85	100	70	93.32	91.29	91.57	A +
8	太平保险	100	85	85	70	94.62	93.43	91.46	A +
9	安邦	85	100	85	85	93.44	92.14	91.45	A +
10	华泰	85	85	85	85	93.97	95.44	89.32	A

得分较低的十家中国非寿险公司情况如表4－13所示。

表4－13　　2012年微观指标得分最低的十家中国非寿险公司

排名	公司	股东背景与主要股东变动	分支机构的开设数量	风险管理机构设立	风险信息披露程度	市场占有率	社会声誉和服务	微观指标	微观指标评级
1	日本财产	70	70	85	85	70.00	79.57	73.96	B
2	乐爱金	70	70	85	85	85.52	75.14	76.57	B +
3	现代财产	70	70	85	70	87.40	81.71	77.40	B +
4	日本兴亚	70	70	85	100	84.25	78.14	77.95	B +
5	富邦财险	70	70	85	85	86.77	81.14	78.15	B +
6	丰泰	70	70	85	85	88.09	81.71	78.58	B +
7	爱和谊	70	70	85	70	84.98	91.57	78.98	B +
8	东京海上	70	70	85	85	89.22	82.71	79.06	B +
9	国泰财产	70	70	85	100	87.60	82.14	79.58	B +
10	大众	70	70	100	70	91.31	85.86	80.07	B ++

获得 B + 级评级及以下的公司有 9 家，分别为日本财产、乐爱金、现代财产、日本兴亚、富邦财险、丰泰、爱和谊、东京海上、国泰财产、大众。

通过上述信息可以看出，得分低的中国非寿险公司主要是一些外资保险公司，比方说日本财产、乐爱金、现代财产、日本兴亚、富邦财险等。

3. 微观指标评级得分分布情况。

（1）微观指标评级为 A ++ 的公司的得分情况。微观指标评级为 A ++ 的公司的财务指标得分、股东背景与主要股东变动、分支机构的开设数量、风险管理机构设立、风险信息披露程度、市场占有率、社会声誉和服务得分之间的情况见图 4 – 15。

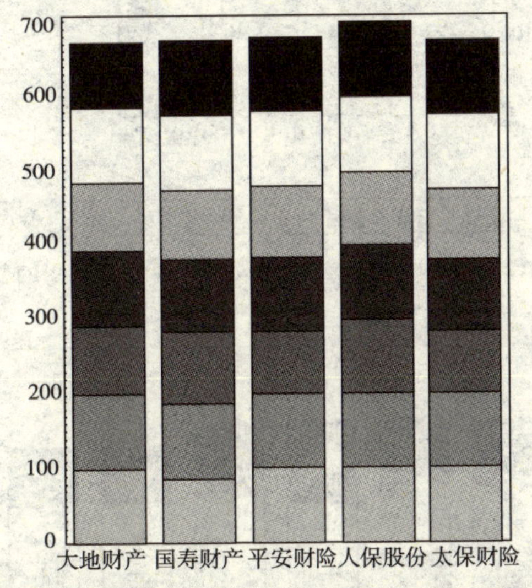

图 4 – 15　2012 年中国非寿险公司微观指标评级为 A ++ 的公司得分

（2）微观指标评级为 A + 的公司的得分情况。微观指标评级为 A + 的公司的财务指标得分、股东背景与主要股东变动、分支机构的开设数量、风险管理机构设立、风险信息披露程度、市场占有率、社会声誉和服务得分之间的情况见图 4 – 16。

（3）微观指标评级为 A 的公司的得分情况。微观指标评级为 A 的公司的财务指标得分、股东背景与主要股东变动、分支机构的开设数量、风险管理机构设立、风险信息披露程度、市场占有率、社会声誉和服务得分之间的情况见图 4 – 17。

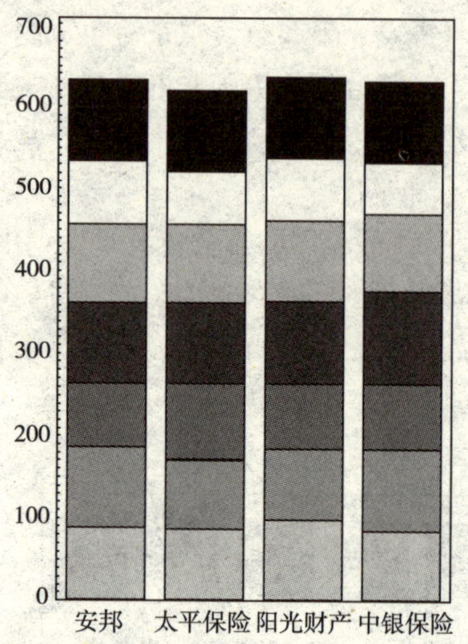

图 4－16　2012 年中国非寿险公司微观指标评级为 A＋的公司得分

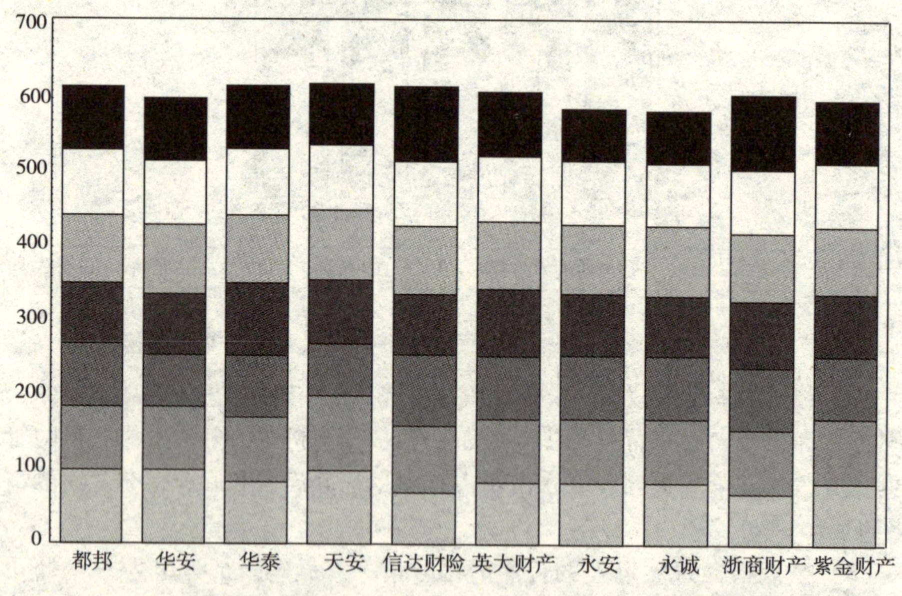

图 4－17　2012 年中国非寿险公司微观指标评级为 A 的公司得分

（4）微观指标评级为 B ++ 的公司的得分情况。微观指标评级为 B ++ 的公司的财务指标得分、股东背景与主要股东变动、分支机构的开设数量、风险管理机构设立、风险信息披露程度、市场占有率、社会声誉和服务得分之间的情况见图 4 – 18。

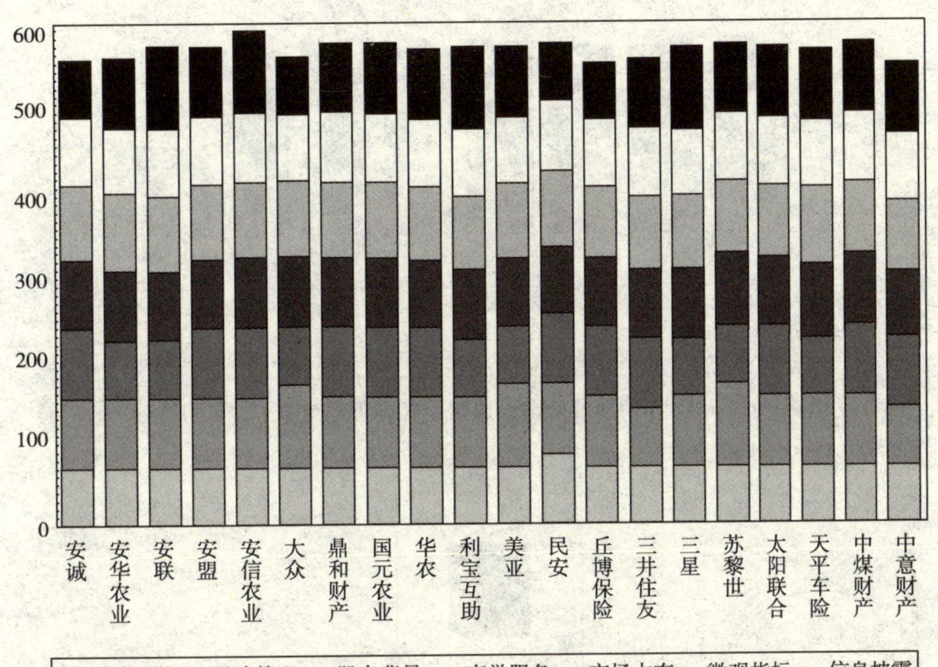

图 4 – 18　2012 年中国非寿险公司微观指标评级为 B ++ 的公司得分

（5）微观指标评级为 B + 的公司的得分情况。微观指标评级为 B + 的公司的财务指标得分、股东背景与主要股东变动、分支机构的开设数量、风险管理机构设立、风险信息披露程度、市场占有率、社会声誉和服务得分之间的情况见图 4 – 19。

（6）微观指标评级为 B 的公司的得分情况。微观指标评级为 B 的公司的财务指标得分、股东背景与主要股东变动、分支机构的开设数量、风险管理机构设立、风险信息披露程度、市场占有率、社会声誉和服务得分之间的情况见图 4 – 20。

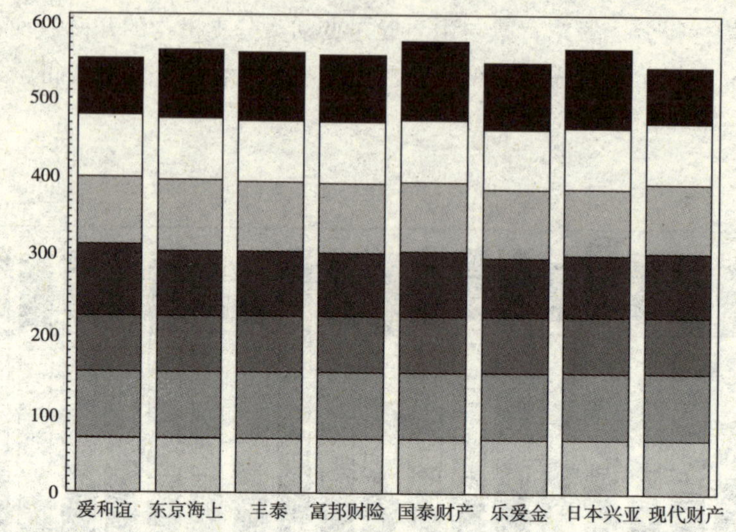

图 4－19　2012 年中国非寿险公司微观指标评级为 B＋的公司得分

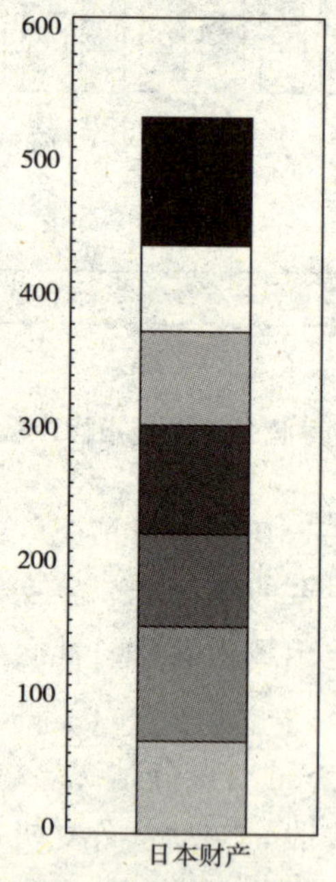

图 4－20　2012 年中国非寿险公司微观指标评级为 B 的公司得分

（三）宏观指标得分

我们从经济运行状况、宏观调控政策和行业发展现状三个方面进行层次分析。根据上述因素，我们确定的2012年宏观指标综合得分为95.312分（见图4－21）。

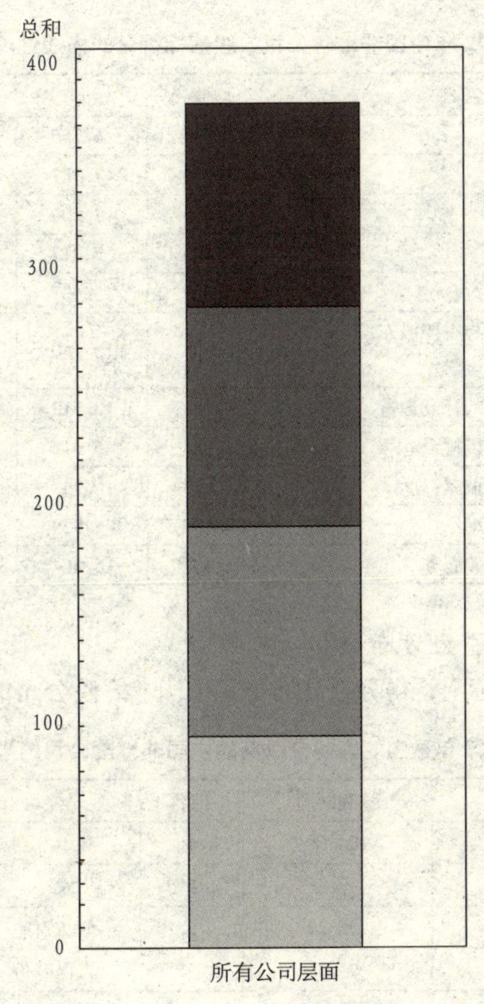

图4－21 2012年中国非寿险公司宏观指标评级得分

二、中国非寿险公司二级指标得分

现在介绍中国非寿险公司财务实力、微观指标和宏观指标等一级指标下的二级指标得分情况。

首先分析二级指标的总体描述性统计量，见表 4－14。

表 4－14　　2012 年中国非寿险公司二级指标得分的描述性统计

变量	名称	样本	均值	标准差	最小值	最大值
index11	盈利能力	48	84.345	6.755	70.00	100.00
index12	偿债能力	48	88.364	7.787	70.00	100.00
index13	营运能力	48	82.615	7.209	70.00	100.00
index14	现金流量	48	86.492	7.717	70.00	100.00
index15	发展能力	48	92.537	5.607	70.00	100.00
index21	股东背景与主要股东变动	48	80.938	10.140	70.00	100.00
index22	分支机构的开设数量	48	78.750	12.312	70.00	100.00
index23	风险管理机构设立	48	87.188	6.912	70.00	100.00
index24	风险信息披露程度	48	85.625	10.243	70.00	100.00
index25	市场占有率	48	90.990	4.829	70.00	100.00
index26	社会声誉和服务	48	85.487	5.564	75.14	98.86

（一）从盈利能力方面分析

在盈利能力指标上，得分最高的十家中国非寿险公司情况见表 4－15。

表 4－15　　2012 年盈利能力得分最高的中国非寿险公司的排名

排名	公司	盈利能力	排名	公司	盈利能力
1	国泰财产	100.00	6	利宝互助	93.85
2	富邦财险	97.41	7	华农	93.62
3	中银保险	95.29	8	信达财险	90.84
4	都邦	94.73	9	人保股份	90.32
5	天安	94.50	10	阳光财产	90.10

可见，国泰财产、富邦财险、中银保险得分非常高，超过 95 分。都邦、天安、利宝互助、华农、信达财险、人保股份、阳光财产得分稍低，但都超过 90 分。

在盈利能力指标上得分较低的十家中国非寿险公司情况见表 4－16。

表 4－16　　2012 年盈利能力得分较低的中国非寿险公司的排名

排名	公司	盈利能力	排名	公司	盈利能力
1	安盟	70.00	6	永安	77.03
2	现代财产	72.55	7	紫金财产	77.31
3	民安	73.97	8	丘博保险	77.69
4	三井住友	75.20	9	华安	78.05
5	浙商财产	76.45	10	美亚	78.12

安盟的盈利能力最低，这一定程度上影响了其最终得分。

盈利能力得分分布情况见图 4－22。

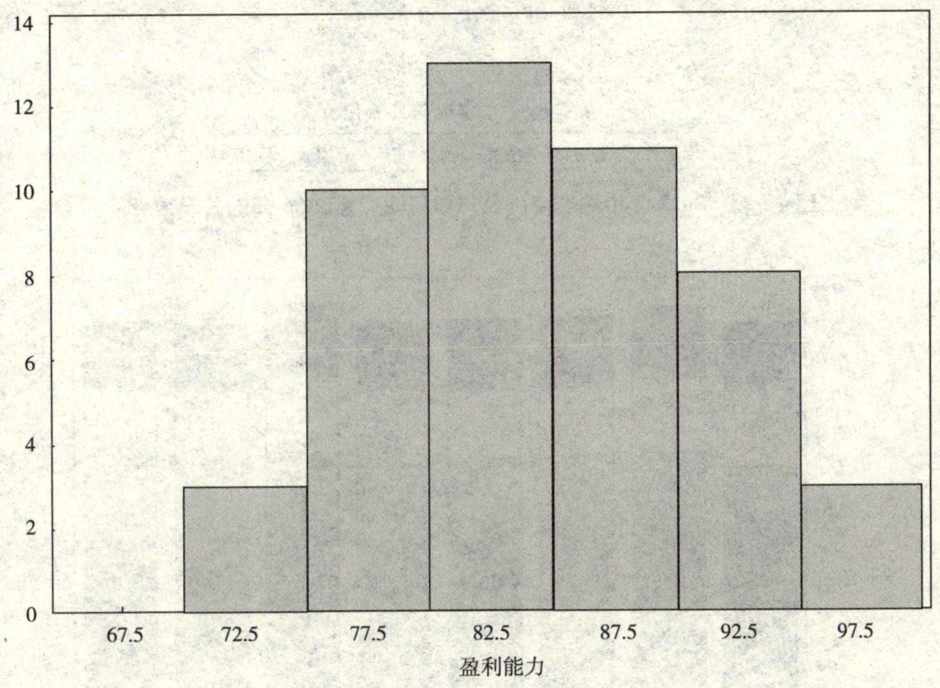

图 4－22　中国非寿险公司盈利能力得分分布

其中，盈利能力得分超过 95 分的非寿险公司，其盈利能力得分、保费利润率、总资产利润率、净资产利润率、投资收益率、综合赔付率、综合费用率得分之间的情况见图 4－23。

其中，盈利能力得分高于或等于 90 分但是低于 95 分的非寿险公司，其盈利能力得分、保费利润率、总资产利润率、净资产利润率、投资收益率、综合赔付率、综合费用率得分之间的情况见图 4－24。

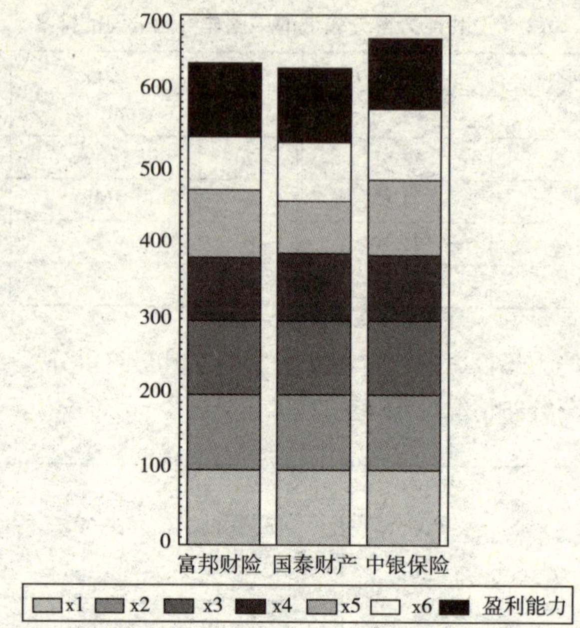

图 4－23　2012 年中国非寿险公司盈利能力超过 95 分的公司得分

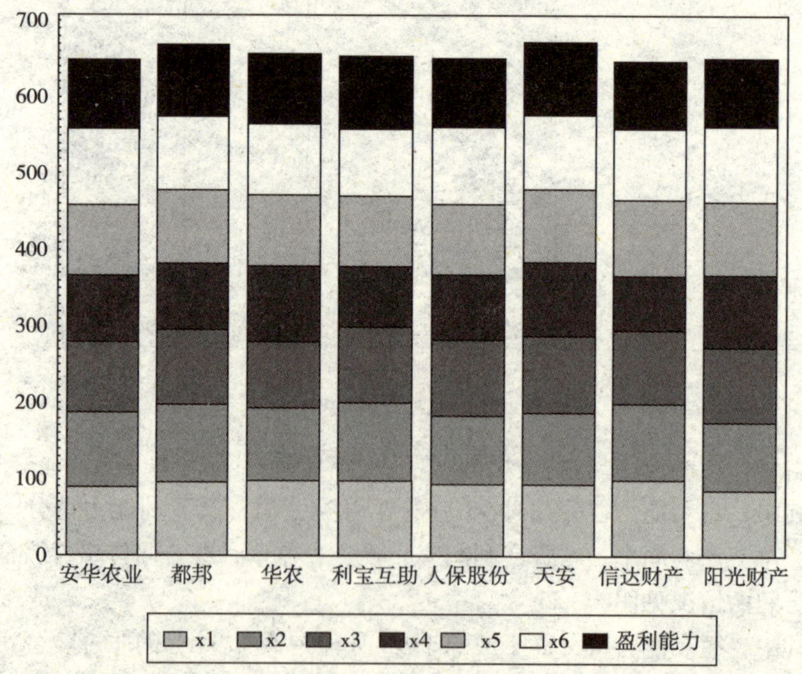

图 4－24　2012 年中国非寿险公司盈利能力为 90～95 分的公司得分

（二）从营运能力方面分析

从营运能力角度来看，在中国非寿险公司评级营运能力指标上得分最高的十家公司情况见表4-17。

表4-17 2012年营运能力得分最高的中国非寿险公司的排名

排名	公司	营运能力	排名	公司	营运能力
1	阳光财产	100.00	6	大地财产	91.34
2	平安财险	98.82	7	人保股份	90.57
3	天平车险	94.90	8	安华农业	90.43
4	太保财险	94.77	9	华泰	89.91
5	安华农业	94.45	10	英大财产	89.53

值得一提的是，阳光财产取得最高分。同时，平安财险、天平车险、太保财险、安华农业都取得不错的成绩。传统的几家大公司，如人保，在这一项的得分相对较低。

从营运能力角度来看，在营运能力指标上得分较低的十家中国非寿险公司情况见表4-18。

表4-18 2012年营运能力得分较低的中国非寿险公司的排名

排名	公司	营运能力	排名	公司	营运能力
1	苏黎世	70.00	6	安联	72.26
2	乐爱金	70.15	7	太阳联合	72.81
3	三星	70.54	8	丘博保险	73.71
4	现代财产	71.56	9	中意财产	74.99
5	丰泰	72.11	10	日本兴亚	77.22

从营运能力角度来看，苏黎世公司的营运能力得分非常低，还有乐爱金、三星、现代财产等公司，主要是外资公司。

营运能力分数分布情况见图4-25。

其中，营运能力得分超过95分的非寿险公司，其营运能力得分、承保潜力、应收保费率、自留比例得分之间的情况见图4-26。

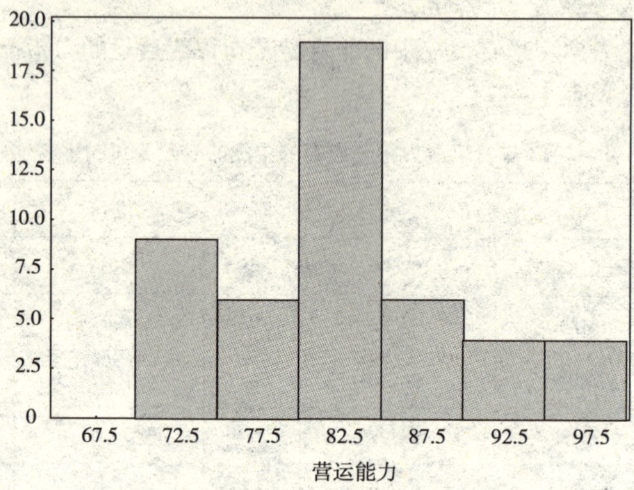

图 4－25　2012 年中国非寿险公司营运能力得分分布

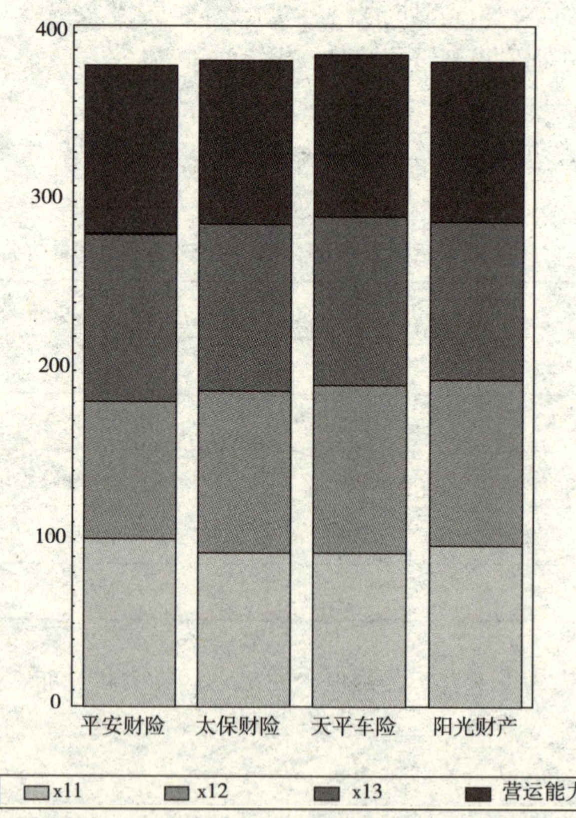

图 4－26　2012 年中国非寿险公司营运能力超过 95 分的公司得分分布

其中，营运能力得分不低于90分但是低于95分的非寿险公司，其营运能力得分、承保潜力、应收保费率、自留比例得分之间的情况见图4－27。

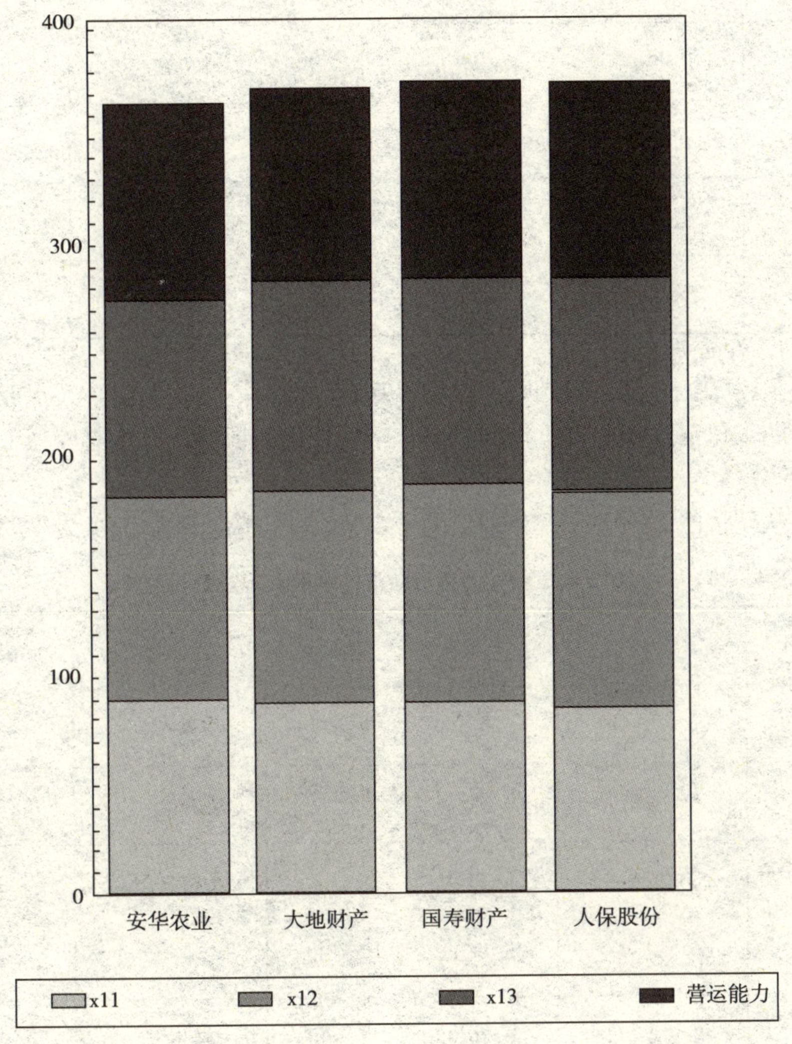

图4－27　2012年中国非寿险公司营运能力为90～95分的公司得分

（三）从偿债能力方面分析

从偿债能力来看，得分最高的十家中国非寿险公司情况见表4－19。

表 4－19　2012 年偿债能力得分最高的中国非寿险公司的排名

排名	公司	偿债能力	排名	公司	偿债能力
1	阳光财产	100.00	6	华泰	97.76
2	平安财险	99.64	7	中意财产	97.51
3	人保股份	98.30	8	国寿财产	96.70
4	大地财产	97.91	9	天安	95.74
5	太保财险	97.87	10	中银保险	95.08

值得一提的是，阳光财产取得最高分，同时，平安财险、人保股份、大地财产、太保财险都取得不错的成绩，平安在这一项的得分相对较低，但仍然高于 95 分。

从偿债能力来看，得分较低的十家中国非寿险公司情况见表 4－20。

表 4－20　2012 年偿债能力得分较低的中国非寿险公司的排名

排名	公司	偿债能力	排名	公司	偿债能力
1	安盟	70.00	6	安邦	78.21
2	利宝互助	72.46	7	爱和谊	78.36
3	日本兴亚	75.05	8	太阳联合	78.39
4	信达财险	75.93	9	华农	79.60
5	乐爱金	76.05	10	富邦财险	80.22

从偿债能力来看，得分分布情况如图 4－28 所示。

其中，偿债能力得分超过 95 分的非寿险公司，其偿债能力得分、偿付能力充足率、资产负债率、流动比率、未决赔款占比之间的情况如图 4－29 所示。

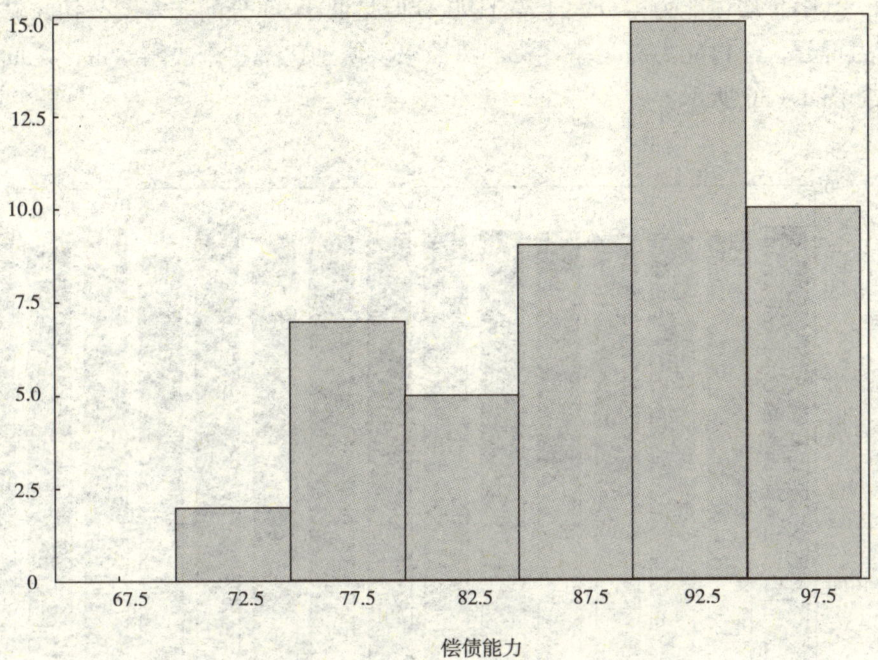

图 4－28　2012 年中国非寿险公司偿债能力得分分布

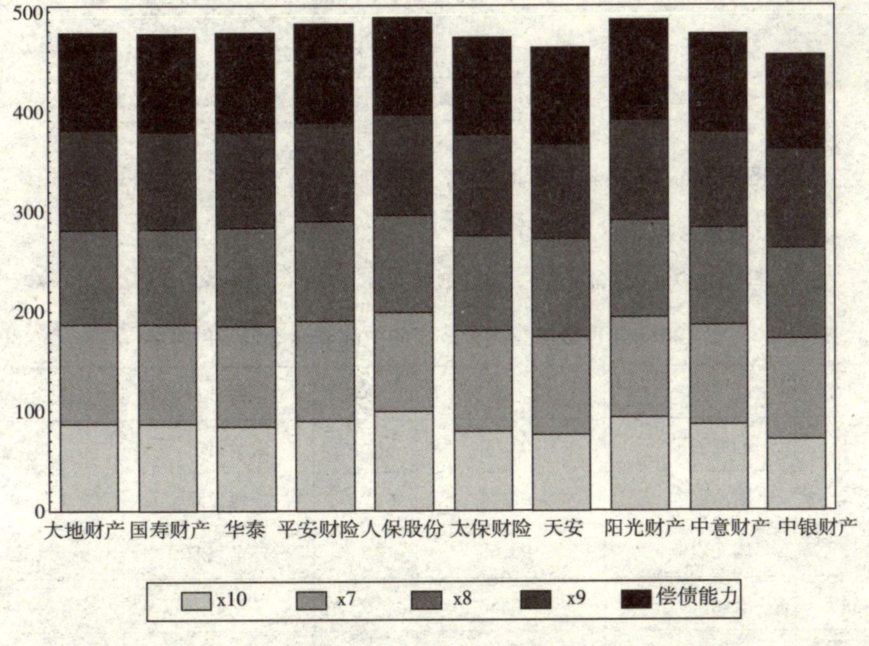

图 4－29　2012 年中国非寿险公司偿债能力超过 95 分的公司得分

其中，偿债能力得分大于等于90分但是低于95分的非寿险公司，其偿债能力得分、偿付能力充足率、资产负债率、流动比率、未决赔款占比之间的情况如图4-30所示。

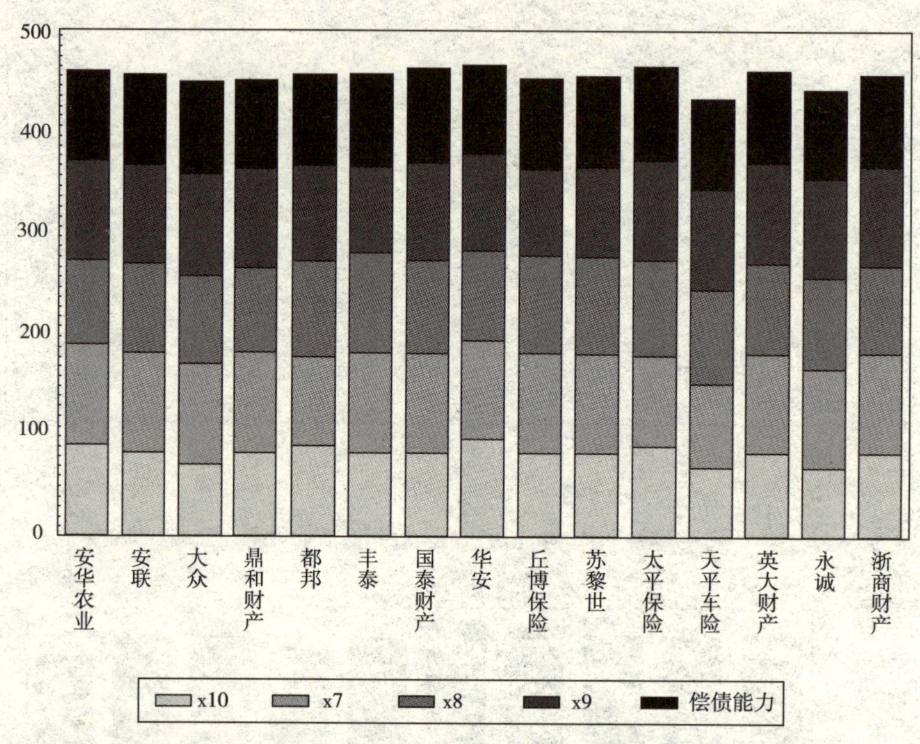

图4-30　2012年中国非寿险公司偿债能力为90~95分的公司得分

（四）从现金流量方面分析

从现金流量方面来看，得分最高的十家中国非寿险公司情况见表4-21。

表4-21　　2012年现金流量得分最高的中国非寿险公司的排名

排名	公司	现金流量	排名	公司	现金流量
1	利宝互助	100.00	6	紫金财产	96.00
2	浙商财产	97.45	7	丘博保险	95.40
3	国元农业	96.66	8	日本兴亚	94.88
4	安诚	96.52	9	平安财险	94.44
5	东京海上	96.08	10	信达财险	94.17

在现金流量上得分较高的企业，往往规模都不是特别大，如安邦、浙商财产和中煤财产。这方面，紫金财产和中意财产做得不错。

从现金流量方面来看，得分较低的十家中国非寿险公司情况见表 4－22。

表 4－22　2012 年现金流量得分较低的中国非寿险公司的排名

排名	公司	现金流量	排名	公司	现金流量
1	中煤财产	70.00	6	华安	75.67
2	日本财产	71.29	7	永诚	77.48
3	爱和谊	71.72	8	天安	78.67
4	乐爱金	74.52	9	民安	79.53
5	富邦财险	74.75	10	都邦	80.99

从现金流量方面来看，得分分布情况如图 4－31 所示。

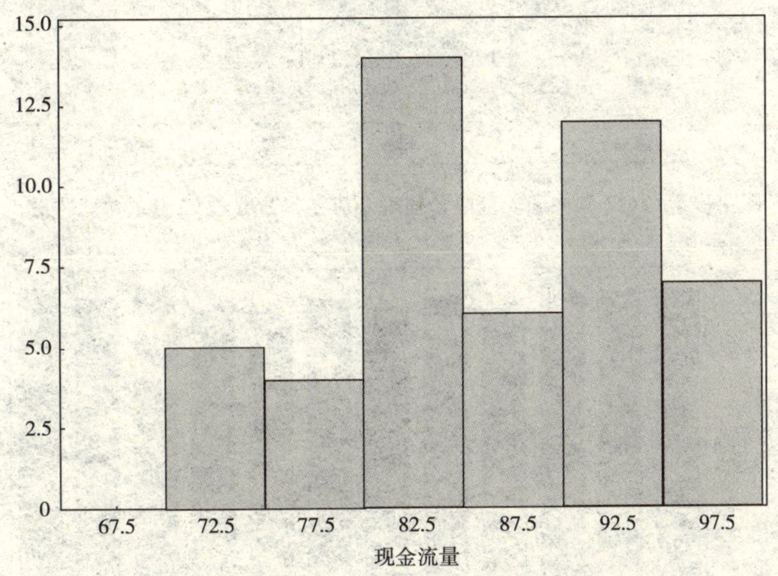

图 4－31　2012 年中国非寿险公司现金流量得分的分布

从现金流量来分析，得分超过 95 分的中国非寿险公司，其现金流量指标得分、经营活动现金流占保费收入百分比、现金流量对流动负债比率、现金流入流出比率、投资流入流出比率等得分情况见图 4－32。

从现金流量分析，得分在 90～95 分的中国非寿险公司，其现金流量指标得分、经营活动现金流占保费收入百分比、现金流量对流动负债比率、现金流入流出比率、投资流入流出比率等得分情况见图 4－33。

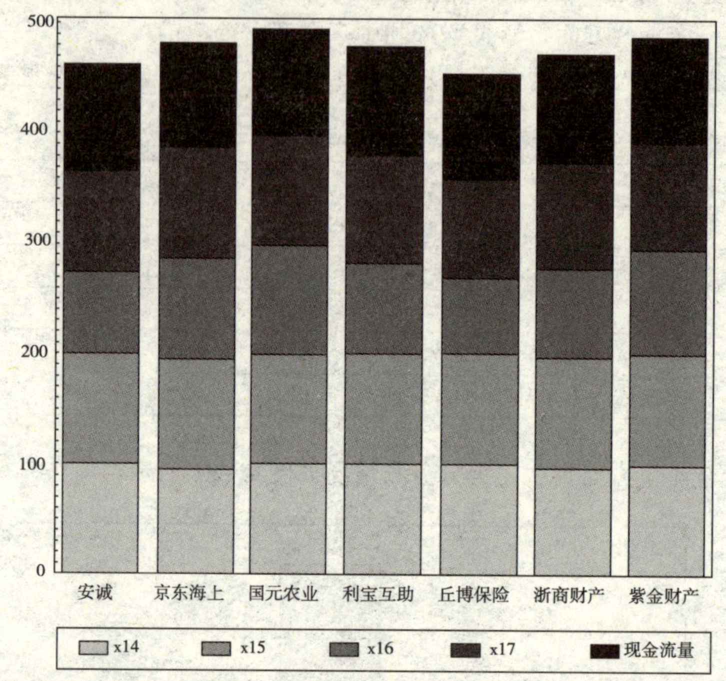

图 4－32 2012 年中国非寿险公司现金流量得分超过 95 分的公司得分

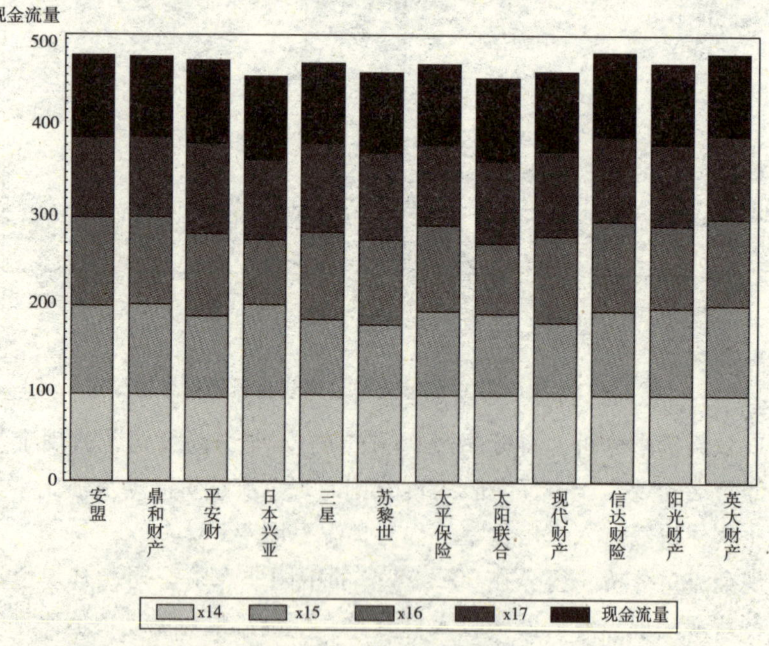

图 4－33 2012 年中国非寿险公司现金流量为 90～95 分的公司得分

（五）从发展能力方面分析

从发展能力方面来看，得分最高的十家中国非寿险公司情况见表4－23。

表4－23　　2012年发展能力得分最高的公司的排名

排名	公司	发展能力	排名	公司	发展能力
1	都邦	100.00	6	安邦	98.37
2	浙商财产	99.80	7	三井住友	98.37
3	安诚	99.54	8	太平保险	98.23
4	永诚	98.83	9	人保股份	98.03
5	民安	98.60	10	大地财产	98.02

这里，都邦公司的指标很漂亮，要远远优于其他企业。

从发展能力方面来看，得分较低的十家中国非寿险公司情况见表4－24。

表4－24　　2012年发展能力得分较低的公司的排名

排名	公司	发展能力	排名	公司	发展能力
1	安联	70.00	6	华农	87.49
2	国泰财产	78.56	7	苏黎世	87.76
3	富邦财险	84.88	8	日本兴亚	88.20
4	美亚	85.98	9	丰泰	88.54
5	太阳联合	87.46	10	乐爱金	89.67

从发展能力方面来看，得分分布情况如图4－34所示。

从发展能力方面来看，得分超过95分的中国非寿险公司，其发展能力指标得分、保费（收入）增长率、总资产增长率、资本积累率、利润增长率等得分情况如图4－35所示。

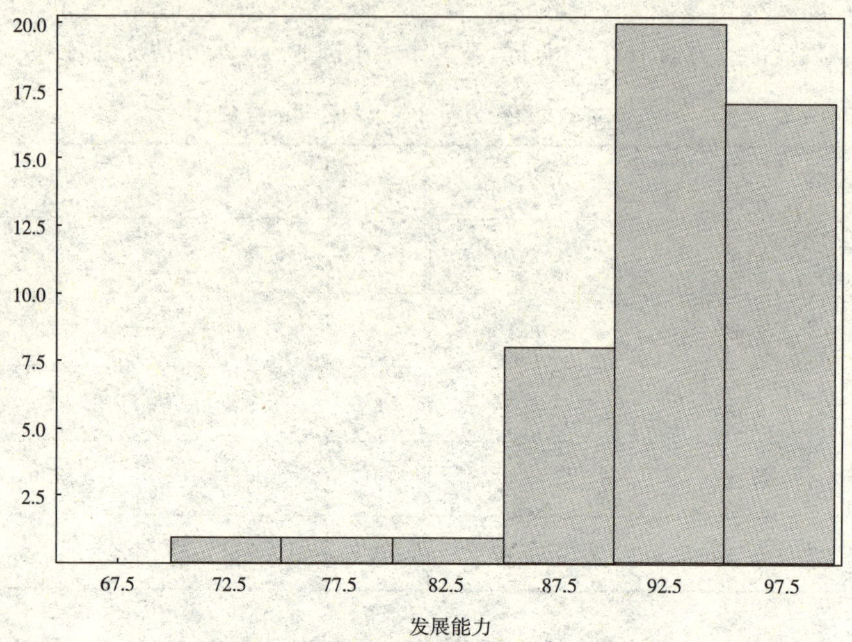

图 4-34 2012 年中国非寿险公司发展能力得分的分布

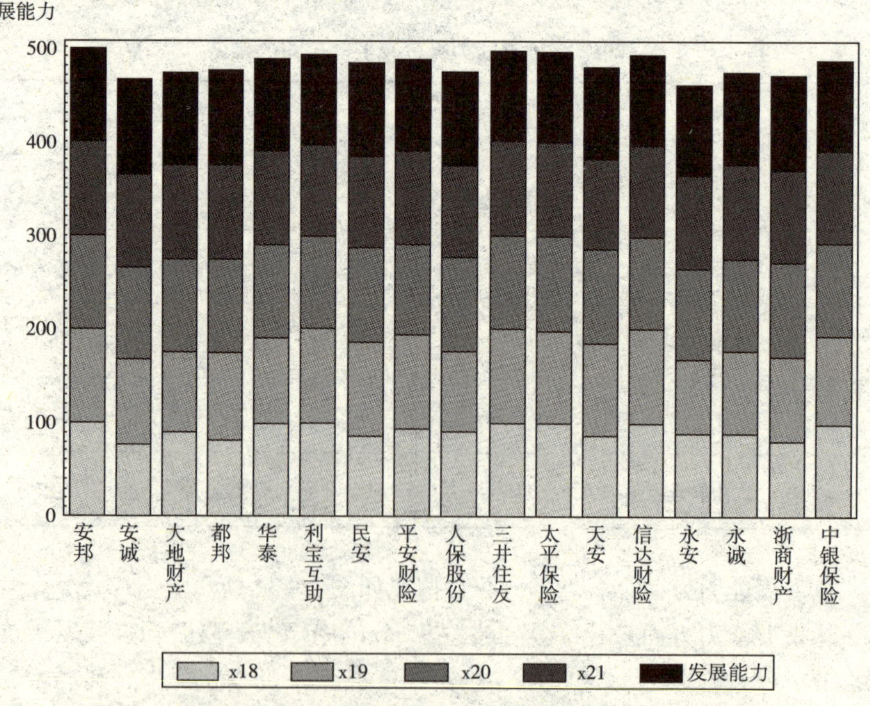

图 4-35 2012 年中国非寿险公司发展能力超过 95 分的公司得分

从发展能力方面来看，得分 90～95 分的中国非寿险公司，其发展能力指标得分、保费（收入）增长率、总资产增长率、资本积累率、利润增长率等得分情况见图 4－36。

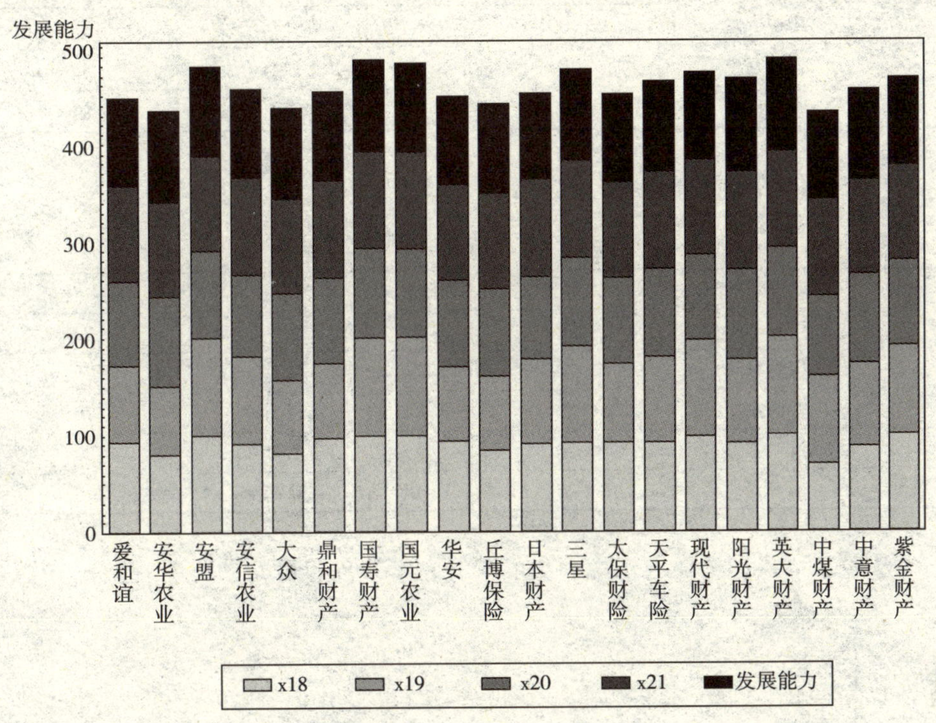

图 4－36　2012 年中国非寿险公司发展能力为 90～95 分的公司得分

（六）从股东背景方面分析

股东背景与主要股东变动国有大型公司（央企，实际控股的人）变好和变坏，需要专家组主观上进行评价。

我们需要考虑的因素为是否国有大型公司（央企）以及实际控股人信息。我们根据中国非寿险公司具体情况分为三级：

第一级：满分，财政部和汇金公司为实际控制人，体现国家主权信用。

第二级：85 分以上，大型央企和地方国资部门为实际控制人（含 50% 对等股权），体现国有股份的实质托底性。

第三级：70 分，其余性质的企业为实际控制人。

其中得满分的中国非寿险公司见表 4－25。

表 4－25　　2012 年股东背景得分最高的公司

排名	公司	股东背景	排名	公司	股东背景
1	人保股份	100	6	信达财险	100
2	大地财产	100	7	平安财险	85
3	中银保险	100	8	阳光财产	85
4	国寿财产	100	9	太保财险	85
5	太平保险	100	10	华泰	85

得分较低的中国非寿险公司见表 4－26。

表 4－26　　2012 年股东背景得分最低的十家公司

排名	公司	股东背景	排名	公司	股东背景
1	天安	70	6	大众	70
2	国泰财产	70	7	安联	70
3	安华农业	70	8	富邦财险	70
4	天平车险	70	9	苏黎世	70
5	华安	70	10	东京海上	70

从股东背景和主要股东变动角度来看，得分分布情况见图 4－37。

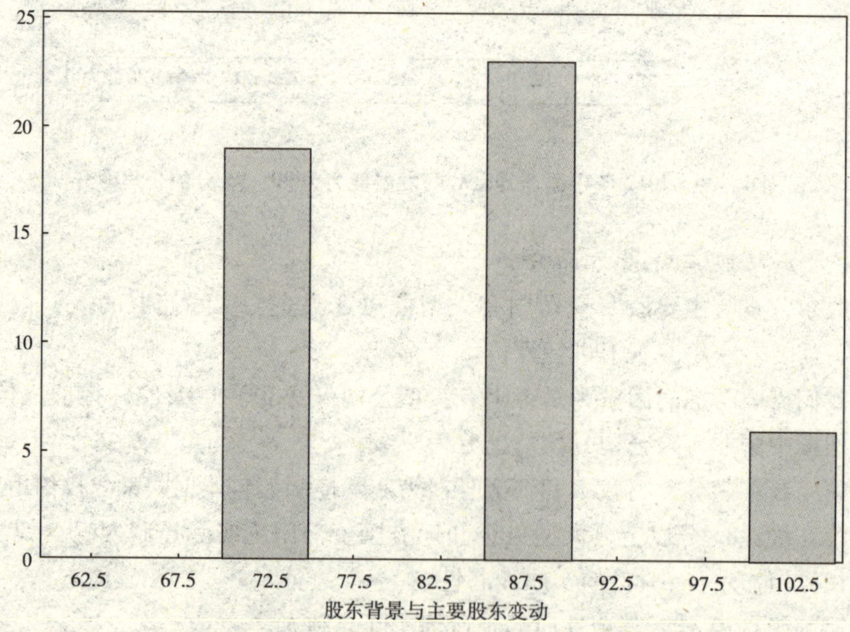

图 4－37　2012 年中国非寿险公司股东背景与主要股东变动得分的分布

（七）从分支机构和覆盖率方面分析

分支机构的开设数量（覆盖率）需要结合年鉴来查，我们主要考虑省级及直辖市以上分支机构数据，以度量覆盖率，根据分支机构的数据给分。

得分最高的公司见表4－27。

表4－27　2012年覆盖率得分最高的公司

排名	公司	分支机构	排名	公司	分支机构
1	平安财险	100	6	国寿财产	100
2	人保股份	100	7	天安	100
3	阳光财产	100	8	都邦	100
4	太保财险	100	9	华安	100
5	大地财产	100	10	安邦	100

相对于2011年，2012年很多公司的分支机构有所增加，带来得分的较大变化。

得分较低的公司见表4－28。

表4－28　2012年覆盖率得分最低的十家公司

排名	公司	分支机构	排名	公司	分支机构
1	国泰财产	70	6	中煤财产	70
2	安华农业	70	7	安信农业	70
3	天平车险	70	8	鼎和财产	70
4	信达财险	70	9	华农	70
5	浙商财产	70	10	国元农业	70

从分支机构和覆盖率得分来看，分布情况如图4－38所示。

（八）从风险管理机构方面分析

风险管理机构设立部分，我们根据中国非寿险公司报表披露信息按照以下准则分为三级。

第一级：满分，董事会层面和管理层层面都设立有风险管理部门，即风险管理委员会和风险管理部俱全的。

第二级：85分，风险管理委员会和风险管理部设置其一的。

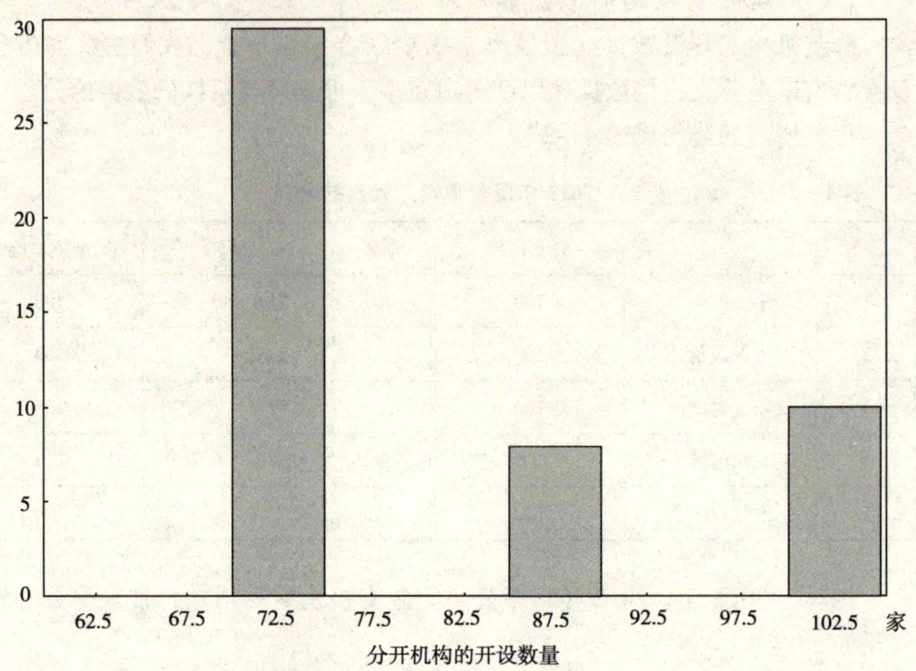

图 4-38　2012 年中国非寿险公司分支机构和覆盖率得分的分布

第三级：70 分，没有设置的。

得满分的中国非寿险公司见表 4-29。

表 4-29　　2012 年风险管理得分最高的公司

排名	公司	风险管理机构	排名	公司	风险管理机构
1	平安财险	100	6	天安	100
2	人保股份	100	7	大众	100
3	太保财险	100	8	苏黎世	100
4	大地财产	100	9	美亚	100
5	中银保险	100	10	阳光财产	85

2012 年与 2011 年相比，很多公司陆续在董事会层面和管理层层面增加了风险管理部门，因此得分格局有了较大的变化。如果进入 2013 年，所有公司都将设置风险管理部门，这一项指标上将不会有大的差异。

得分较低的中国非寿险公司见表 4-30。

表 4-30　　2012 年风险管理得分最低的十家公司

排名	公司	风险管理机构	排名	公司	风险管理机构
1	中意财产	70	6	英大财产	85
2	三井住友	70	7	都邦	85
3	阳光财产	85	8	太平保险	85
4	国寿财产	85	9	国泰财产	85
5	华泰	85	10	安华农业	85

从风险管理机构进行分析，得分分布情况如图 4-39 所示。

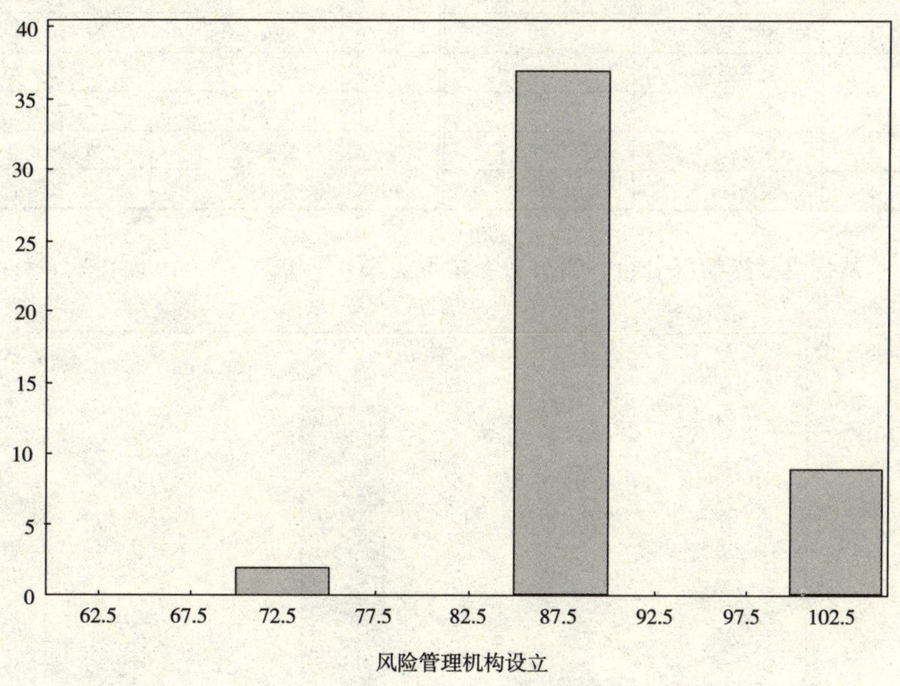

图 4-39　2012 年中国非寿险公司风险管理得分的分布

（九）从信息披露方面分析

我们根据中国非寿险公司报表披露信息按照以下准则进行分级：

第一级：满分，同时公布了压力测试和敏感新分析信息的。

第二级：85 分，公布了压力测试和敏感性分析信息中的某一项的。

第三级：70 分，没有公布压力测试和敏感性分析信息的。

得分较高的中国非寿险公司见表 4-31。

表 4－31　　2012 年信息披露指标得分最高的十家公司

排名	公司	风险信息披露	排名	公司	风险信息披露
1	平安财险	100	6	信达财险	100
2	人保股份	100	7	浙商财产	100
3	太保财险	100	8	安信农业	100
4	国寿财产	100	9	安联	100
5	国泰财产	100	10	利宝互助	100

得分最低的中国非寿险公司见表 4－32。

表 4－32　　2012 年信息披露指标得分最低的十家公司

排名	公司	风险信息披露	排名	公司	风险信息披露
1	中银保险	70	6	民安	70
2	太平保险	70	7	安诚	70
3	永诚	70	8	丘博保险	70
4	永安	70	9	爱和谊	70
5	大众	70	10	现代财产	70

从信息披露情况分析，得分分布情况见图 4－40。

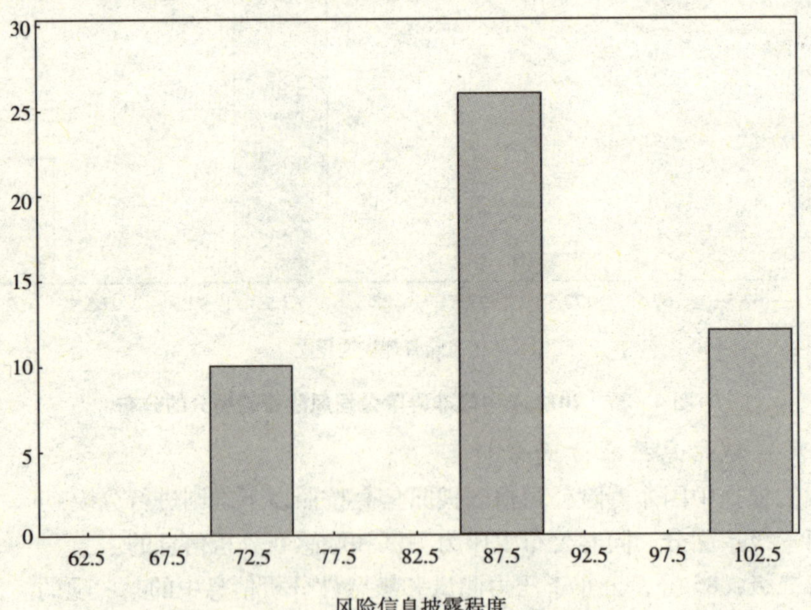

图 4－40　2012 年中国非寿险公司信息披露得分的分布

（十）从市场占有率方面分析

根据统一口径的保费收入占比，我们直接按照功效函数计算得分。

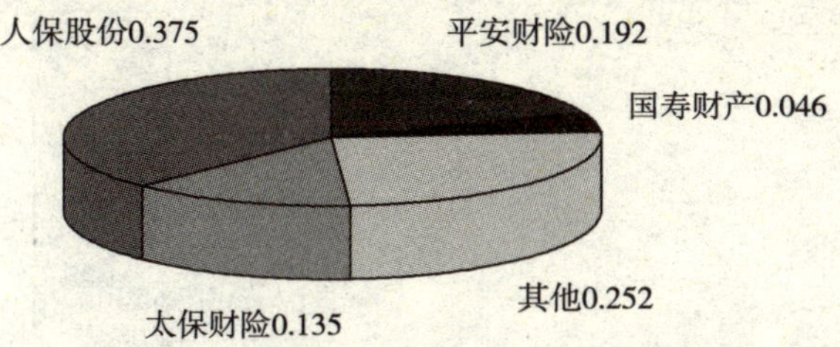

图 4-41　2012 年中国非寿险公司市场占有率

排名最高的十家中国非寿险公司见表 4-33。

表 4-33　2012 年市场占有率得分最高的十家公司

排名	公司	市场占有率	排名	公司	市场占有率
1	人保股份	100.00	6	阳光财产	95.94
2	平安财险	99.91	7	天安	94.71
3	太保财险	99.18	8	太平保险	94.62
4	国寿财产	96.92	9	永安	94.41
5	大地财产	96.36	10	华安	94.01

排名较低的十家中国非寿险公司见表 4-34。

表 4-34　2012 年市场占有率得分最低的十家公司

排名	公司	市场占有率	排名	公司	市场占有率
1	日本财产	70.00	6	太阳联合	86.93
2	日本兴亚	84.25	7	丘博保险	87.02
3	爱和谊	84.98	8	现代财产	87.40
4	乐爱金	85.52	9	中意财产	87.50
5	富邦财险	86.77	10	国泰财产	87.60

从市场占有率方面来分析，得分分布情况如图4-42所示。

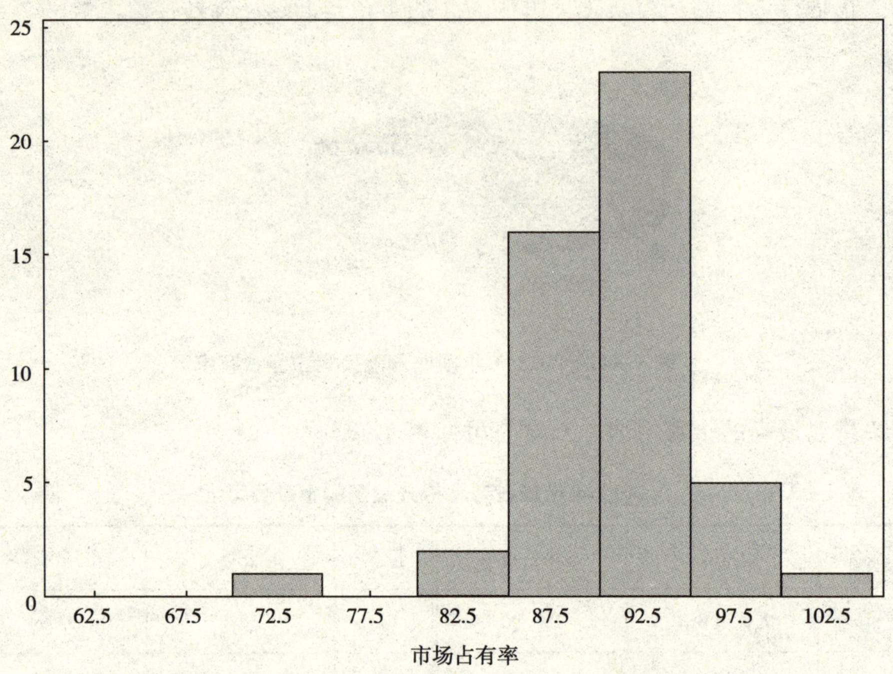

图4-42 2012年中国非寿险公司市场占有率得分的分布

（十一）从社会声誉和服务方面分析

直接用专家打分计算平均值，给出社会声誉和服务得分。

排名最高的十家中国非寿险公司见表4-35。

表4-35 2012年社会声誉和服务得分最高的十家公司

排名	公司	社会声誉和服务	排名	公司	社会声誉和服务
1	人保股份	98.86	6	阳光财产	94.14
2	平安财险	97.57	7	太平保险	93.43
3	华泰	95.44	8	大地财产	92.43
4	国寿财产	95.14	9	安邦	92.14
5	太保财险	94.71	10	爱和谊	91.57

排名较低的十家中国非寿险公司见表4-36。

表 4 - 36　　2012 年社会声誉和服务得分最低的十家公司

排名	公司	社会声誉和服务	排名	公司	社会声誉和服务
1	乐爱金	75.14	6	华农	80.43
2	日本兴亚	78.14	7	民安	80.71
3	中意财产	78.86	8	富邦财险	81.14
4	日本财产	79.57	9	永诚	81.57
5	都邦	80.43	10	华安	81.71

社会声誉和服务得分没有 70 ~ 100 分的取值限制，专家可以给 0 分。而且，最终计算出来的平均分，我们没有进行标准化处理或者其他转换处理，保证分数原汁原味。

从社会声誉和服务角度分析，得分分布情况如图 4 - 43 所示。

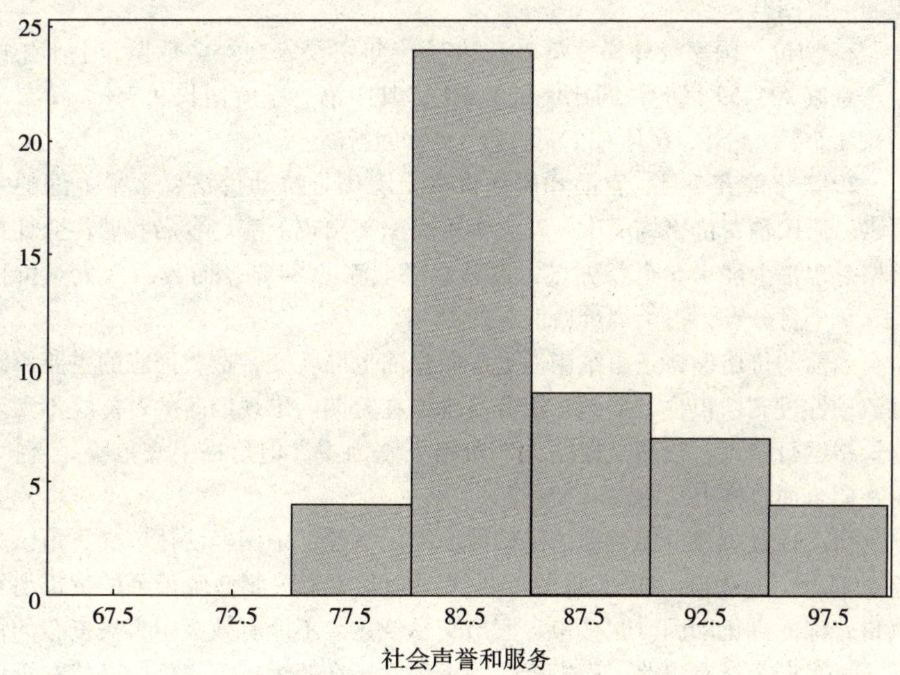

图 4 - 43　2012 年中国非寿险公司社会声誉和服务得分的分布

（十二）从经济运行现状方面分析

根据 2011 年的经济发展状况，我们可以看出，经济增长已经有所放缓，整个宏观经济目前的运行还是在低位徘徊。

1. 经济增长。目前的经济形势还在低位徘徊，股市持续震荡的下跌，会影响到对收入增长的预期。资产缩水会影响到未来财产的收入，另外，人们对未来的收入增长信心下降，支出也在增加，资产的贬值一定程度上抑制了投资的增长。消费和投资的缩水又会影响经济增长。

从短期来看，不动产投资有所减少，地产交易在2012年上半年出现一定程度的活跃，房价也稍有回升，对于未来的不动产投资的预期出现了上升。中长期来看，未来房地产政策有可能在政府换届之后会有变化，刚性需求要释放，因此预期房价有可能会上涨。

2012年4月份以后，项目审批加快，预期下半年的投资增长超过20%，扣除物价因素，有所上升，但相对还是比较平稳的，这已经改变了原来持续增速回落的态势。

从消费来看，2012年上半年稍有回升，有所改善。考虑到并没有推出像2008年到2009年那样大力度的刺激政策，政策的力度有限，难以带来非常明显的经济回升。

2. 物价。国家统计局发布2012年上半年主要宏观经济数据，上半年国内生产总值204459亿元，同比增长9.6%，其中第一季度增长9.7%，第二季度增长9.5%。此外，6月CPI涨幅达6.4%创新高。

2012年前五个月，食品和居住价格上涨仍是拉动价格总水平上涨的主要因素。居民消费价格构成中，八大类价格全部出现上涨。食品和居住合计拉动价格总水平上涨4.6个百分点，占总水平上涨的84%，而其余六大类价格拉动0.9个百分点，占全部价格上涨的16%。

当前的价格形势正由结构性上涨向全面上涨转变，造成通胀的主要原因仍是流动性过剩，粮食、猪肉等消费品价格在短期内出现回落的可能性不大。当前价格运行特点，依然是以结构性价格上涨为主，但价格上涨范围显著扩大，正在向全面价格上涨格局转变。

流动性过剩是价格普涨的基础性原因。目前，中国经济体广义货币已超过73万亿元，是中国GDP总量的近两倍。2008年财政刺激政策下的货币超发是物价普涨的真正动因。在楼市、股市交易低迷，不能有效吸引大量资金的情况下，过多资金没有出路，而银行负利率程度还在持续扩大，资金必然在资源性产品上寻找出路，从而导致价格出现全面上涨。

另一个需要考虑的因素是，我国固定资产投资已连续几年快速上涨。2007年至今，连续4年半投资增速都在25%左右。在如此高增速的情况下，煤炭、石油、有色金属等资源性产品需求必然加大，资源性产品供给不足导致其价格大幅上涨并影响到下游产品价格上涨。

3. 就业。2011 年以来，劳动力价格上涨、低收入阶层收入增加，这也是刺激价格出现全面上涨的重要原因。

从就业结构来看，就业人员的文化程度稳步提高，就业人员逐渐从东部沿海地区向中西部流动。

就业的数量增加，但是就业的质量不是很高。创业人数急剧增加，创业带动就业的比例不断提高。

4. 国际收支平衡。从国外情况来看，欧盟外部环境持续低迷，导致中国的出口增速持续回落，考虑到我们劳动力成本的上升，加上周边有劳动力成本优势的国家对我国的竞争，中国出口行业遇到多重压力，增速的急速回落，拖累了增长回升的步伐。

2012 年，转型成为宏观经济的主要特征，经济增长中枢下移，而政策促转型所释放的政策红利将带来结构性机会。“三驾马车”中内需对经济的拉动依然较强，在政策刺激和物价回落背景下，消费实际增速将有所提高；受房地产调控的拖累，固定资产投资将进一步下滑；由于全球经济复苏前景黯淡，出口对经济的贡献将成为负拉动。预计 2012 年 GDP 同比增长 8.6%。考虑到库存投资的短周期影响和基期因素，预计经济将在第三季度后完成从衰退向复苏的转变。

综上，我们对经济运行现状的综合评价分数为 96.367 分。

（十三）从宏观调控方面分析

2011 年是内忧外患、纷繁复杂的一年。欧洲债务危机不断蔓延，主要经济体复苏步伐受阻。为了刺激经济，财政紧张的发达经济体不断推出宽松货币政策，但政策刺激边际效用递减，同时引致全球流动性泛滥，给新兴经济体带来通胀压力。新兴经济体不得不连续紧缩货币，但遏制通胀的同时也损害了经济增长。中国作为全球最大的新兴经济体和世界第二大经济体，一方面受通胀高企的困扰，不断进行紧缩调控；另一方面，积极推进要素价格、财税体制改革。

进入 2012 年第四季度后，欧债危机进一步恶化，外围经济下滑风险加大，中国经济增速持续下行；遏制通胀的政策效应逐渐显现，通胀水平也明显回落，增长、物价双下行，经济步入衰退期。在温州民间借贷资金链断裂的刺激下，政策微调开启，调控重心逐渐由抗通胀向保增长转移。

中央和地方政府从 2012 年 4 月开始陆续推出了稳增长的政策措施，稳增长的政策有一定的效果，但对于实体经济的影响效果不是特别明显。从投资角度分析，投资增长速度逐月降低，后来开始止跌企稳回升，考虑到物价有明显的回落，投资有所上升，但比较微弱。

从政策角度分析，4 月以后有关政策做了一些调整，基础设施审批的步伐加快，但是从银行的中长期信贷来看，没有明显的反映。所有项目都得到了较快的推进。人们对未来降息的预期会受到比较大的影响，使得景气指数有了较大幅度的回落。

货币政策的主基调仍是适度紧缩，但未来央行加息的可能性较上调存款准备金率可能性更大。上调存款准备金率对控制信贷总规模有好处，加息更有利于控制货币流向和使用效率。加息还可以将更多资金吸引到银行，这有利于解决目前银行资金不足的问题。对于中小企业而言，目前融资的实际成本已经远远高于当前的银行利率，因此加息给中小企业带来的压力并不如想象中的那么大。

当前 PPI 和上游产品价格趋稳，而 2012 年中期 PMI 下降幅度很大，这预示着后期需求减小。当前世界经济形势不容乐观，紧缩的货币政策有望进入尾声。

政策取向将是货币政策中性偏松、财政政策积极促转型。货币政策方面，2011 年 12 月中央银行三年来首次下调存款准备金率，2012 年上半年存款准备金率将继续下调。财政政策将更加积极担当转型重任，增强经济内生增长动力。

综上，我们对宏观调控的综合评价分数为 94. 961 分。

（十四）从行业发展方面分析

从保险行业发展来看，呈现良好的发展态势。保费逐月增长。营销渠道和专业化发展方面才刚刚起步，具有广阔发展空间。中国保险业正进入上升周期，中国是全球最具可持续增长潜力的保险市场，中国保险密度和保险深度远低于世界平均水平，具有很大的上升空间。2006—2015 年“人口红利”孕育寿险业发展黄金期，同时也带来非寿险业的黄金时代，2006—2015 年是我国人口负担系数不断创新低和中青年劳动力人口创新高时期，也是我国建立覆盖全民养老和医疗保障体系关键时期，商业保险在承担社会管理功能的同时将得到飞跃式发展，税收优惠政策实施将成为行业跨越式发展的重要推手。中等收入阶层快速崛起，处在社会转型期的中等收入阶层对保险有着更为强烈的需求，也有实际的购买力。中国保险市场是亚洲仅次于日本和韩国的第三大保险市场，同时也是世界第九大保险市场。随着 GDP 持续快速稳定的增长、保险深度和保险密度的提升、人口红利、居民消费升级，以及政府对保险行业的大力扶持，我国保险行业将步入快速发展时期。

综上，考虑到庞大的人口规模、较快的老龄化趋势与较高的储蓄率，经济持续发展、居民收入不断提高，政策法规大力支持，风险保障意识得到根本性加强，终身福利系统的瓦解，投资环境大大改善，中国保险产品在分散利率风险方面做得比较到位，我们认为中国保险行业的黄金时代即将到来，保险行业发展前景诱人，对行业发展方面给出的评价分数为93.675分。

三、中国非寿险公司三级指标得分

考虑到微观指标和宏观指标最细只有二级指标得分，我们主要介绍财务指标下的三级指标得分情况。

根据计算的结果，三级指标的简单描述统计量见表4－37。

表4－37　2012年三级指标的简单描述统计量

变量	名称	样本	均值	标准差	最小值	最大值
x_1	保费利润率	48	89.9234	9.8409	70	100.00
x_2	总资产利润率	48	84.2368	8.8545	70	100.00
x_3	净资产利润率	48	85.6647	9.8320	70	100.00
x_4	投资收益率	48	84.2326	8.0782	70	100.00
x_5	综合赔付率	48	93.4452	6.4046	70	100.00
x_6	综合费用率	48	95.5003	6.0081	70	100.00
x_7	偿付能力充足率	48	97.4417	7.2562	70	100.00
x_8	资产负债率	48	88.7312	8.0562	70	100.00
x_9	流动比率	48	92.8683	6.7020	70	100.00
x_{10}	未决赔款占比	48	83.7987	7.5219	70	100.00
x_{11}	承保潜力	48	78.2099	7.4290	70	100.00
x_{12}	应收保费率	48	92.1853	8.3621	70	100.00
x_{13}	自留比例	48	91.6905	8.6194	70	100.00
x_{14}	经营现金流占比	48	90.1267	11.0233	70	100.00
x_{15}	现金流量对流动负债比率	48	86.1971	11.4500	70	100.00
x_{16}	现金流入流出比率	48	90.4516	8.1537	70	100.00
x_{17}	投资流入流出比率	48	90.5358	7.7483	70	100.00
x_{18}	保费增长率	48	92.5975	7.5063	70	100.00
x_{19}	总资产增长率	48	89.8874	9.0419	70	100.00
x_{20}	资本积累率	48	91.8945	7.0969	70	100.00
x_{21}	利润增长率	48	97.2597	4.9989	70	100.00

从这个表可以看出，x_5 和 x_{10} 这两个指标的区分度不大。

（一）从盈利能力方面分析

从盈利能力方面分析，盈利能力最好的十家中国非寿险公司，其三级指标得分情况见表4－38。

表4－38　　2012年盈利能力得分最高的公司的三级指标得分

排名	公司	x_1	x_2	x_3	x_4	x_5	x_6	盈利能力
1	国泰财产	100.00	100.00	100.00	88.26	70.00	78.73	100.00
2	富邦财险	100.00	100.00	100.00	82.01	91.24	70.00	97.41
3	中银保险	100.00	100.00	100.00	86.88	100.00	93.66	95.29
4	都邦	96.59	100.00	100.00	87.16	94.45	96.62	94.73
5	天安	95.47	92.20	99.63	98.32	94.39	98.42	94.50
6	利宝互助	100.00	100.00	100.00	77.11	92.48	89.49	93.85
7	华农	97.90	94.55	87.05	100.00	93.60	91.34	93.62
8	信达财险	100.00	100.00	96.03	72.05	100.00	89.69	90.84
9	人保股份	92.83	90.34	100.00	86.00	91.77	100.00	90.32
10	阳光财产	86.70	87.75	98.30	95.65	94.67	97.88	90.10

盈利能力较好的公司往往在 $x_1 \sim x_3$ 上的得分也很高，因为其权重很大，而且为正。

盈利能力较差的十家中国非寿险公司，其三级指标得分情况见表4－39。

表4－39　　2012年盈利能力得分最低的公司的三级指标得分

排名	公司	x_1	x_2	x_3	x_4	x_5	x_6	盈利能力
1	安盟	70.00	70.00	70.00	71.89	96.74	97.62	70.00
2	现代财产	78.72	71.33	71.48	72.66	89.61	100.00	72.55
3	民安	70.47	70.34	70.35	88.88	93.30	95.95	73.97
4	三井住友	78.77	75.78	75.68	75.68	90.17	100.00	75.20
5	浙商财产	74.24	74.72	73.99	85.58	84.33	96.93	76.45
6	永安	78.61	79.33	81.90	74.09	94.98	97.93	77.03
7	紫金财产	72.42	71.80	71.17	100.00	94.12	94.13	77.31
8	丘博保险	89.90	74.84	81.81	73.37	100.00	94.65	77.69
9	华安	78.68	77.03	76.30	87.82	96.99	96.51	78.05
10	美亚	86.48	79.66	79.65	73.08	100.00	91.16	78.12

（二）从偿债能力方面分析

从偿债能力角度分析，最好的十家中国非寿险公司，其三级指标得分情况如表4－40所示。

表4－40 2012年偿债能力得分最高的公司的三级指标得分

排名	公司	x_7	x_8	x_9	x_{10}	偿债能力
1	阳光财产	100.0	98.33	99.56	92.91	100.00
2	平安财险	100.0	100.00	97.41	89.36	99.64
3	人保股份	97.7	97.03	100.00	100.00	98.30
4	大地财产	100.0	94.83	99.92	86.50	97.91
5	太保财险	100.0	94.99	99.56	79.81	97.87
6	华泰	100.0	99.15	95.56	84.45	97.76
7	中意财产	100.0	98.14	96.18	84.45	97.51
8	国寿财产	100.0	96.85	96.32	86.22	96.70
9	天安	100.0	95.71	95.83	75.10	95.74
10	中银保险	100.0	90.89	99.38	70.00	95.08

我们结合惠誉公司的信用评级结果，对华泰公司的偿付能力指标进行微调。

从偿债能力角度分析，较差的十家中国非寿险公司，其三级指标得分情况如表4－41所示。

表4－41 2012年偿债能力得分最低的公司的三级指标得分

排名	公司	x_7	x_8	x_9	x_{10}	偿债能力
1	安盟	70	82.98	83.55	86.81	70.00
2	利宝互助	70	80.79	90.24	84.71	72.46
3	日本兴亚	100	70.00	87.90	84.45	75.05
4	信达财险	100	79.32	80.24	70.00	75.93
5	乐爱金	100	74.76	85.13	84.45	76.05
6	安邦	100	94.22	70.00	70.00	78.21
7	爱和谊	100	70.00	93.68	84.45	78.36
8	太阳联合	100	75.65	88.34	84.45	78.39
9	华农	100	83.11	83.30	84.45	79.60
10	富邦财险	100	82.90	84.53	84.45	80.22

（三）从营运能力方面分析

从营运能力方面分析，较好的十家中国非寿险公司，其三级指标得分情况如表4－42所示。

表4－42　2012年营运能力得分最高的公司的三级指标得分

排名	公司	x_{11}	x_{12}	x_{13}	营运能力
1	平安财险	100.00	82.45	98.21	100.00
2	阳光财产	95.78	99.15	93.29	96.03
3	天平车险	92.13	100.00	99.55	95.87
4	太保财险	91.40	96.96	99.82	95.16
5	国寿财产	89.17	98.88	95.15	91.77
6	大地财产	87.75	97.57	96.99	91.34
7	人保股份	85.00	98.39	100.00	90.57
8	安华农业	89.67	93.87	91.81	90.43
9	华泰	85.80	94.06	97.66	89.91
10	英大财产	84.74	95.00	98.48	89.53

从营运能力方面分析，较差的十家中国非寿险公司，其三级指标得分情况如表4－43所示。

表4－43　2012年营运能力得分最低的公司的三级指标得分

排名	公司	x_{11}	x_{12}	x_{13}	营运能力
1	苏黎世	70.66	71.14	72.37	70.00
2	乐爱金	70.34	75.56	72.58	70.15
3	三星	72.15	77.93	70.00	70.54
4	现代财产	71.10	93.64	72.12	71.56
5	丰泰	73.14	82.31	72.40	72.11
6	安联	70.91	95.20	74.44	72.26
7	太阳联合	70.44	84.03	79.35	72.81
8	丘博保险	71.45	86.69	79.78	73.71
9	中意财产	71.39	78.11	85.63	74.99
10	日本兴亚	70.19	91.38	92.01	77.22

（四）从现金流量方面分析

从现金流量方面分析，最好的十家中国非寿险公司，其三级指标得分情况如表 4－44 所示。

表 4－44　　2012 年现金流量得分最高的公司的三级指标得分

排名	公司	x_{14}	x_{15}	x_{16}	x_{17}	现金流
1	利宝互助	99.95	100.00	81.18	99.61	100.00
2	浙商财产	97.89	100.00	80.14	96.25	97.45
3	国元农业	100.00	100.00	99.62	97.56	96.66
4	安诚	100.00	100.00	73.96	92.17	96.52
5	东京海上	95.14	100.00	92.78	97.98	96.08
6	紫金财产	100.00	100.00	96.78	95.85	96.00
7	丘博保险	100.00	100.00	70.00	89.41	95.40
8	日本兴亚	100.00	100.00	74.58	89.41	94.88
9	平安财险	96.81	91.07	94.62	100.00	94.44
10	信达财险	100.00	95.21	100.00	96.21	94.17

从现金流量方面分析，较差的十家中国非寿险公司，其三级指标得分情况如表 4－45 所示。

表 4－45　　2012 年现金流量得分最低的公司的三级指标得分

排名	公司	x_{14}	x_{15}	x_{16}	x_{17}	现金流
1	中煤财产	85.17	70.00	99.47	70.25	70.00
2	日本财产	75.29	73.22	91.45	75.40	71.29
3	爱和谊	74.24	77.01	84.47	73.27	71.72
4	乐爱金	92.02	72.74	81.66	71.59	74.52
5	富邦财险	78.46	73.05	84.21	80.20	74.75
6	华安	70.40	70.33	88.36	89.41	75.67
7	永诚	70.92	72.30	85.75	91.35	77.48
8	天安	70.00	71.90	88.23	95.19	78.67
9	民安	73.60	73.57	85.29	93.33	79.53
10	都邦	74.92	81.23	85.04	90.86	80.99

(五) 从发展能力方面分析

从发展能力方面分析，最好的十家中国非寿险公司，其三级指标得分情况如表4-46所示。

表4-46 2012年发展能力得分最高的公司的三级指标得分

排名	公司	x_{18}	x_{19}	x_{20}	x_{21}	发展能力
1	都邦	81.66	92.68	100.00	100.00	100.00
2	浙商财产	81.08	89.61	100.00	100.00	99.80
3	安诚	76.70	89.96	98.47	100.00	99.54
4	永诚	87.79	88.00	100.00	100.00	98.83
5	民安	86.36	100.00	100.00	97.88	98.60
6	安邦	100.00	100.00	100.00	100.00	98.37
7	三井住友	100.00	100.00	100.00	100.00	98.37
8	太平保险	100.00	98.37	100.00	100.00	98.23
9	人保股份	90.41	85.28	99.58	100.00	98.03
10	大地财产	89.89	85.50	99.42	99.97	98.02

从发展能力方面分析，较差的十家中国非寿险公司，其三级指标得分情况如表4-47所示。

表4-47 2012年发展能力得分最低的公司的三级指标得分

排名	公司	x_{18}	x_{19}	x_{20}	x_{21}	发展能力
1	安联	100.00	100.00	75.85	70.00	70.00
2	国泰财产	100.00	80.02	70.00	93.79	78.56
3	富邦财险	100.00	100.00	78.72	95.51	84.88
4	美亚	87.67	84.28	89.88	88.38	85.98
5	太阳联合	89.00	76.24	96.00	87.28	87.46
6	华农	100.00	85.67	84.40	97.24	87.49
7	苏黎世	100.00	100.00	83.56	96.50	87.76
8	日本兴亚	100.00	79.77	87.08	97.03	88.20
9	丰泰	92.08	100.00	91.40	90.18	88.54
10	乐爱金	96.30	84.80	94.08	92.60	89.67

第五章
结　论

“市场上的信息迷雾与投资者对信用评级机构失去信心有关……企业的信用等级被调低使得市场更加难以得到一个适宜的恢复环境。”

——美联储主席本·伯南克（Ben Bernanke）

2007年8月7日

这一章我们对评级结果给出结论，对评级展望给出建议。

本研究是资信评级在中国的实践探索，从研究对象的选取、指标体系的构建、评级方法的搭配都与既往研究有所不同。我们认为总体评级是有效的，将会有一定的预测准确性；评级系统对变量依赖比较严重，敏感性强，弹性大；本研究的评级结果与部分区域的研究结果因为指标体系、数据年度的差异而有一定的差异；财务指标、微观指标与宏观指标的权重没有可比研究，仅仅从财务指标体系来看，与既往研究有一定的差异，但总体上相同；保险评级比银行评级略高。

评级机构在公司生死存亡过程中起到重要作用，评级机构对于评级结论必须非常谨慎。纵观国内外评级，还存在非专业化和非独立性问题，市场规则、会计制度和公开信息资源存在一定的不足，评级是一次性的不能满足动态监控的需求，缺乏前瞻调整，存在威胁性过低评级、非请求评级、级别微调和捆绑销售等一些问题，需要业界、学界和相关机构共同努力，构建一个全新的能够反映世界信用关系特殊性、适应信用经济全球化发展需要的国际信用评级体系。

第一节 评级结论

本研究从研究对象的选取、指标体系的构建、评级方法的搭配，到数据口径的调整、异常数据或者强影响点的处理、评级计算中参数的选择，都体现了我们对中国财险公司资信评级问题的认识和理解，这些都是本研究不同于既往研究的地方。我们希望本研究是资信评级在中国的实践探索。

前面的分析已经给出实证分析的结果。现在我们从评级的直观、敏感性、中外资公司对比、指标权重、评级预测的准确性、公司参与评级的态度、保险评级和银行评级之间的联系角度进行归纳。

（一）总体评级是有效的

从总体上看，分数和评级能反映公司的资信情况，与业界的口碑没有大的偏颇。通过本研究的评级结果可以发现，中国人保和平安公司从各个方面看都展示了自己的实力。

（二）评级系统对变量依赖比较严重，敏感性很强，弹性很大

部分公司评级不太高主要是因为单个指标的得分偏低。考虑到我们使用的是定量与定性相结合的分析技术，每一个指标的得分都对总体评级有一定的影响。其中，中国人保因为承保潜力、偿付能力等项得分较低，限制了其偿债能力三级指标得分，进而影响财务一级指标和总体评分和评级，没有获得评级中的最高分。中国平安因为股东背景是平安集团（混合所有制企业），我们认为其股东背景的资信要低于国企，更要低于财政部直管的企业，因此这方面得分很低。再加上人保在市场占有方面绝对霸主地位，因此平安等公司在微观指标上远远落后于人保。

（三）关于中外资公司的对比

目前国内外已经对评级进行过实证分析。

程大友（2008）基于变异系数法利用2004年我国18家财产保险公司的经营绩效综合评价，对中资与外资保险公司的盈利能力、偿付能力和整体经营效率进行了评估与比较，认为中资保险公司的盈利能力和偿付能力还较差。闫妮（2007）采用灰色关联分析对我国财产保险公司2004—2006年的经营绩效状况进行实证分析，也认为外资保险公司的经营绩效优于中资保险公司。

然而，根据我们的研究结果，从财务指标上看，我们首先对信用评级最高

的公司进行分析，获得 A ++ 信用的公司是平安财险、浙商财产、阳光财产、英大财产、太保财险，全部是中资公司；获得 A + 信用的是安华农业、国寿财产、人保股份、天平车险、安邦、紫金财产、中煤财产、太平保险、东京海上，除了最后一名东京海上外，其他全部是中资公司；获得 A 信用的公司有大地财产、永诚、国元农业、永安、安信农业、中银保险、三井住友、大众、爱和谊、日本财产，除了三井住友、爱和谊和日本财产是外资外，也全部是中资保险公司。

获得 B ++ 信用的公司是都邦、三星、鼎和财产、安诚、日本兴亚、美亚、信达财险、天安、华泰、华农、安盟、现代财产。

现在对信用评级最低的公司进行分析，获得 B + 信用的公司有民安、乐爱金、丰泰、国泰财产、利宝互助、中意财产、太阳联合、苏黎世，除了民安外，其他都是外资公司；获得 B 信用的公司有富邦财险、安联、渤海、丘博保险、华安。它们大部分为外资公司。

从微观指标上看，我们首先对信用评级最高的公司进行分析：获得 A ++ 信用的公司只有人保股份和国寿财产两家，是典型的国企；获得 A + 信用的公司有大地财产、太保财险、中银保险、太平保险、平安财险、阳光财产，都是中资公司；获得 A 信用的公司有华泰、信达财险、天安、安邦、都邦、永诚、渤海、永安、紫金财产，全部是中资公司。也即获得 A 以上信用的，全部是中资公司。

获得 B ++ 信用的公司有浙商财产、英大财产、安信农业、民安、鼎和财产、华安、中煤财产、国元农业、天平车险、安诚、太阳联合、安盟、华农、安华农业、丘博保险、大众、苏黎世、三星、安联、中意财产、国泰财产，中资公司和外资公司都有。

然后我们对微观信用评级最低的公司进行分析，获得 B + 信用的公司有美亚、三井住友、利宝互助、东京海上、丰泰、富邦财险、日本兴亚、现代财产、乐爱金、爱和谊；获得 B 信用的公司只有日本财产，是日资公司。也即获得最低评级的，绝大多数都是外资保险公司。从注册资本和规模上看，外资保险公司与大多数中资保险公司不具有可比性。

最后我们从总评级来分析。从总评级最优秀的公司看，获得 A ++ 信用的公司有 3 家，分别是平安财险、人保股份和阳光财产，都是中资公司；获得 A + 信用的公司有 8 家，分别是太保财险、国寿财产、浙商财产、大地财产、英大财产、太平保险、中银保险和安邦，也全部是中资保险公司；获得 A 信用的公司有 17 家，分别是紫金财产、安华农业、天平车险、永诚、永安、中煤财产、安信农业、国元农业、都邦、东京海上、信达财险、华泰、天安、三井住友、鼎和财产、大众、安诚，其中有部分外资公司。

从总评级较低的公司来看，获得 B + 信用的公司有 4 家，分别是安联、华安、富邦财险、丘博保险。除了华安外，其他全部是外资保险公司。

尽管，A. M. BEST 对保险公司的评估方法中，保险公司的规模被剔除在评级因素之外，因为 A. M. BEST 认为公司规模大并不意味着公司运行稳定性强，财务状况良好。然而在中国需要考虑中国的国情，公司规模大，网点多，覆盖率大，公众的信誉就高。而且，纵观金融危机的文献综述，业界和学界普遍讨论系统性风险问题。美联储主席 Bernanke（2011）指出，金融机构面临的问题是“太关联了而不能倒”（too interconnected to fail），Rajan（2009）则认为是“太系统了而不能倒”（too systemic to fail）。

事实上，全球范围内也有这样的问题，即使是金融危机的导火线，AIG 最终下场也是靠政府救市，被政府接管。如果是小的公司，结局应该是倒闭。

综上所述，中资保险公司，无论是从财务指标上分析还是从微观指标上分析，相较于外资保险公司都表现出强有力的竞争性和资信。

（四）关于指标权重

闫妮（2007）采用灰色关联法探讨了影响财险公司经营绩效的主要财务比率指标，排名前五位的指标为资产报酬率、营业净利对自留保费比率、业务收益率、流动负债对总资产比率和费用率。Cheng – Ping Chang（2006）对台湾保险公司的研究结果认为，资产报酬率、营业净利对自留保费比率、流动负债对总资产比率也是影响台湾保险公司绩效的主要因素。

根据主成分分析的结果，盈利能力、偿债能力、营运能力、现金流量和发展能力五个指标的主成分载荷比较接近，营运能力、盈利能力相对要高，发展能力居中，现金流量载荷最低，与前面的结论稍微有一些差异。

闫妮（2007）使用的是我国财产保险公司 2004 年至 2006 年的经营数据进行实证分析，这是经济相对稳定高速增长的阶段。而我们使用的是 2010—2011 年的数据分析，是后金融危机时期的数据。而 Cheng – Ping Chang（2006）使用的是台湾的早期数据，因此结果有所差异是可以解释的。

（五）关于评级预测的准确性

国外评级机构的评级结果的准确性是相当可靠的。学者通过分析保险公司在失去偿付能力前两年的 Best 等级，发现其预测准确几率可达 79%。当然由于保险业涉及风险概率，评级机构的评级结果也要受其影响，不可能达到完全准确。同时，高等级并不等于保险公司一定能生存，它只是表明等级越高，生存可能性越大；同样地，低等级并不等于保险公司必然破产，它只是表明等级越低，破产的可能性越大。

我们目前没有足够的数据来支撑和验证预测结果。而且，我国目前还没有保险公司破产倒闭的先例。

（六）关于公司参与评级的态度

美国几乎所有保险公司都会进行信用评级，很多保险公司甚至将信用评级作为提升市场竞争力的一种策略。而国内，大多数保险公司参与信用评级的积极性不太高，接受过本土评级机构评级的保险公司就少得可怜了，并且由于我国企业公开财务信息等资料不能达到国际评级机构的最低要求，也很难获得国际评级机构的评级。

（七）关于保险评级和银行评级

通常，保险公司的评级都比其他的金融机构的评级要高，这主要是因为保险公司的主要业务就是为投保人提供财务安全保障，其经营理念和投资组合都比较稳健和保守。从我们的评级结果来看，基本上体现了这一要求。

第二节　评级问题

在保险业这个将信誉名声视为生命的行业中，评级上升，人们相信保险公司的实力，前途将一片光明；评级下降，带来的很有可能是退保、保费收入下降、融资成本上升、投资收益萎缩等后果，最后将导致保险公司业绩日薄西山。

AIG 是曾经红极一时的美国国际保险集团，2005 年初，由于卷入会计实习的欺诈纠纷案件，标准普尔将其评级从 AAA 下调到 AA +。接下来 2005 年 6 月 AIG 的一份利润报告显示，从 2000 年到 2005 年，AIG 总利润下降了 40 亿美元，尽管当时标准普尔认为 AIG 的利润可能会再增长 20 亿美元，但信用评级仍下调到 AA。2008 年 5 月，次贷危机的前兆已日渐显露，AIG 经营 CDs 产品为住房抵押贷款债券（CDOs）提供信用担保合约净损失 78 亿美元，标准普尔的评级又下调到 AA -。直到 9 月，由于经营超高级的 CDs 产品，AIG 的亏损金额已达 6000 亿美元。2008 年 9 月 15 日标准普尔、穆迪和惠誉分别将 AIG 的信用评级下调至少两个等级。信用评级下调意味着融资成本升高，债权人将要求其追加债务担保，这导致 AIG 财务状况急剧恶化，最终被美国政府接管。随着 AIG 的即将破产，金融海啸也渐渐拉开了序幕。

评级机构在公司生死存亡过程中起到重要作用，由于评级水平下降而产生的连锁链条效应直接成为公司破产的导火索。这些行为引发了人们对信用评级转变性的思考。一些学者指出，次贷危机爆发后，三大评级机构因未能及早明确提示次贷投资风险而备受质疑。而随着次贷危机转化为更大范围的金融危机，这些评级机构对相关公司资信等级的频繁调整又遭到诟病，更有人认为其没有在事前对所存在的风险进行及时预警，而在危机发生后又一味下调公司评级，造成市场恐慌。评级机构在危机中并没有起到雪中送炭的作用，相反成为市场上的落井下石者，给本就不平静的危机市场推波助澜。

因此，评级机构对于评级结论必须非常谨慎。

我国保险信用评级还刚刚起步。目前，国内具有良好资质的信用评级机构还不多。目前评级中还存在一些问题：

1. 国际上的评级机构都是独立的私人企业，它们不受政府控制，也独立于任何被评级的对象。它们拥有众多的实验室和详尽的资料，采用先进科学的分析技术，又有丰富的实践经验和大量专门人才，制定的行业标准也十分严格、规范。因此，它们作出的信用评级具有很高的权威性。

国外的保险信用评级机构拥有一支庞大的保险分析专家和专业人才队伍，并在实践中摸索出一套科学的、定性分析和定量分析相结合的多指标评级方法。虽然各评级机构所采用的评级方法不完全一致，但评级的核心基本统一，就是对保险公司承担的保单赔偿或给付义务和责任的整体财务能力的综合评价。

这方面我们有一定的差距。我国的保险信用评级机构中很少有专门人员从事保险信用评级，评级人员都是从其他机构中挑选出来。健全和完善需要一定的时间。

2. 发达国家保险企业的信用评级基本上以自愿评估为主，但却是建立在三个前提基础之上的，即相对成熟的市场主体和完善的市场规则、健全的企业会计制度和充分的公开信息资源，以及能够被社会各方广泛接受的信用评估机构。

而国内保险市场目前对评级的概念相对淡薄，而且评级也是有成本的，在评级不影响国内公司业务发展的环境下，激发国内公司的评级积极性有相当难度。另一方面，如果严格按照评级机构的评级标准，以目前国内保险公司的发展现状，绝大部分将很难获得较为理想的评级结果。与其得不到理想的评级结果，还不如不评。这也是一部分保险公司的逻辑。

在这样的条件还没有完全具备的情况下，中国可以尝试两种探索，其一是通过中介机构或者第三方机构对保险公司进行评级，其二是实施强制性的保险信用评级制度。

3. 在保险业界人士看来，独立的信用评级系统研发不仅是监管层需要，更是保险审慎投资的自主选择。当前债券市场的信用评级工作由独立的第三方评级公司完成，如中诚信、大公国际、联合资信等。

鉴于评级公司对于发行主体的收费模式，评级的公允性往往被投资者（如商业银行、保险公司）质疑，这在全球范围内都面临相似的问题。

我们建议采用第三方独立评级机构的模式，并且不以盈利为目的，不采用商业化收费模式，才能更好地保证公益性和公正性。

4. 保险评级的最大障碍是缺乏公开资料，信息披露有限。为了提高我国保险信用评级的质量，应当建立健全保险公司信息披露制度。我国的中保集团、中国太平洋保险公司和中国平安保险公司，虽然连续多年出现在评级机构的国际报告中，但长期以来没有获得国际评级，关键的原因就是公开财务信息比较少，达不到国际评级的要求。

一些保险公司不愿披露财务信息的原因很多，例如处于改制上市过程中的某个特殊时期，不愿或不能披露公司的情况；还有一些保险公司偿付能力状况不佳，不愿公开经营业绩。

5. 评级公司对同一发行主体的评级只作一次，这也有不合理之处。即使是同一发行人，也要根据不同的信用产品给予有所差别的指标和权重，如短期融资券更为注重分析其短期财务情况，以确定其短期信用；而企业债往往横跨两个经济周期，因此着重考察其长期竞争力或长期信用。在当前保险业公开信息披露不健全的情况下，评级机构轻易不敢进行主动评级活动，因为会影响今后评级机构的市场发展。监管部门可以要求保险企业每年进行一次等级评估，并在发生重大事件后对评估结果进行及时调整。监管部门则可以定期发布各保险公司信用等级评估的结果，为市场各方面的参与者提供权威的决策依据。

6. 保险评级是对保险业未来发展的前瞻。自 AIG 被美国政府接管以来，国际范围内对资信评级制度体系也有了热烈的争议。美国也开始采用待审的新评级体系。不仅美国证交会提出了信用评级机构监管规定草案，要求对复杂金融工具进行风险评级，评级机构自身也在作出调整。标准普尔计划征求公众意见，在其以字母表述的结构性金融评级上添加附言。

7. 保险评级可能存在威胁性过低评级风险。在垃圾债券层面，低评级类别则呈现较大的差异；在低评级类别中，评级质量的衡量对评级行动是较不敏感的。同样，因为高风险债券更难获得自己想要的评级，因此低等级类别的潜在声誉损失会变得较小（Hill，2004），高风险的发行者受到过低评级的威胁可能特别高。

8. 保险评级可能存在非请求评级风险 Poon（2003），评级机构可能滥用非请求评级（Unsolicited Ratings），并以此为威胁，迫使发行者购买“适当的”评级。一旦评级得到支付，发行者向其他竞争对手购买评级的可能性就会减小。非请求评级可能将发行者的信用风险置于一个比实际低的情况之下，同时又辩称它所反映的只是公众信息，但实际上它们并未为市场提供任何有效的额外信息（Behr 和 Guttler，2006）。穆迪也被指控对个别发行者采取了这样的行为。纽约的发行者在受到初次评级后，在随后并未被要求支付评级费用（Flight，2001）。Poon 和 Firth（2005）在对惠誉有关银行信用评级的全面研究中发现，非请求评级在某种程度上具有较大的下行偏见。

9. 评级机构可能存在“级别微调”（美国国会众议院，2005）的风险。级别微调是指，按照一个相当自动的程序，“有关发行者的基本信用价值，区别对待发行的做法”（标准普尔，2006）。穆迪和标准普尔被指控为“惩罚性级别微调”（Punitive Notching），即“如果这些结构化融资债券原本不是他们自己评级过的，那么他们便会自动向下调整这些债券的评级”（惠誉，2002）。对发行者及投资者的调查也表明他们对惩罚性级别微调的担心（结果见惠誉赞助的研究，2002）。由评级机构穆迪赞助的美国国家经济研究协会研究发现，虽然没有级别微调滥用的确凿证据，但仍然存在隐忧。

10. 评级机构有“捆绑销售”的风险（美国国会众议院，2005）。一个机构可能只发布评级，但发行者还要购买其他附属服务（Viscusi 等，2005）。另一种形式的捆绑是用一个评级去制约其他评级，所以一个有效率的发行者需要向同一机构购买他的所有评级。在这个意义上，级别微调是捆绑的一种形式。关于捆绑的担忧是，其阻碍了竞争者进入市场，发行者的自由选择也受到限制。

有关信用评级机构不当行为的讨论涉及信息不对称及道德风险和逆向选择在次贷危机爆发和扩散中的作用，尤其是作为信息中介的信用评级机构的道德风险问题，甚至认为信用评级机构的不负责任是美国次贷危机爆发的一个重要原因。例如王月（2009）认为信用评级机构在此次金融危机中难辞其咎，“法律的漏洞和监管的不力，以及投资者的放纵和肇事者的故意，使他们信用评级机构有了在证券市场上‘翻手为云，覆手为雨’的能量”，并建议出台相关政策法规强化对信用评级机构的监管。高汉对美国信用评级机构存在的问题及其对美国与全球金融稳定的影响进行了深入分析，并在此基础上提出将大型信用评级机构国有化、信用评级机构重新回归到为投资者服务的本来目的、加强信用评级机构的责任监管等对策建议。

金融危机不仅集中暴露了国际金融体系存在的深层次根本性矛盾，而且充分证明了现存国际评级体系已完全不能适应全球金融体系发展的需要。国际社会在研究重建国际金融体系的同时，必须认真思考如何构建一个新型的国际信用评级体系。

尽管本研究作为独立的非盈利的第三方学术研究，不存在威胁性过低评级、贿赂型过高评级、非请求评级、结构微调、捆绑销售等任何问题，但我们必须正视可能存在的这些风险，便于保险信用评级更好地回归信用评级“服务于保险行业”的目的。

鉴于我国保险信用评级制度建设的特殊情况，还需要将美国成熟的保险信用评级制度与中国实际相结合，建立符合中国国情的保险信用评级制度，这方面无论是中资评级机构还是外资评级机构都需要进一步发展。我们应建立健全财务制度，应当立足国际标准，发展保险评级事业。希望通过国际化和专业化，创建一个超国家主权的世界信用评级组织、信用评级标准和评级监管组织，从而构建一个全新的能够反映世界信用关系特殊性、适应信用经济全球化发展需要的国际信用评级体系。

附录A 中国非寿险公司评级变量与变量名称

变量	变量名称
x_1	保费利润率
x_2	总资产利润率
x_3	净资产利润率
x_4	投资收益率
x_5	综合赔付率
x_6	综合费用率
x_7	偿付能力充足率
x_8	资产负债率
x_9	流动比率
x_{10}	未决赔款占比
x_{11}	承保潜力
x_{12}	应收保费率
x_{13}	自留比例
x_{14}	经营活动现金流占保费收入百分比
x_{15}	现金流量对流动负债比率
x_{16}	现金流入流出比率
x_{17}	投资流入流出比率
x_{18}	保费（收入）增长率
x_{19}	总资产增长率
x_{20}	资本积累率
x_{21}	利润增长率

附录 B1 2012 年中国非寿险公司的三级财务指标值

公司	x_1	x_2	x_3	x_4	x_5	x_6	x_7	x_8	x_9	x_{10}	x_{11}
人保股份	92.83	90.34	100.00	86.00	91.77	100.00	97.70	97.03	100.00	100.00	85.00
大地财产	85.10	85.68	89.62	86.20	93.76	98.87	100.00	94.83	99.92	86.50	87.75
太保财险	85.42	86.58	90.96	83.48	93.15	100.00	100.00	94.99	99.56	79.81	91.40
平安财险	88.79	89.38	100.00	80.34	94.20	99.64	100.00	100.00	97.41	89.36	100.00
华泰	92.33	82.24	93.45	83.03	96.79	97.07	100.00	99.15	95.56	84.45	85.80
天安	95.47	92.20	99.63	98.32	94.39	98.42	100.00	95.71	95.83	75.10	76.30
大众	79.45	77.50	77.09	90.58	92.39	96.97	100.00	89.63	99.55	72.55	75.24
华安	78.68	77.03	76.30	87.82	96.99	96.51	100.00	88.47	96.41	98.02	80.46
永安	78.61	79.33	81.90	74.09	94.98	97.93	79.86	95.27	97.40	90.61	82.61
太平保险	79.88	79.76	91.42	78.92	98.64	95.61	89.71	97.57	98.78	91.50	83.15
民安	70.47	70.34	70.35	88.88	93.30	95.95	100.00	89.30	87.65	97.37	75.54
中银保险	100.00	100.00	100.00	86.88	100.00	93.66	100.00	90.89	99.38	70.00	77.61
安信农业	80.97	79.57	77.49	87.08	91.23	98.81	100.00	85.45	96.56	70.00	79.77
永诚	83.72	81.39	81.60	86.51	95.39	96.82	100.00	91.18	96.00	70.00	82.20
安邦	100.00	77.74	95.18	71.14	100.00	100.00	100.00	94.22	70.00	70.00	72.59
信达财险	100.00	100.00	96.03	72.05	100.00	89.69	100.00	79.32	80.24	70.00	73.26
安华农业	89.52	98.51	90.76	87.47	92.30	100.00	100.00	84.36	99.74	91.69	89.67
天平车险	82.54	82.17	86.64	82.18	97.60	98.17	81.80	96.32	99.83	70.00	92.13
阳光财产	86.70	87.75	98.30	95.65	94.67	97.88	100.00	98.33	99.56	92.91	95.78
都邦	96.59	100.00	100.00	87.16	94.45	96.62	88.13	94.59	97.48	91.78	76.52
华农	97.90	94.55	87.05	100.00	93.60	91.34	100.00	83.11	83.30	84.45	74.08
国寿财产	75.46	76.36	78.93	89.72	94.48	98.15	100.00	96.85	96.32	86.22	89.17

续表

公司	x_1	x_2	x_3	x_4	x_5	x_6	x_7	x_8	x_9	x_{10}	x_{11}
安诚	83.33	75.81	72.70	100.00	84.96	97.52	100.00	70.33	97.00	94.05	71.99
国元农业	84.65	85.80	83.15	87.04	88.01	100.00	100.00	87.03	82.65	84.45	82.56
鼎和财产	90.17	81.28	78.13	79.50	92.95	99.54	100.00	83.49	99.40	84.45	74.93
中煤财产	100.00	87.38	85.85	91.33	98.47	100.00	100.00	89.01	93.58	79.13	74.51
英大财产	87.19	87.42	86.73	97.74	100.00	95.64	100.00	90.07	99.00	84.45	84.74
浙商财产	74.24	74.72	73.99	85.58	84.33	96.93	100.00	87.06	99.01	84.45	79.63
紫金财产	72.42	71.80	71.17	100.00	94.12	94.13	100.00	80.35	99.04	84.45	75.14
美亚	86.48	79.66	79.65	73.08	100.00	91.16	100.00	90.80	87.68	71.79	79.01
东京海上	100.00	89.69	84.11	83.90	100.00	98.83	100.00	83.68	90.13	84.45	75.91
丰泰	100.00	78.65	86.15	70.00	100.00	100.00	100.00	99.27	87.09	84.45	73.14
太阳联合	100.00	78.76	74.78	86.18	100.00	86.53	100.00	75.65	88.34	84.45	70.44
丘博保险	89.90	74.84	81.81	73.37	100.00	94.65	100.00	96.27	87.85	84.45	71.45
三井住友	78.77	75.78	75.68	75.68	90.17	100.00	100.00	90.42	92.19	84.45	79.98
三星	100.00	88.38	82.63	80.41	90.96	100.00	100.00	82.58	87.01	84.45	72.15
安联	100.00	77.21	100.00	83.17	95.88	91.01	100.00	88.76	97.65	84.45	70.91
日本财产	100.00	87.55	84.24	78.91	92.62	98.03	100.00	86.51	90.53	84.45	74.52
利宝互助	100.00	100.00	100.00	77.11	92.48	89.49	70.00	80.79	90.24	84.71	71.88
安盟	70.00	70.00	70.00	71.89	96.74	97.62	70.00	82.98	83.55	86.81	76.40
苏黎世	100.00	87.84	93.05	74.39	77.47	96.38	100.00	95.31	90.29	84.45	70.66
现代财产	78.72	71.33	71.48	72.66	89.61	100.00	100.00	92.52	85.98	84.45	71.10
中意财产	100.00	76.94	84.20	82.32	89.74	98.35	100.00	98.14	96.18	84.45	71.39
爱和谊	100.00	91.67	78.93	86.07	95.93	86.21	100.00	70.00	93.68	84.45	70.93
国泰财产	100.00	100.00	100.00	88.26	70.00	78.73	100.00	93.86	95.58	84.45	72.58
日本兴亚	100.00	76.01	72.22	92.64	100.00	85.13	100.00	70.00	87.90	84.45	70.19
乐爱金	100.00	86.44	78.55	86.44	75.60	100.00	100.00	74.76	85.13	84.45	70.34
富邦财险	100.00	100.00	100.00	82.01	91.24	70.00	100.00	82.90	84.53	84.45	71.57

续表

公司	x_{12}	x_{13}	x_{14}	x_{15}	x_{16}	x_{17}	x_{18}	x_{19}	x_{20}	x_{21}
人保股份	98.39	100.00	79.35	73.99	90.39	97.75	90.41	85.28	99.58	100.00
大地财产	97.57	96.99	77.04	74.13	89.82	95.78	89.89	85.50	99.42	99.97
太保财险	96.96	99.82	91.88	94.83	93.11	89.41	91.27	81.07	88.28	99.11
平安财险	82.45	98.21	96.81	91.07	94.62	100.00	93.98	99.19	96.48	99.49
华泰	94.06	97.66	90.50	76.51	92.82	92.45	100.00	89.26	100.00	100.00
天安	100.00	99.65	70.00	71.90	88.23	95.19	86.95	98.24	100.00	96.34
大众	99.26	99.71	98.40	72.78	81.40	89.41	81.72	75.26	89.32	98.13
华安	99.71	91.88	70.40	70.33	88.36	89.41	93.69	76.39	88.31	99.08
永安	100.00	92.09	82.02	80.91	90.94	90.66	88.75	79.36	96.38	98.98
太平保险	97.62	99.19	100.00	93.41	97.19	90.95	100.00	98.37	100.00	100.00
民安	95.63	99.94	73.60	73.57	85.29	93.33	86.36	100.00	100.00	97.88
中银保险	95.89	98.72	100.00	100.00	100.00	81.90	100.00	93.64	97.00	100.00
安信农业	83.04	94.37	77.53	85.22	84.21	89.41	91.60	88.89	85.55	99.50
永诚	90.94	94.79	70.92	72.30	85.75	91.35	87.79	88.00	100.00	100.00
安邦	100.00	91.10	100.00	100.00	100.00	70.00	100.00	100.00	100.00	100.00
信达财险	95.19	98.20	100.00	95.21	100.00	96.21	100.00	100.00	100.00	95.73
安华农业	93.87	91.81	74.20	76.87	85.16	98.78	80.50	70.00	92.88	98.81
天平车险	100.00	99.55	79.11	73.48	90.33	97.56	92.51	86.53	92.06	98.83
阳光财产	99.15	93.29	100.00	97.44	93.48	90.90	89.89	86.53	93.82	99.62
都邦	100.00	93.60	74.92	81.23	85.04	90.86	81.66	92.68	100.00	100.00
华农	100.00	92.73	83.37	87.04	91.17	89.47	100.00	85.67	84.40	97.24
国寿财产	98.88	95.15	100.00	100.00	100.00	82.74	100.00	100.00	93.06	99.13
安诚	100.00	92.50	100.00	100.00	73.96	92.17	76.70	89.96	98.47	100.00
国元农业	83.56	94.00	100.00	100.00	99.62	97.56	100.00	100.00	90.54	99.93

续表

公司	x_{12}	x_{13}	x_{14}	x_{15}	x_{16}	x_{17}	x_{18}	x_{19}	x_{20}	x_{21}
鼎和财产	100.00	98.25	100.00	100.00	100.00	89.41	96.58	75.74	89.51	100.00
中煤财产	86.17	95.48	85.17	70.00	99.47	70.25	70.00	88.68	84.71	96.96
英大财产	95.00	98.48	100.00	100.00	100.00	92.61	100.00	100.00	92.77	99.67
浙商财产	100.00	91.89	97.89	100.00	80.14	96.25	81.08	89.61	100.00	100.00
紫金财产	95.54	94.27	100.00	100.00	96.78	95.85	100.00	90.06	88.32	97.85
美亚	84.61	91.66	76.08	76.61	89.93	94.36	87.67	84.28	89.88	88.38
东京海上	83.30	94.25	95.14	100.00	92.78	97.98	84.76	87.83	83.77	98.71
丰泰	82.31	72.40	100.00	78.12	99.83	91.30	92.08	100.00	91.40	90.18
太阳联合	84.03	79.35	100.00	90.63	79.28	93.21	89.00	76.24	96.00	87.28
丘博保险	86.69	79.78	100.00	100.00	70.00	89.41	84.52	75.40	90.37	97.89
三井住友	91.31	95.16	88.62	80.89	100.00	93.96	100.00	100.00	100.00	100.00
三星	77.93	70.00	100.00	84.42	98.30	98.83	91.51	100.00	90.56	99.12
安联	95.20	74.44	100.00	81.87	100.00	95.65	100.00	100.00	75.85	70.00
日本财产	93.19	90.88	75.29	73.22	91.45	75.40	89.97	86.80	85.01	100.00
利宝互助	99.30	95.68	99.95	100.00	81.18	99.61	100.00	100.00	100.00	95.80
安盟	70.00	94.88	100.00	100.00	100.00	89.41	100.00	100.00	89.86	98.00
苏黎世	71.14	72.37	100.00	78.21	96.28	98.89	100.00	100.00	83.56	96.50
现代财产	93.64	72.12	100.00	81.52	96.27	96.82	97.23	100.00	87.25	97.57
中意财产	78.11	85.63	85.70	76.97	81.26	89.41	87.69	86.15	90.93	97.88
爱和谊	98.92	98.79	74.24	77.01	84.47	73.27	92.65	79.40	85.75	100.00
国泰财产	95.05	92.33	87.48	99.97	82.95	89.41	100.00	80.02	70.00	93.79
日本兴亚	91.38	92.01	100.00	100.00	74.58	89.41	100.00	79.77	87.08	97.03
乐爱金	75.56	72.58	92.02	72.74	81.66	71.59	96.30	84.80	94.08	92.60
富邦财险	94.36	93.50	78.46	73.05	84.21	80.20	100.00	100.00	78.72	95.51

附录 B2　2011 年中国非寿险公司的三级财务指标值

公司	x_1	x_2	x_3	x_4	x_5	x_6	x_7	x_8	x_9	x_{10}	x_{11}
人保股份	92.54	93.06	99.70	86.76	88.34	98.72	79.82	73.45	100.00	100.00	85.00
大地财产	92.38	93.37	97.24	77.83	90.52	97.48	78.13	76.17	99.12	98.30	88.13
太保财险	92.85	94.86	97.77	92.13	90.11	97.97	82.66	77.43	99.67	99.83	89.26
平安财险	92.74	95.11	99.69	92.50	90.29	97.82	78.80	75.35	99.30	99.90	97.59
华泰	91.97	89.88	94.35	74.84	92.77	96.05	85.00	85.00	99.85	98.64	85.00
天安	89.87	84.21	80.02	93.20	87.37	97.80	72.65	72.03	98.27	98.09	77.74
大众	92.30	92.30	95.43	85.74	89.54	97.47	89.31	78.84	96.19	98.84	75.84
华安	92.46	92.24	95.22	85.08	92.74	96.72	98.50	70.00	88.99	98.37	78.87
永安	92.28	92.83	96.86	87.94	90.55	97.13	78.86	75.94	97.16	97.65	82.16
太平保险	91.92	91.34	97.19	87.59	91.56	96.46	77.96	73.10	99.02	98.59	87.14
民安	88.51	78.74	74.71	74.56	90.01	95.94	75.31	73.04	96.10	98.76	80.74
中银保险	91.69	90.15	94.02	91.56	91.87	95.58	92.59	78.65	99.33	97.68	75.51
安信农业	92.68	93.78	95.35	88.47	90.64	97.42	95.34	84.03	99.68	97.45	78.56
永诚	92.04	91.49	95.47	84.96	89.74	97.40	79.70	76.24	95.11	97.90	87.81
安邦	91.89	89.33	93.45	70.00	100.00	88.49	100.00	100.00	70.00	98.22	70.00
信达财险	87.11	75.16	82.42	86.75	90.03	92.85	80.16	77.65	99.12	97.16	77.17
安华农业	93.63	100.00	100.00	73.55	89.61	98.60	81.66	79.41	85.97	99.24	88.58
天平车险	92.72	94.77	98.18	78.29	91.46	97.33	78.00	76.66	98.28	98.17	90.76
阳光财产	92.34	93.29	97.52	100.00	90.31	97.12	79.14	75.64	96.98	99.47	98.03
都邦	91.65	90.91	99.53	76.74	90.77	96.82	70.00	71.51	96.42	97.53	80.11
渤海	88.36	79.55	82.42	99.94	87.99	96.07	84.81	75.05	98.23	99.98	70.00
华农	87.33	79.59	89.47	74.24	92.38	92.68	100.00	85.48	73.07	95.94	72.90
国寿财产	91.91	91.62	95.19	92.91	90.85	96.92	82.95	77.76	99.22	99.57	84.30
安诚	91.40	89.42	93.49	90.69	87.29	97.65	100.00	87.93	96.82	98.98	73.84
国元农业	92.26	92.91	95.11	80.86	87.62	99.98	100.00	82.90	82.40	99.80	80.24

续表

公司	x_1	x_2	x_3	x_4	x_5	x_6	x_7	x_8	x_9	x_{10}	x_{11}
鼎和财产	92.26	90.92	94.28	72.76	88.27	98.23	100.00	81.56	98.43	94.00	74.21
中煤财产	89.90	83.26	90.43	83.16	95.11	100.00	84.02	82.25	85.25	98.62	78.39
英大财产	93.03	94.88	96.12	99.44	91.83	96.96	98.77	82.33	99.84	96.30	78.38
浙商财产	91.47	89.92	93.97	88.12	88.73	98.73	77.03	76.89	99.43	96.52	89.36
紫金财产	89.26	84.74	91.68	86.30	89.93	94.48	100.00	86.10	98.79	95.95	73.56
泰山财险	.	.	.	.	.	.	.	.	.	.	.
众诚保险	.	.	.	.	.	.	.	.	.	.	.
锦泰财产	.	.	.	.	.	.	.	.	.	.	.
长江财产	.	.	.	.	.	.	.	.	.	.	.
美亚	91.19	88.94	93.21	81.22	93.53	95.32	99.50	79.25	86.96	98.09	77.65
东京海上	95.15	99.71	97.35	80.36	95.31	98.38	100.00	85.82	89.86	98.45	78.52
丰泰	90.39	88.47	92.62	76.57	90.66	96.39	100.00	75.78	90.62	79.50	72.94
太阳联合	90.96	89.04	93.33	86.98	98.21	92.42	100.00	83.36	83.62	98.95	70.96
丘博保险	81.01	75.87	72.28	79.16	86.22	94.75	82.72	73.44	92.93	87.13	72.58
三井住友	92.48	92.23	94.96	81.27	91.77	99.78	96.70	81.43	91.82	99.52	78.37
三星	100.00	96.56	96.27	85.06	95.00	70.00	100.00	85.38	88.28	90.16	72.62
安联	89.91	88.66	93.01	71.92	96.80	97.97	100.00	78.71	88.96	98.18	71.39
日本财产	91.72	90.02	93.77	82.22	94.09	96.98	100.00	83.32	88.70	98.02	74.34
利宝互助	86.99	71.59	81.44	85.23	89.39	94.30	98.50	79.04	97.53	99.87	72.63
安盟	84.73	81.42	90.96	77.33	88.83	92.99	100.00	90.66	70.00	96.77	71.18
苏黎世	84.69	84.09	90.65	80.07	95.43	92.01	100.00	81.32	88.07	95.68	71.90
现代财产	88.98	87.51	92.58	82.82	88.71	99.09	100.00	82.52	88.18	92.26	71.25
劳合社	.	.	.	.	.	.	.	.	.	.	.
中意财产	74.93	70.00	70.00	86.19	70.00	97.16	86.03	74.60	98.32	70.00	72.11
爱和谊	91.48	89.43	93.48	85.75	98.12	92.90	100.00	93.60	92.13	99.07	71.22
国泰财产	81.98	76.59	88.63	89.36	88.29	88.74	100.00	87.15	87.46	94.80	71.53
日本兴亚	87.40	87.04	92.89	96.07	90.24	91.89	100.00	96.87	87.22	89.58	70.54
乐爱金	88.39	87.99	92.94	89.32	83.60	96.49	72.53	86.06	82.34	81.91	70.71
富邦财险	70.00	75.68	89.66	89.83	87.66	70.00	100.00	94.71	89.76	95.31	70.57
信利保险	.	.	.	.	.	.	.	.	.	.	.

续表

公司	x_{12}	x_{13}	x_{14}	x_{15}	x_{16}	x_{17}	x_{18}	x_{19}	x_{20}	x_{21}
人保股份	94.81	91.46	86.01	89.39	90.75	87.18	81.57	79.54	74.94	86.76
大地财产	91.09	95.01	85.39	86.89	89.57	92.62	79.99	79.21	74.73	87.83
太保财险	95.32	87.46	100.00	91.67	100.00	70.00	70.00	70.00	74.64	83.67
平安财险	96.03	91.62	87.22	88.59	93.61	84.09	100.00	83.59	72.38	89.94
华泰	98.07	96.97	86.33	87.64	91.34	84.99	80.45	81.81	83.15	95.42
天安	100.00	91.61	86.57	87.83	91.95	75.77	83.38	81.78	76.43	87.89
大众	98.29	90.38	85.53	86.77	89.81	85.47	83.08	82.03	75.84	88.73
华安	99.81	89.83	84.90	84.69	88.86	87.65	79.58	77.98	78.55	84.78
永安	99.54	91.45	81.36	72.80	85.83	90.69	83.20	73.94	72.49	88.85
太平保险	99.16	89.93	86.14	88.71	90.83	88.01	87.55	78.87	73.86	87.95
民安	97.85	91.78	86.41	89.78	91.56	76.17	85.43	84.36	84.08	86.73
中银保险	99.10	88.50	84.45	82.16	88.28	83.91	81.36	90.05	93.84	84.05
安信农业	83.77	91.07	86.60	93.10	92.21	88.38	82.49	80.90	75.29	88.01
永诚	99.14	97.83	85.43	86.72	89.69	74.41	88.92	88.32	96.30	100.00
安邦	96.94	88.37	87.24	90.78	100.00	90.04	100.00	89.25	74.06	92.73
信达财险	96.22	96.48	87.72	91.19	95.87	86.79	88.73	85.17	75.33	100.00
安华农业	99.97	88.33	87.25	100.00	95.50	87.11	82.15	79.82	74.25	83.30
天平车险	97.21	91.30	88.41	94.27	96.31	79.25	99.23	100.00	87.27	88.27
阳光财产	.	.	.	.	.	.	.	.	.	.
都邦	.	.	.	.	.	.	.	.	.	.
渤海	.	.	.	.	.	.	.	.	.	.
华农	.	.	.	.	.	.	.	.	.	.
国寿财产	89.20	90.95	85.36	86.60	89.58	91.72	80.77	79.46	74.72	84.93
安诚	84.40	99.98	86.22	89.97	90.94	82.62	82.37	80.30	76.02	87.05
国元农业	77.12	74.69	86.14	86.91	91.55	85.90	84.58	82.07	74.58	84.53
鼎和财产	75.44	81.02	81.95	81.82	86.14	100.00	79.03	77.38	75.20	83.75
中煤财产	86.00	90.74	84.78	85.82	88.55	74.68	83.24	82.88	75.34	86.16

续表

公司	x_{12}	x_{13}	x_{14}	x_{15}	x_{16}	x_{17}	x_{18}	x_{19}	x_{20}	x_{21}
英大财产	90.43	96.74	86.22	87.82	93.16	86.00	83.93	81.53	75.22	90.30
浙商财产	84.82	74.42	86.17	87.83	91.41	85.76	82.54	81.29	75.62	86.10
紫金财产	76.36	70.00	83.50	85.15	87.66	88.34	83.65	79.81	70.28	85.91
泰山财险	88.57	93.93	86.34	88.18	93.35	74.61	84.35	81.05	74.89	100.00
众诚保险	97.78	92.62	85.26	86.42	89.40	80.66	84.28	83.96	79.70	87.42
锦泰财产	98.75	90.79	84.23	84.35	88.03	95.60	91.55	86.39	100.00	94.46
长江财产	70.00	74.69	84.84	85.84	88.76	74.66	86.37	80.24	100.00	86.45
美亚	91.11	74.65	86.08	87.07	90.36	85.93	81.99	81.71	74.56	85.99
东京海上	.	.	.	.	.	.	.	.	.	.
丰泰	81.99	95.04	88.37	90.19	98.59	85.35	79.33	79.87	71.23	87.14
太阳联合	97.79	98.12	85.90	92.38	90.98	72.44	81.42	79.06	74.80	85.17
丘博保险	90.54	89.21	85.25	86.26	89.38	86.08	96.21	79.33	73.54	86.80
三井住友	92.59	95.59	85.18	85.95	89.26	88.88	85.05	79.13	74.64	85.96
三星	74.94	73.94	86.04	87.04	90.87	81.74	87.94	81.07	74.65	97.62
安联	89.40	95.95	84.30	85.16	88.09	70.91	100.00	78.91	73.88	91.65
日本财产	.	.	.	.	.	.	.	.	.	.
利宝互助	94.81	91.46	86.01	89.39	90.75	87.18	81.57	79.54	74.94	86.76
安盟	91.09	95.01	85.39	86.89	89.57	92.62	79.99	79.21	74.73	87.83
苏黎世	95.32	87.46	100.00	91.67	100.00	70.00	70.00	70.00	74.64	83.67
现代财产	96.03	91.62	87.22	88.59	93.61	84.09	100.00	83.59	72.38	89.94
劳合社	98.07	96.97	86.33	87.64	91.34	84.99	80.45	81.81	83.15	95.42
中意财产	100.00	91.61	86.57	87.83	91.95	75.77	83.38	81.78	76.43	87.89
爱和谊	98.29	90.38	85.53	86.77	89.81	85.47	83.08	82.03	75.84	88.73
国泰财产	99.81	89.83	84.90	84.69	88.86	87.65	79.58	77.98	78.55	84.78
日本兴亚	99.54	91.45	81.36	72.80	85.83	90.69	83.20	73.94	72.49	88.85
乐爱金	99.16	89.93	86.14	88.71	90.83	88.01	87.55	78.87	73.86	87.95
富邦财险	97.85	91.78	86.41	89.78	91.56	76.17	85.43	84.36	84.08	86.73
信利保险	99.10	88.50	84.45	82.16	88.28	83.91	81.36	90.05	93.84	84.05

附录 C1　2012 年中国非寿险公司的二级财务指标值

公司	盈利能力	偿债能力	营运能力	现金流量	发展能力	公司	盈利能力	偿债能力	营运能力	现金流量	发展能力
人保股份	95.06	78.11	92.47	88.89	80.43	鼎和财产	80.05	90.00	83.02	92.04	91.30
大地财产	90.56	78.29	92.81	88.26	80.80	中煤财产	88.00	89.71	80.79	70.00	91.05
太保财险	97.46	80.08	94.77	89.05	81.36	英大财产	87.40	94.03	89.53	93.81	94.34
平安财险	98.54	78.67	98.82	90.26	80.72	浙商财产	76.45	92.05	83.89	97.45	99.80
华泰	86.75	82.77	87.64	88.55	78.44	紫金财产	77.31	87.77	81.44	96.00	90.12
天安	85.21	75.91	86.65	87.35	72.92	美亚	78.12	87.06	82.29	81.15	85.98
大众	92.45	82.44	85.01	87.72	80.82	东京海上	86.48	84.11	81.07	96.08	89.95
华安	92.28	82.81	84.54	70.00	80.99	丰泰	80.45	91.86	72.11	85.92	88.54
永安	94.21	78.57	87.77	88.82	77.89	太阳联合	82.67	78.39	72.81	93.24	87.46
太平保险	93.47	77.34	92.53	88.63	80.00	丘博保险	77.69	90.43	73.71	95.40	91.74
民安	74.50	77.50	88.20	88.94	78.08	三井住友	75.20	89.60	84.68	84.81	98.37
中银保险	93.15	81.89	83.35	90.00	82.20	三星	85.47	81.53	70.54	92.12	93.85
安信农业	94.36	84.26	84.36	89.99	77.29	安联	87.68	92.23	72.26	89.37	70.00
永诚	91.75	79.41	91.42	88.77	76.88	日本财产	85.34	86.07	79.69	71.29	90.70
安邦	84.25	100.00	77.50	100.00	70.00	利宝互助	93.85	72.46	80.07	100.00	95.55
信达财险	79.43	78.80	83.71	91.18	82.03	安盟	70.00	70.00	80.67	92.04	91.78
安华农业	93.17	83.60	94.45	89.55	83.41	苏黎世	87.95	91.46	70.00	90.29	87.76
天平车险	91.87	78.57	94.90	89.19	79.67	现代财产	72.55	86.83	71.56	90.28	90.53
阳光财产	99.83	79.21	100.00	88.28	79.59	中意财产	83.18	97.51	74.99	82.38	92.53
都邦	89.79	75.44	86.16	87.06	77.51	爱和谊	87.88	78.36	80.50	71.72	90.17
渤海	86.33	80.08	79.51	80.59	73.78	国泰财产	100.00	94.17	79.08	90.00	78.56
华农	79.40	92.10	80.96	89.90	77.62	日本兴亚	82.85	75.05	77.22	94.88	88.20
国寿财产	94.95	80.26	89.39	89.70	85.11	乐爱金	86.47	76.05	70.15	74.52	89.67
安诚	92.04	88.08	81.18	85.44	92.58	富邦财险	97.41	80.22	78.79	74.75	84.88
国元农业	90.70	90.20	82.90	92.36	78.51	鼎和财产	80.05	90.00	83.02	92.04	91.30

附录 C2 2011 年中国非寿险公司的二级财务指标值

公司	盈利能力	偿债能力	营运能力	现金流量	发展能力	公司	盈利能力	偿债能力	营运能力	现金流量	发展能力
人保股份	90.32	98.30	90.57	82.88	98.03	浙商财产	91.63	77.61	92.71	96.64	76.79
大地财产	84.61	97.91	91.34	81.37	98.02	紫金财产	87.03	85.70	81.37	94.61	100.00
太保财险	84.58	97.87	95.16	88.57	91.15	泰山财险	.	.	.	.	.
平安财险	87.62	99.64	100.00	94.44	96.81	众诚保险	.	.	.	.	.
华泰	85.22	97.76	89.91	83.96	97.44	锦泰财产	.	.	.	.	.
天安	94.50	95.74	84.44	78.67	97.33	长江财产	.	.	.	.	.
大众	79.39	94.32	83.70	84.71	91.67	美亚	88.18	86.83	82.29	88.59	76.78
华安	78.05	90.99	84.43	75.67	90.50	东京海上	95.55	88.85	84.45	89.98	78.38
永安	77.03	88.32	86.00	82.20	95.35	丰泰	85.69	77.90	72.25	89.36	78.74
太平保险	80.59	94.62	88.87	90.98	98.23	太阳联合	90.55	89.71	72.32	84.73	75.45
民安	73.97	85.74	83.71	79.53	98.60	丘博保险	72.42	75.79	78.10	86.21	79.52
中银保险	95.29	95.08	84.69	88.03	96.23	三井住友	90.84	86.35	84.78	90.41	79.37
安信农业	79.50	89.57	83.64	82.29	90.64	三星	94.31	85.81	73.53	89.64	78.64
永诚	81.28	92.91	86.04	77.48	98.83	安联	84.62	86.27	70.00	86.20	75.57
安邦	82.61	78.21	79.01	82.02	98.37	日本财产	89.55	88.01	80.72	89.69	80.29
信达财险	90.84	75.93	81.55	94.17	95.50	利宝互助	77.29	84.58	81.23	87.47	82.58
安华农业	90.06	90.68	90.43	83.33	93.62	安盟	80.94	95.40	79.94	86.98	97.41
天平车险	81.22	91.68	95.87	82.57	93.19	苏黎世	83.19	86.49	70.23	86.32	91.06
阳光财产	90.10	100.00	96.03	92.72	94.91	现代财产	87.41	85.59	74.01	88.91	78.27
都邦	94.73	91.11	82.42	80.99	100.00	劳合社	.	.	.	.	.
华农	93.62	79.60	80.53	83.84	87.49	中意财产	70.00	70.00	78.10	94.57	75.45
国寿财产	78.31	96.70	91.77	88.47	94.14	爱和谊	90.46	91.55	81.84	89.86	76.75
安诚	81.20	80.38	79.10	96.52	99.54	国泰财产	81.57	88.52	77.96	87.86	79.10
国元农业	83.48	81.46	85.45	96.66	93.37	日本兴亚	91.66	90.24	79.51	87.9	77.44
人保股份	90.32	98.30	90.57	82.88	98.03	乐爱金	89.56	78.52	70.29	88.73	80.52
大地财产	84.61	97.91	91.34	81.37	98.02	富邦财险	77.74	91.07	78.93	85.28	80.33
中煤财产	85.72	85.10	83.82	95.31	86.57	信利保险	91.63	77.61	92.71	96.64	76.79
英大财产	100.00	83.92	86.06	93.59	83.66						

附录 D1 2012 年中国非寿险公司的二级微观指标值

公司	股东背景	分支机构	风险管理	信息披露	市场占有率	社会声誉和服务
人保股份	100	100	100	100	100.00	98.86
大地财产	100	100	100	85	96.36	92.43
太保财险	85	100	100	100	99.18	94.71
平安财险	85	100	100	100	99.91	97.57
华泰	85	85	85	85	93.97	95.44
天安	70	100	100	85	94.71	85.43
大众	70	70	100	70	91.31	85.86
华安	70	100	85	85	94.01	81.71
永安	85	85	85	70	94.41	82.86
太平保险	100	85	85	70	94.62	93.43
民安	85	85	85	70	91.92	80.71
中银保险	100	85	100	70	93.32	91.29
安信农业	85	70	85	100	89.90	85.29
永诚	85	85	85	70	93.93	81.57
安邦	85	100	85	85	93.44	92.14
信达财险	100	70	85	100	92.18	82.86
安华农业	70	70	85	85	92.13	85.57
天平车险	70	70	85	85	93.54	88.71
阳光财产	85	100	85	85	95.94	94.14
都邦	85	100	85	85	92.70	80.43
华农	85	70	85	85	88.23	80.43
国寿财产	100	100	85	100	96.92	95.14

续表

公司	股东背景	分支机构	风险管理	信息披露	市场占有率	社会声誉和服务
安诚	85	70	85	70	91.01	82.29
国元农业	85	70	85	85	91.77	83.43
鼎和财产	85	70	85	85	91.21	84.14
中煤财产	85	70	85	85	88.50	86.00
英大财产	85	85	85	85	93.77	88.14
浙商财产	85	70	85	100	92.10	89.20
紫金财产	85	85	85	85	92.10	82.14
美亚	70	70	100	85	90.79	82.29
东京海上	70	70	85	85	89.22	82.71
丰泰	70	70	85	85	88.09	81.71
太阳联合	85	70	85	85	86.93	82.71
丘博保险	85	70	85	70	87.02	81.86
三井住友	85	70	70	85	90.36	82.00
三星	70	70	85	100	89.11	83.00
安联	70	70	85	100	91.01	83.00
日本财产	70	70	85	85	70.00	79.57
利宝互助	70	70	85	100	89.64	83.57
安盟	85	70	85	85	89.71	83.00
苏黎世	70	70	100	85	88.52	87.29
现代财产	70	70	85	70	87.40	81.71
中意财产	85	70	70	85	87.50	78.86
爱和谊	70	70	85	70	84.98	91.57
国泰财产	70	70	85	100	87.60	82.14
日本兴亚	70	70	85	100	84.25	78.14
乐爱金	70	70	85	85	85.52	75.14
富邦财险	70	70	85	85	86.77	81.14

附录 D2 2011 年中国非寿险公司的二级微观指标值

公司	股东背景	分支机构	风险管理	信息披露	市场占有率	社会声誉和服务
人保股份	100	94.38	100	100	100.00	98.86
大地财产	100	92.58	100	85	95.26	92.43
太保财险	85	93.47	85	100	97.93	94.71
平安财险	70	94.38	100	100	98.53	96.57
华泰	85	87.38	85	85	91.10	94.14
天安	70	95.29	100	100	93.80	85.43
大众	70	74.17	100	70	90.78	85.86
华安	70	89.08	85	85	92.89	81.71
永安	85	85.71	85	70	93.45	82.86
太平保险	100	91.69	85	70	93.21	91.43
民安	85	84.07	85	70	91.16	80.71
中银保险	100	89.94	100	70	91.84	91.29
安信农业	85	72.05	85	100	89.02	85.29
永诚	85	89.94	85	70	93.02	81.57
安邦	85	100.00	85	100	83.46	79.14
信达财险	100	81.67	70	100	90.09	82.86
安华农业	70	74.17	85	85	91.63	85.57
天平车险	70	83.26	70	85	92.48	88.71
阳光财产	85	99.04	85	85	94.87	87.14
都邦	85	90.81	85	85	92.11	80.43
渤海	85	85.71	85	85	90.50	81.86
华农	85	73.46	70	85	86.88	80.43
国寿财产	100	89.94	85	100	95.28	95.14
安诚	85	77.83	70	70	90.77	82.29
国元农业	85	70.68	85	85	90.52	83.43

续表

公司	股东背景	分支机构	风险管理	信息披露	市场占有率	社会声誉和服务
鼎和财产	85	75.61	85	85	90.10	84.14
中煤财产	85	70.68	85	85	88.83	86.00
英大财产	85	75.61	70	85	91.96	88.14
浙商财产	85	77.08	85	85	91.57	85.00
紫金财产	85	86.54	70	85	90.57	82.14
泰山财险	.	.	.	.	.	.
众诚保险	.	.	.	.	.	.
锦泰财产	.	.	.	.	.	.
长江财产	.	.	.	.	.	.
美亚	70	73.46	100	85	86.19	82.29
东京海上	70	72.75	85	85	88.64	82.71
丰泰	70	70.68	85	85	87.27	81.71
太阳联合	85	72.05	85	85	86.26	82.71
丘博保险	85	71.36	85	70	86.54	81.86
三井住友	85	72.75	85	85	75.68	82.00
三星	70	73.46	85	100	88.27	83.00
安联	70	73.46	85	100	88.09	83.00
日本财产	70	72.75	70	85	70.00	79.57
利宝互助	70	72.05	70	100	88.38	83.57
安盟	85	70.68	85	85	85.68	83.00
苏黎世	70	71.36	100	85	87.37	87.29
现代财产	70	70.68	85	70	86.43	81.71
劳合社	.	.	.	.	.	.
中意财产	85	71.36	70	85	86.86	78.86
爱和谊	70	71.36	70	70	84.27	78.57
国泰财产	70	74.89	85	100	86.07	82.14
日本兴亚	70	70.00	85	100	83.27	78.14
乐爱金	70	70.68	85	85	84.66	75.14
富邦财险	70	71.36	85	85	83.91	81.14
信利保险	.	.	.	.	.	.

附录 E1　2012 年中国非寿险公司的一级财务指标评级

公司	财务指标	评级	公司	财务指标	评级
人保股份	95.72	A ++	鼎和财产	83.41	B ++
大地财产	92.58	A +	中煤财产	85.27	A
太保财险	94.57	A +	英大财产	92.05	A +
平安财险	100.00	A ++	浙商财产	83.26	B ++
华泰	92.33	A +	紫金财产	80.64	B ++
天安	93.71	A +	美亚	80.31	B ++
大众	84.88	B ++	东京海上	83.44	B ++
华安	82.61	B ++	丰泰	79.66	B +
永安	81.99	B ++	太阳联合	75.86	B +
太平保险	88.27	A	丘博保险	78.88	B +
民安	78.47	B +	三井住友	81.28	B ++
中银保险	94.45	A +	三星	77.58	B +
安信农业	82.72	B ++	安联	83.28	B ++
永诚	85.97	A	日本财产	81.97	B ++
安邦	77.76	B +	利宝互助	81.98	B ++
信达财险	82.29	B ++	安盟	70.00	B
安华农业	91.75	A +	苏黎世	82.49	B ++
天平车险	89.80	A	现代财产	74.05	B
阳光财产	99.58	A ++	中意财产	84.46	B ++
都邦	90.89	A +	爱和谊	80.29	B ++
华农	84.20	B ++	国泰财产	93.84	A +
国寿财产	89.08	A	日本兴亚	76.36	B +
安诚	78.71	B +	乐爱金	74.88	B
国元农业	82.69	B ++	富邦财险	85.18	A

附录 E2 2011 年中国非寿险公司的一级财务指标评级

公司	财务指标	评级	公司	财务指标	评级
人保股份	92.91	A +	浙商财产	99.72	A ++
大地财产	89.93	A	紫金财产	90.76	A +
太保财险	95.89	A ++	泰山财险	.	Un
平安财险	100.00	A ++	众诚保险	.	Un
华泰	85.88	A	锦泰财产	.	Un
天安	82.64	B ++	长江财产	.	Un
大众	86.85	A	美亚	84.34	B ++
华安	70.00	B	东京海上	91.00	A +
永安	89.86	A	丰泰	78.77	B +
太平保险	91.68	A +	太阳联合	77.40	B +
民安	79.98	B +	丘博保险	72.20	B
中银保险	88.84	A	三井住友	88.93	A
安信农业	89.90	A	三星	84.43	B ++
永诚	90.31	A +	安联	74.80	B
安邦	92.58	A +	日本财产	85.69	A
信达财险	82.85	B ++	利宝互助	77.57	B +
安华农业	94.22	A +	安盟	79.73	B +
天平车险	92.69	A +	苏黎世	75.09	B +
阳光财产	99.06	A ++	现代财产	80.45	B ++
都邦	84.65	B ++	劳合社	.	Un
渤海	74.03	B	中意财产	78.07	B +
华农	81.04	B ++	爱和谊	86.95	A
国寿财产	92.59	A +	国泰财产	78.62	B +
安诚	83.52	B ++	日本兴亚	84.39	B ++
国元农业	90.25	A +	乐爱金	79.29	B +
鼎和财产	83.70	B ++	富邦财险	75.11	B +
中煤财产	91.25	A +	信利保险	.	Un
英大财产	98.42	A ++			

附录 F1　2012 年中国非寿险公司的一级微观指标评级

公司	微观指标	评级	公司	微观指标	评级
人保股份	99.75	A ++	鼎和财产	83.27	B ++
大地财产	96.51	A ++	中煤财产	83.05	B ++
太保财险	95.22	A ++	英大财产	87.70	A
平安财险	96.01	A ++	浙商财产	85.59	A
华泰	89.32	A	紫金财产	86.01	A
天安	87.72	A	美亚	80.19	B ++
大众	80.07	B ++	东京海上	79.06	B +
华安	85.88	A	丰泰	78.58	B +
永安	85.68	A	太阳联合	81.98	B ++
太平保险	91.46	A +	丘博保险	80.80	B ++
民安	84.65	B ++	三井住友	81.74	B ++
中银保险	91.57	A +	三星	80.11	B ++
安信农业	84.24	B ++	安联	80.55	B ++
永诚	85.29	A	日本财产	73.96	B
安邦	91.45	A +	利宝互助	80.36	B ++
信达财险	87.69	A	安盟	82.68	B ++
安华农业	80.34	B ++	苏黎世	80.75	B ++
天平车险	81.35	B ++	现代财产	77.40	B +
阳光财产	92.46	A +	中意财产	80.41	B ++
都邦	88.75	A	爱和谊	78.98	B +
华农	81.79	B ++	国泰财产	79.58	B +
国寿财产	97.37	A ++	日本兴亚	77.95	B +
安诚	81.81	B ++	乐爱金	76.57	B +
国元农业	83.25	B ++	富邦财险	78.15	B +

附录 F2 2011 年中国非寿险公司的一级微观指标评级

公司	微观指标	评级	公司	微观指标	评级
人保股份	98.64	A ++	浙商财产	84.94	B ++
大地财产	94.79	A +	紫金财产	85.10	A
太保财险	92.77	A +	泰山财险	.	Un
平安财险	90.91	A +	众诚保险	.	Un
华泰	88.85	A	锦泰财产	.	Un
天安	87.60	A	长江财产	.	Un
大众	80.77	B ++	美亚	79.82	B +
华安	83.46	B ++	东京海上	79.47	B +
永安	85.60	A	丰泰	78.53	B +
太平保险	92.03	A +	太阳联合	82.23	B ++
民安	84.29	B ++	丘博保险	80.95	B ++
中银保险	92.21	A +	三井住友	79.78	B +
安信农业	84.44	B ++	三星	80.60	B ++
永诚	86.06	A	安联	80.56	B ++
安邦	87.37	A	日本财产	73.63	B
信达财险	88.65	A	利宝互助	79.61	B +
安华农业	81.05	B ++	安盟	81.89	B ++
天平车险	82.86	B ++	苏黎世	80.76	B ++
阳光财产	90.51	A +	现代财产	77.31	B +
都邦	86.80	A	劳合社	.	Un
渤海	85.73	A	中意财产	80.53	B ++
华农	81.29	B ++	爱和谊	75.40	B +
国寿财产	95.00	A ++	国泰财产	80.20	B ++
安诚	82.43	B ++	日本兴亚	77.72	B +
国元农业	83.10	B ++	乐爱金	76.51	B +
鼎和财产	84.13	B ++	富邦财险	77.77	B +
中煤财产	83.26	B ++	信利保险	.	Un
英大财产	84.55	B ++			

附录 G1 2012 年中国非寿险公司的综合评级

公司	财务指标	微观指标	宏观指标	总指标	评级	公司	财务指标	微观指标	宏观指标	总指标	评级
人保股份	95.72	99.75	95.3	97.23	A ++	鼎和财产	83.41	83.27	95.3	85.14	A
大地财产	92.58	96.51	95.3	94.52	A +	中煤财产	85.27	83.05	95.3	85.91	A
太保财险	94.57	95.22	95.3	94.93	A +	英大财产	92.05	87.70	95.3	90.83	A +
平安财险	100.00	96.01	95.3	97.73	A ++	浙商财产	83.26	85.59	95.3	85.97	A
华泰	92.33	89.32	95.3	91.60	A +	紫金财产	80.64	86.01	95.3	84.94	B ++
天安	93.71	87.72	95.3	91.61	A +	美亚	80.31	80.19	95.3	82.51	B ++
大众	84.88	80.07	95.3	84.56	B ++	东京海上	83.44	79.06	95.3	83.51	B ++
华安	82.61	85.88	95.3	85.79	A	丰泰	79.66	78.58	95.3	81.59	B ++
永安	81.99	85.68	95.3	85.43	A	太阳联合	75.86	81.98	95.3	81.17	B ++
太平保险	88.27	91.46	95.3	90.57	A +	丘博保险	78.88	80.80	95.3	82.09	B ++
民安	78.47	84.65	95.3	83.41	B ++	三井住友	81.28	81.74	95.3	83.57	B ++
中银保险	94.45	91.57	95.3	93.45	A +	三星	77.58	80.11	95.3	81.23	B ++
安信农业	82.72	84.24	95.3	85.20	A	安联	83.28	80.55	95.3	84.01	B ++
永诚	85.97	85.29	95.3	87.10	A	日本财产	81.97	73.96	95.3	80.84	B ++
安邦	77.76	91.45	95.3	85.75	A	利宝互助	81.98	80.36	95.3	83.34	B ++
信达财险	82.29	87.69	95.3	86.35	A	安盟	70.00	82.68	95.3	78.75	B +
安华农业	91.75	80.34	95.3	87.82	A	苏黎世	82.49	80.75	95.3	83.73	B ++
天平车险	89.80	81.35	95.3	87.32	A	现代财产	74.05	77.40	95.3	78.55	B +
阳光财产	99.58	92.46	95.3	96.15	A ++	中意财产	84.46	80.41	95.3	84.50	B ++
都邦	90.89	88.75	95.3	90.71	A +	爱和谊	80.29	78.98	95.3	82.03	B ++
华农	84.20	81.79	95.3	84.92	B ++	国泰财产	93.84	79.58	95.3	88.48	A
国寿财产	89.08	97.37	95.3	93.26	A +	日本兴亚	76.36	77.95	95.3	79.82	B +
安诚	78.71	81.81	95.3	82.41	B ++	乐爱金	74.88	76.57	95.3	78.60	B +
国元农业	82.69	83.25	95.3	84.80	B ++	富邦财险	85.18	78.15	95.3	83.95	B ++

附录 G2 2011 年中国非寿险公司的综合评级

公司	财务指标	微观指标	宏观指标	总指标	评级	公司	财务指标	微观指标	宏观指标	总指标	评级
人保股份	92.91	98.64	95.3	95.51	A ++	浙商财产	99.72	84.94	95.3	93.28	A +
大地财产	89.93	94.79	95.3	92.64	A +	紫金财产	90.76	85.10	95.3	89.23	A
太保财险	95.89	92.77	95.3	94.58	A +	泰山财险	.	.	.	.	Un
平安财险	100.00	90.91	95.3	95.74	A ++	众诚保险	.	.	.	.	Un
华泰	85.88	88.85	95.3	88.45	A	锦泰财产	.	.	.	.	Un
天安	82.64	87.60	95.3	86.47	A	长江财产	.	.	.	.	Un
大众	86.85	80.77	95.3	85.74	A	美亚	84.34	79.82	95.3	84.22	B ++
华安	70.00	83.46	95.3	79.06	B +	东京海上	91.00	79.47	95.3	87.14	A
永安	89.86	85.60	95.3	89.01	A	丰泰	78.77	78.53	95.3	81.16	B ++
太平保险	91.68	92.03	95.3	92.36	A +	太阳联合	77.40	82.23	95.3	81.98	B ++
民安	79.98	84.29	95.3	83.96	B ++	丘博保险	72.20	80.95	95.3	79.09	B +
中银保险	88.84	92.21	95.3	91.13	A +	三井住友	88.93	79.78	95.3	86.31	A
安信农业	89.90	84.44	95.3	88.58	A	三星	84.43	80.60	95.3	84.56	B ++
永诚	90.31	86.06	95.3	89.40	A	安联	74.80	80.56	95.3	80.13	B ++
安邦	92.58	87.37	95.3	90.95	A +	日本财产	85.69	73.63	95.3	82.42	B ++
信达财险	82.85	88.65	95.3	86.98	A	利宝互助	77.57	79.61	95.3	81.02	B ++
安华农业	94.22	81.05	95.3	89.23	A	安盟	79.73	81.89	95.3	82.91	B ++
天平车险	92.69	82.86	95.3	89.24	A	苏黎世	75.09	80.76	95.3	80.34	B ++
阳光财产	99.06	90.51	95.3	95.15	A ++	现代财产	80.45	77.31	95.3	81.45	B ++
都邦	84.65	86.80	95.3	87.09	A	劳合社	.	.	.	.	Un
渤海	74.03	85.73	95.3	81.80	B ++	中意财产	78.07	80.53	95.3	81.62	B ++
华农	81.04	81.29	95.3	83.27	B ++	爱和谊	86.95	75.40	95.3	83.69	B ++
国寿财产	92.59	95.00	95.3	93.94	A +	国泰财产	78.62	80.20	95.3	81.74	B ++
安诚	83.52	82.43	95.3	84.86	B ++	日本兴亚	84.39	77.72	95.3	83.42	B ++
国元农业	90.25	83.10	95.3	88.21	A	乐爱金	79.29	76.51	95.3	80.60	B ++
鼎和财产	83.70	84.13	95.3	85.61	A	富邦财险	75.11	77.77	95.3	79.18	B +
中煤财产	91.25	83.26	95.3	88.73	A	信利保险	.	.	.	.	Un
英大财产	98.42	84.55	95.3	92.53	A +						

附录 H　第四章技术附录

一、中国非寿险公司总评级

公司信用指数的特点是清晰明确，但是也有缺点数值可能取到足够大，也可能非常小，不同组数据可能不便直接比较，也没有一种大小的直观。

总指数为

$$Index = \sum_{i=1}^{3} (weight_i \times Index_i)$$

其中，$weight_i$ 表示一级指标的权重，采用层次分析的结果。

目标层（A）：对 55 家非寿险公司进行综合评价（排序）。

准则层（B）：财务实力（F_1）、微观指标（F_2）、宏观指标（F_3）。

对象层（O）：55 家非寿险公司，人保股份（O_1）、平安财险（O_2）、太保财险（O_3）、……、日本财产（O_{55}）。

首先建立准则层与目标层之间的判断矩阵，取值如下：

表附录 H－1　　准则层与目标层之间的判断矩阵

B	财务实力	微观指标	宏观指标
财务实力	1.000	1.115	3.218
微观指标	0.897	1.000	2.480
宏观指标	0.311	0.403	1.000

对判断矩阵的每一列进行规范化，经计算，$A-B$ 判断矩阵满足：

$$BW = [1.378 \quad 1.175 \quad 0.450]^T$$

下面进行层次单排序及一致性检验（权向量和一致性指标）。

$C.I$ 是判断矩阵偏离一致性指标：

$$C.I = \frac{\lambda_{\max} - n}{n-1} = 0.001 > 0$$

其中，$\lambda_{\max}$ 为矩阵 B 的最大特征根，$\lambda_{\max} = \frac{1}{n}\sum_{i=1}^{n}\frac{(BW)_j}{W_j} = 3.003$。则需要用 $C.R$ 指标检验后才有结论

$$C.R = \frac{C.I}{R.I} = 0.002$$

可以通过一致性检验，对应的权重信息为

$$W = [0.459 \quad 0.391 \quad 0.150]^T$$

二、中国非寿险公司一级指标得分和评级

一级指数为

$$Index_i = \sum_{j=1}^{J}(weight_{ij} \times Index_{ij})$$

其中，$Index_i$ 表示第 i 个指标的得分；$weight_{ij}$ 为 i 中第 j 个指标（变量）对应的权重；$Index_{ij}$ 表示 i 中第 j 个指标的得分。

（一）财务指标得分和评级

财务指标一级指标包括五项二级指标，也即盈利能力、营运能力、偿债能力、现金流量和发展能力指标，我们进行主成分分析，各个主成分对残差的解释能力如下：

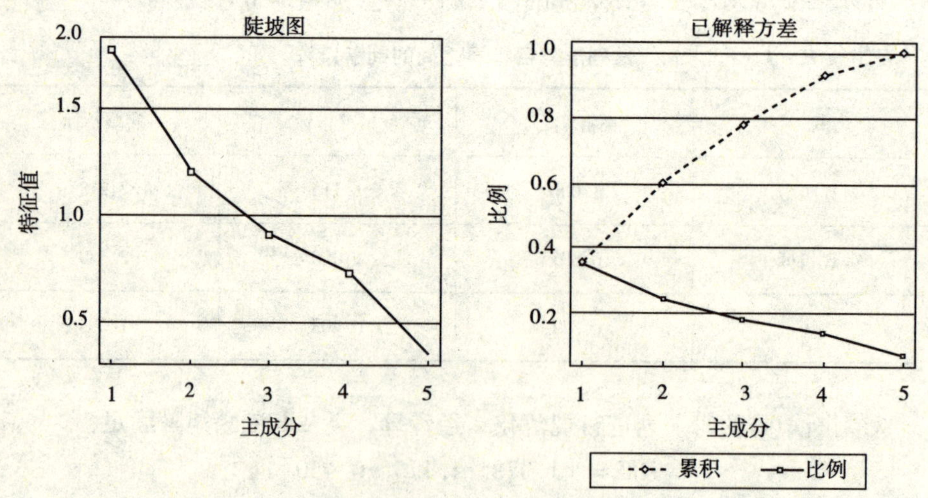

图附录 H－1 财务指标的主成分陡坡图和已解释方差图

对于财务指标，我们提取的前两个主成分，绘图如下：

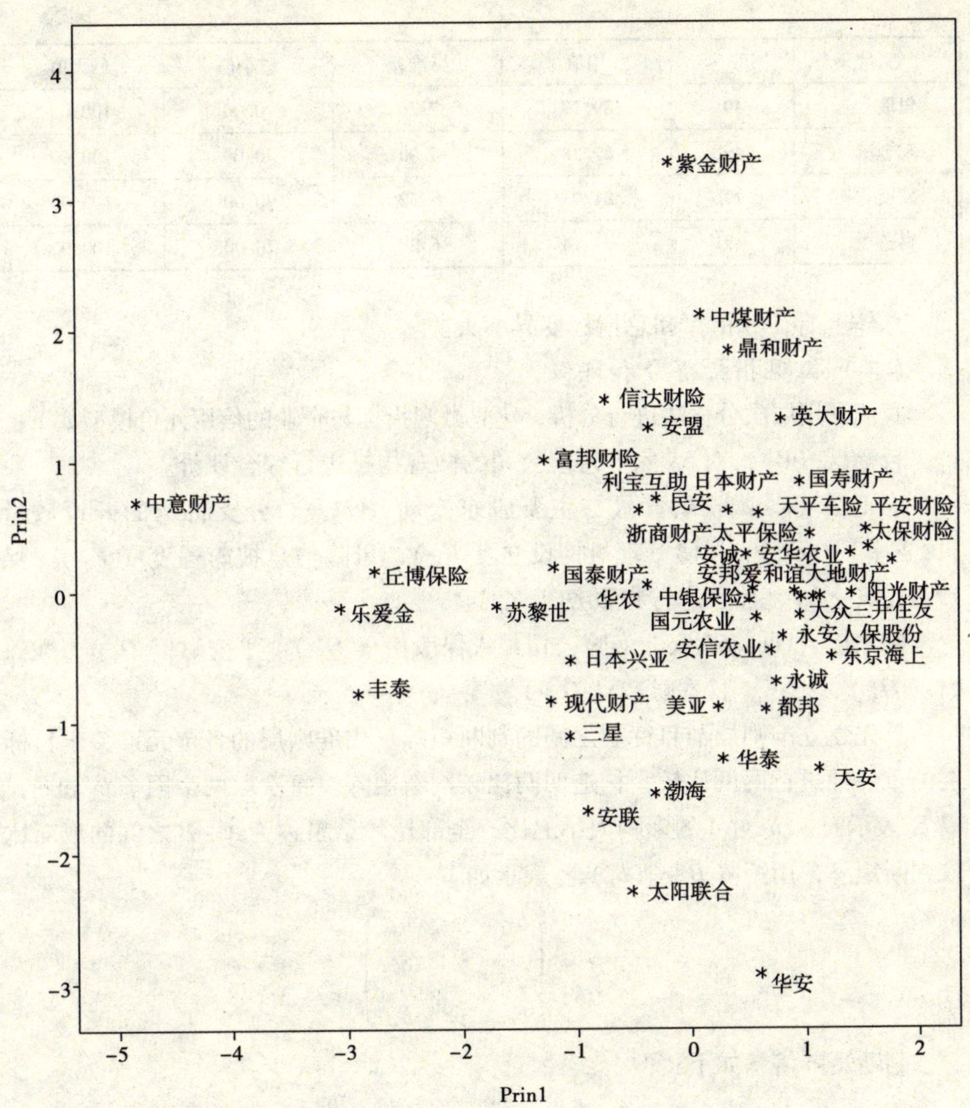

图附录 H－2　财务指标的前两个主成分

相应的描述性统计量如下：

表附录 H－2　　财务指标的简单描述统计量

变量	N	均值	标准差	最小值	最大值
盈利	49	90.54	6.48	70.00	100.00
营运	49	95.20	5.74	70.00	100.00

续表

变量	N	均值	标准差	最小值	最大值
偿债	49	89.13	7.76	70.00	100.00
现金流	49	87.38	4.00	70.00	100.00
发展	49	81.93	5.52	70.00	100.00
财务	49	91.14	6.28	70.00	100.00

总体上看，分指标和总指标变异不大。

（二）微观指标得分和评级

我们利用层次分析法进行分析，建立微观指标与企业的信用评价模型如下：

目标层（B）：对55家非寿险公司的微观指标进行综合评价。

准则层（F）：股东背景与主要股东变动（F_1）、分支机构的开设数量（覆盖率）（F_2）、风险管理机构设立（F_3）、风险信息披露程度（F_4）、保费占比（F_5）、社会声誉和服务（F_6）。

对象层（O）：55家非寿险公司，人保股份（O_1）、平安财（O_2）、太保财（O_3）、……、日本财产（O_{55}）。

首先建立准则层与目标层之间的判断矩阵。用准则层的各个元素关于目标层的重要性进行两两比较，构造两两比较判断矩阵。每次取两个因子 b_i 和 b_j，以 b_{ij} 表示 b_i 和 b_j 对 A 的影响大小之比，全部比较结果称为 $A-B$ 之间的成对比较判断矩阵，用矩阵 $B=(b_{ij})_{5\times5}$ 表示如下：

$$B=\begin{pmatrix} b_{11} & \cdots & b_{16} \\ \vdots & \ddots & \vdots \\ b_{61} & \cdots & b_{66} \end{pmatrix}$$

判断矩阵信息如下：

表附录 H-3　　准则层与目标层之间的判断矩阵

B	F_1	F_2	F_3	F_4	F_5	F_6
F_1	1.000	1.139	3.877	3.597	1.007	1.11
F_2	0.878	1.000	3.320	3.195	0.910	0.83
F_3	0.258	0.301	1.000	0.807	0.256	0.27
F_4	0.278	0.313	1.239	1.000	0.333	0.31
F_5	0.993	1.099	3.910	3.808	1.000	1.06
F_6	0.900	1.210	3.660	3.210	0.940	1.00

给定判断矩阵 $B=(b_{ij})_{6\times6}$，对判断矩阵的每一列进行规范化，归一化处理后，得到的矩阵为：

表附录 H－4　　准则层与目标层之间的判断矩阵

A	F_1	F_2	F_3	F_4	F_5	F_6
F_1	0.232	0.225	0.228	0.230	0.226	0.242
F_2	0.204	0.198	0.195	0.205	0.205	0.180
F_3	0.060	0.060	0.059	0.052	0.057	0.060
F_4	0.065	0.062	0.073	0.064	0.075	0.068
F_5	0.230	0.217	0.230	0.244	0.225	0.232
F_6	0.209	0.239	0.215	0.206	0.212	0.218

经计算，$A-B$ 判断矩阵满足

$$BW=[1.395\quad 1.196\quad 0.349\quad 0.409\quad 1.389\quad 1.31]^T$$

下面进行层次单排序及一致性检验（权向量和一致性指标）。

其中 $C.I$ 是判断矩阵偏离一致性指标

$$C.I=\frac{\lambda_{\max}-n}{n-1}=0.0095>0$$

其中，$\lambda_{\max}$ 为矩阵 B 的最大特征根，$\lambda_{\max}=\frac{1}{n}\sum_{i=1}^{n}\frac{(BW)_j}{W_j}=6.05$。则需要用 $C.R$ 指标检验后才有结论（Kazuyuki 等，1999）[12]，$C.R$ 是用来判断矩阵随机一致性指标。

$$C.R=\frac{C.I}{R.I}=0.0085$$

可以通过一致性检验，对应的权重向量为

$$W=[0.230\quad 0.198\quad 0.058\quad 0.068\quad 0.230\quad 0.216]^T$$

（三）宏观指标得分

我们从经济运行状况、宏观调控政策和行业发展现状三个方面进行层次分析。

目标层（A）：对宏观指标进行综合评价。

准则层（B）：经济运行状况（F_1）、宏观调控政策（F_2）、行业发展现状（F_3）。

首先建立准则层与目标层之间的判断矩阵，取值如下：

表附录 H－5　　总指标准则层与目标层之间的判断矩阵

B	经济运行	宏观调控	行业发展
经济运行	1.000	1.557	1.985
宏观调控	0.642	1.000	1.085
行业发展	0.504	0.922	1.000

对判断矩阵的每一列进行规范化，经计算，$A-B$ 判断矩阵满足

$$BW = [1.403 \quad 0.854 \quad 0.746]^T$$

下面判断矩阵偏离一致性指标

$$C.I = \frac{\lambda_{\max} - n}{n-1} = 0.001 > 0$$

其中，$\lambda_{\max}$ 为矩阵 B 的最大特征根，$\lambda_{\max} = \frac{1}{n}\sum_{i=1}^{n}\frac{(BW)_j}{W_j} = 3.003$。需要用 $C.R$ 指标检验后才有结论

$$C.R = \frac{C.I}{R.I} = 0.002$$

可以通过一致性检验，对应的权重信息为

$$W = [0.467 \quad 0.284 \quad 0.248]^T$$

根据上述因素，我们确定的 2011 年宏观指标综合得分为 95.312 分。

三、中国非寿险公司二级指标得分

按照加权平均的方法求得综合指数由各指标的得分，二级指数公式为

$$Index_i = \sum_{j=1}^{J}(weight_{ij} \times Index_{ij})$$

其中，$Index_i$ 表示第 i 个指标的得分；$weight_{ij}$ 为 i 中第 j 个指标（变量）对应的权重；$Index_{ij}$ 表示 i 中第 j 个指标的得分。

四、中国非寿险公司三级指标得分

（一）从盈利能力方面分析

从盈利能力六项子指标着手，我们进行主成分分析，各个主成分的解释能力如下：

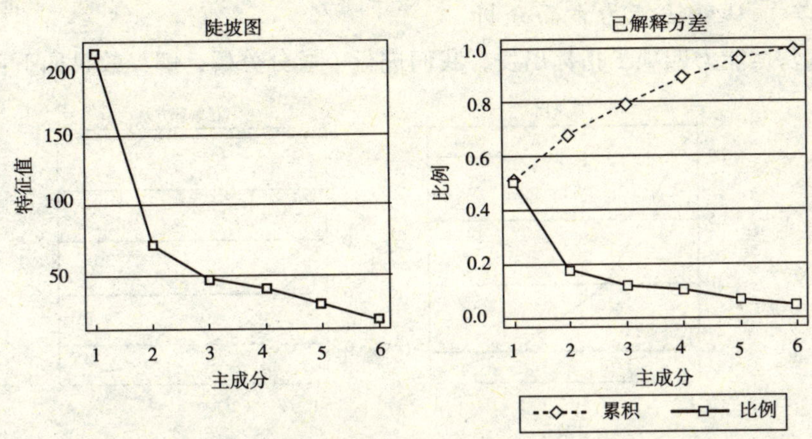

图附录 H-3 盈利能力指标的主成分陡坡图和已解释方差图

从盈利能力方面来分析，解释效果最好的前两个主成分图如下：

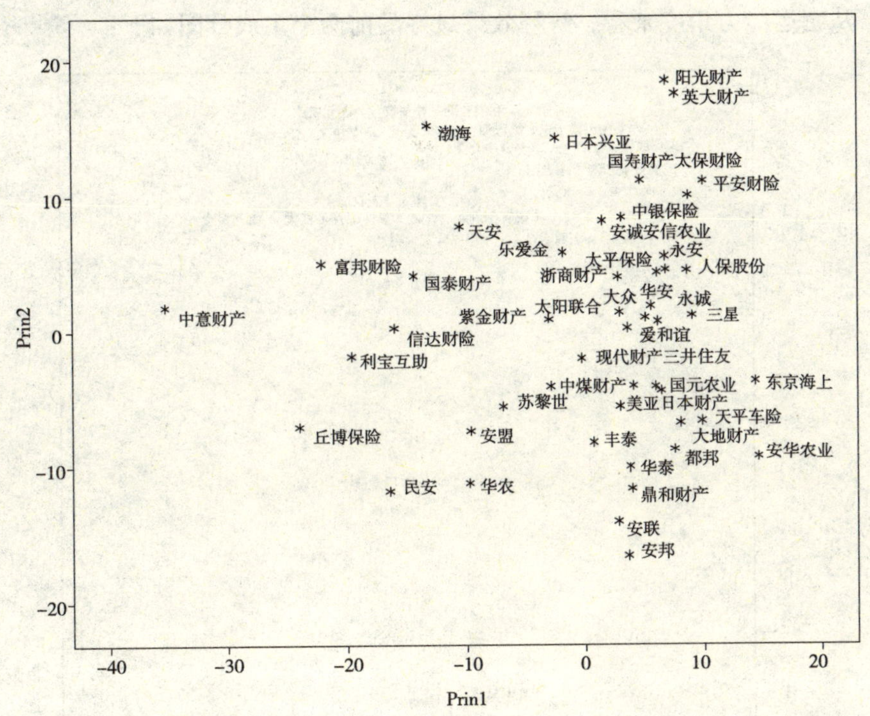

图附录 H-4 盈利能力指标的前两个主成分

在第一主成分上区分度很大，对于区分中意财产、民安、富邦、华农、丘博保险等的效果很好，但是对于得分较高的其他几个公司，其区分度不高。

（二）从营运能力方面分析

从营运能力四项子指标出发，我们进行主成分分析，解释效果如下：

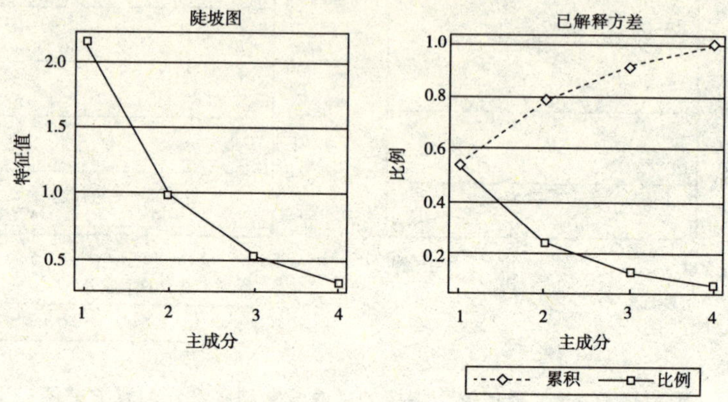

图附录 H-5　营运能力指标的主成分陡坡图和已解释方差图

从营运能力角度来看，解释效果最好的前两个主成分图如下：

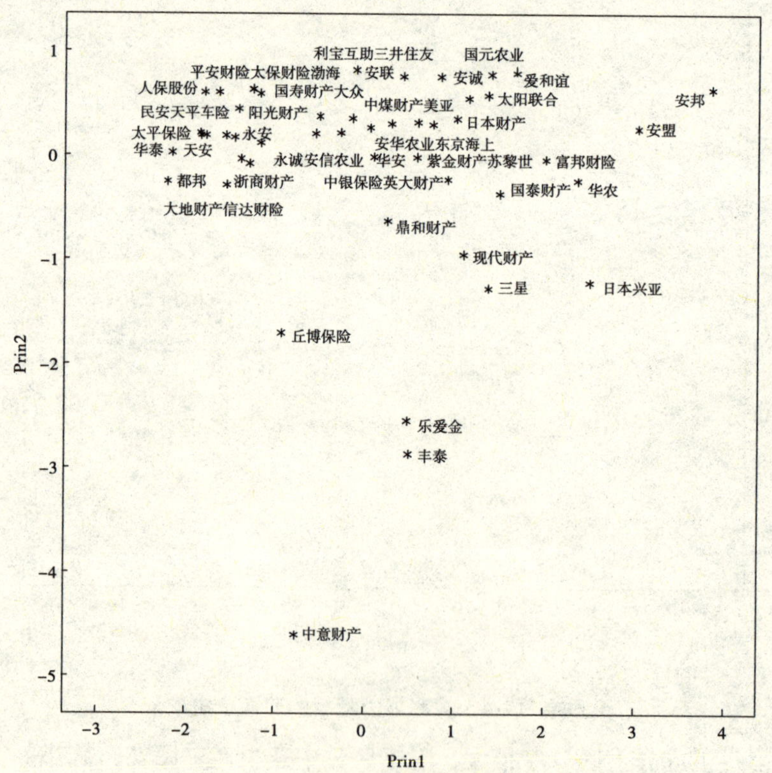

图附录 H-6　营运能力指标的前两个主成分

在第一主成分上区分度很大。第二主成分上，对于区分中意财产、丰泰、乐爱金、丘博保险的效果很好，但是对于得分较高的其他几个公司，其区分度不高。

（三）从偿债能力方面分析

从偿债能力三项子指标出发，我们进行主成分分析，因子解释能力和效果如下：

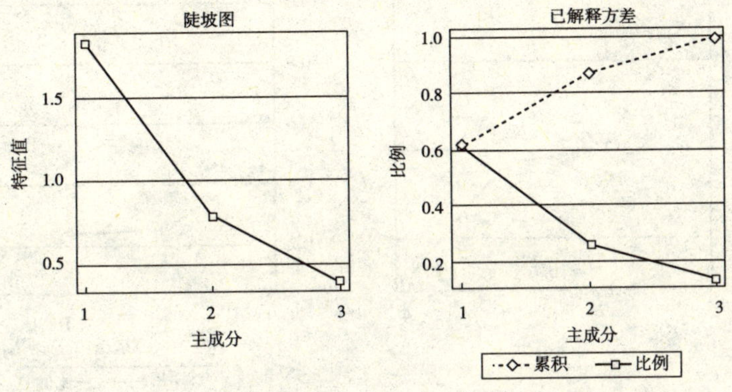

图附录 H-7　偿债能力指标的主成分陡坡图和已解释方差图

从偿债能力来看，解释效果最好的前两个主成分图如下：

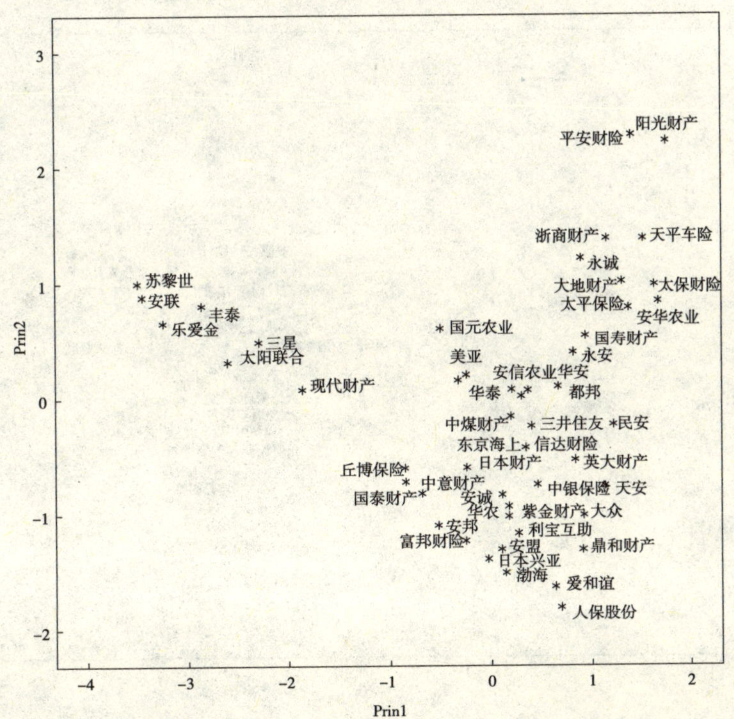

图附录 H-8　偿债能力指标的前两个主成分

（四）从现金流量方面分析

现金流量指标包括四项子指标，我们进行主成分分析，各个主成分的解释效果见下图：

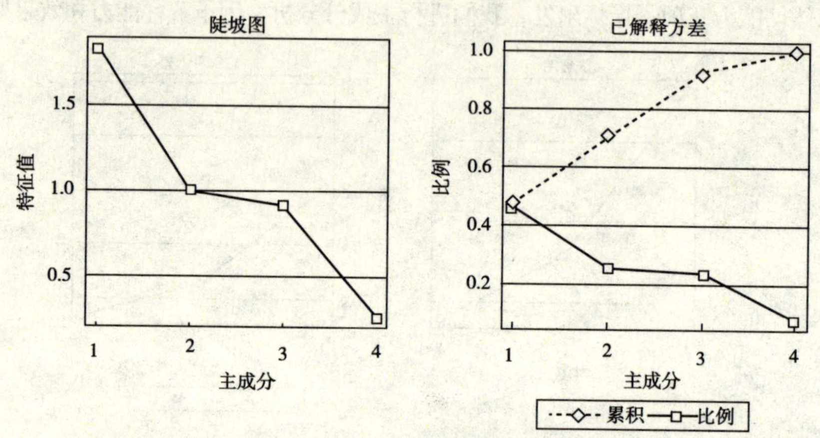

图附录 H-9　现金流量指标的主成分陡坡图和已解释方差图

从现金流量方面来看，解释效果最好的前两个主成分图如下：

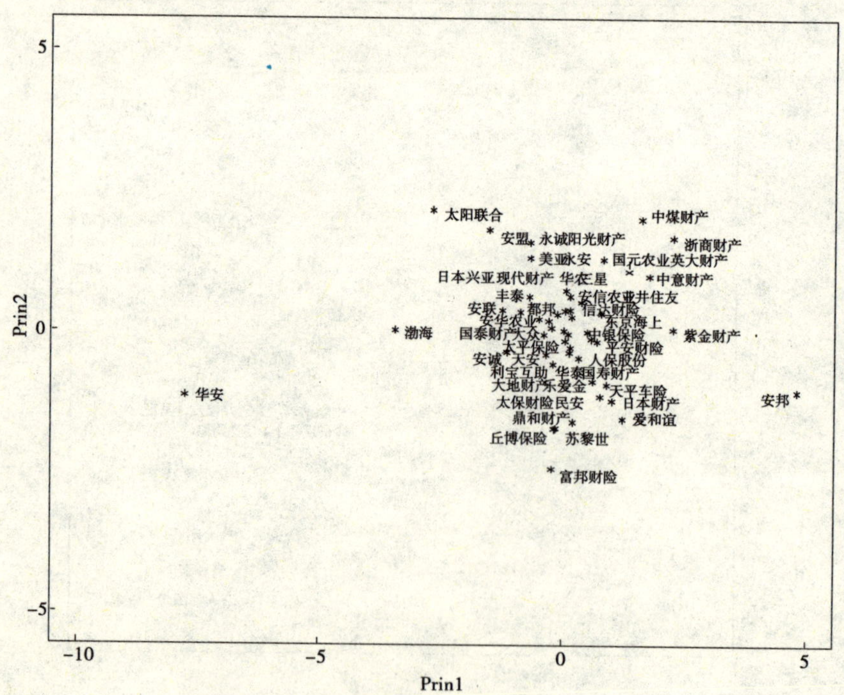

图附录 H-10　现金流量指标的前两个主成分

（五）从发展能力方面分析

发展能力指标包括四项子指标，我们进行主成分分析，各个主成分的解释效果见下图：

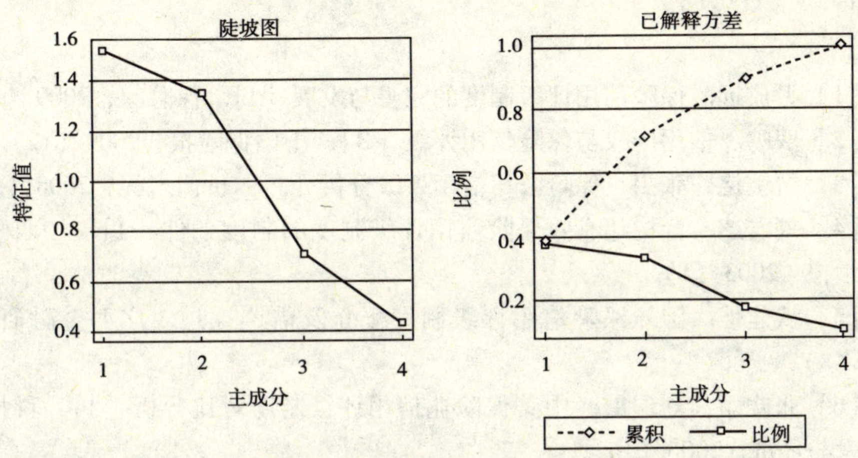

图附录 H-11　发展能力指标的主成分陡坡图和已解释方差图

从发展能力方面来看，解释效果最好的前两个主成分图如下：

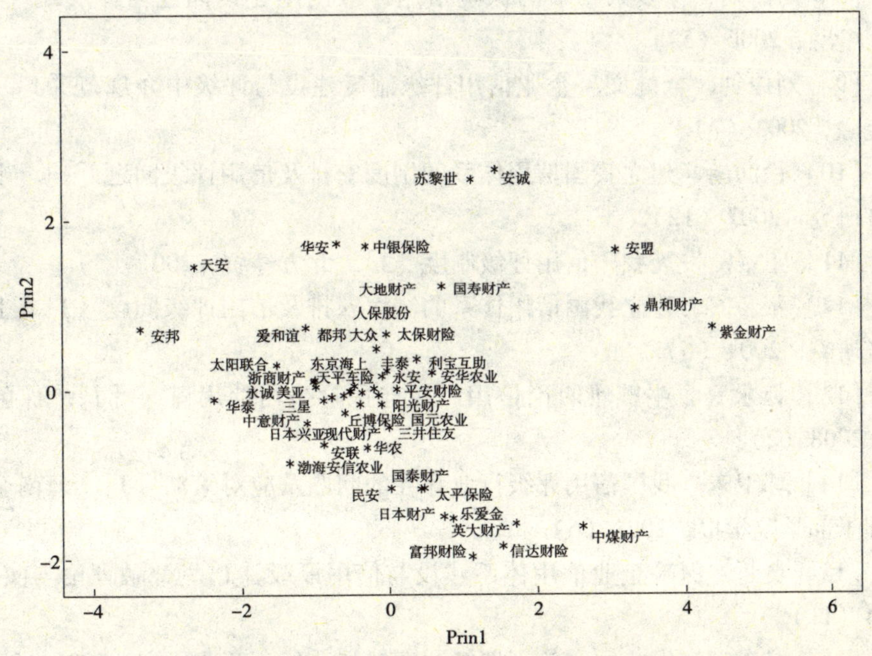

图附录 H-12　发展能力指标的前两个主成分

参考文献

［1］尹成远．保险信用评级制度的完善与发展［J］．保险家，2009（1）．

［2］罗鸣．信用产权与保险信用评级［B］．中国保险报，2009（12）．

［3］贾镇铭，张锡．保险公司信用评级分析［J］．价值工程，2008（5）．

［4］刘友芝．论构建有效保险信用评级制度的制度条件［J］．江西财经大学学报，2003（1）．

［5］武建强．国外保险信用评级制度概介及借鉴［J］．广西金融研究，2007（8）．

［6］张晓丽，刘瑞霞．中美保险业信用评级制度对比分析［J］．科技情报开发与经济，2006（16）．

［7］王彬，高广阔，徐爱荣．谈建立中国的保险信用评级制度［J］．世界经济情况，2007（15）．

［8］高广阔，徐爱荣．中国保险信用评级制度建设问题窗体底端［J］．湖南金融，2006（52）．

［9］刘俊剑，金健文．企业信用评级制度建设与评级中介规范［J］．浙江金融，2003（7）．

［10］徐润南．建立我国信用体系的制度安排及信用评级问题［J］．上海经济研究，2002（12）．

［11］王威．发展我国信用评级制度［J］．北方经贸，2001（3）．

［12］张希安．建立我国信用体系的制度安排及信用评级问题［J］．上海经济研究，2004（6）．

［13］杜永喜，牛麒雅．论信用产权与保险公司信用评级［J］．保险管理，2008（2）．

［14］郭卫东．我国信用评级行业存在的问题及应对策略［J］．河南金融管理干部学院学报，2008（6）．

［15］樊哲．保险企业信用体系建设与信用评级［J］．金融理论与实践，2004（11）．

［16］马玉超．发达国家信用评级制度借鉴［J］．商业研究，2006（22）．

［17］值村信保．日本财产保险业的变化及对策［M］．北京：机械工业

出版社，2006.

[18] 中诚信国际信用评级有限责任公司网站，http：//www. ccxi. com. cn/.

[19] 大公国际资信评估有限公司，http：//www. dagongcredit. com/dagongweb/index. php.

[20] A. M. BEST 网站，http：//www. ambest. com/.

[21] 标准普尔网站，http：//www. standardandpoors. com/.

[22] 中国人民大学中国调查评价中心．中国发展指数的编制研究［J］．中国人民大学学报，2007（2）.

[23] 王道林．层次分析法及模糊综合评判在高校网站评价中的应用［J］．山东农业大学学报（自然科学版），2005，36（2）：293－296.

[24] 唐万梅．基于灰关联分析的多层次综合评价研究——风险投资项目综合评价模型［J］．系统工程理论与实践，2006（6）.

[25] 杜栋，庞庆华．现代综合评价方法与案例精选［M］．北京：清华大学出版社，2005：35－40.

[26] 黄德才，郑河荣．AHP 方法中判断矩阵的标度扩展构造法［J］．系统工程，2003，21（1）：105－109.

[27] 彭非，张延松．发展测度论：中国的实践与思考［M］．北京：中国社会出版社，2012.

[28] 中国银行业监督管理委员会，新资本协议第三次征求意见稿译文，2003.

[29] 王胜邦，杨洋．采用信用风险模型计提监管资本：问题和对策［J］．银行家，2007，10：116－121.

[30] 赵纶．我国商业银行贷款损失拨备计提研究［D］．复旦大学硕士学位论文，2009：10－14.

[31] 郑伟．预期损失模型缺陷与会计监管独立性问题的研究［J］．会计研究，2010，5：17－24.

[32] 钟波，肖志．一种基于粗糙集理论的组合预测方法［J］．统计研究，2002，11：37－39.

[33] 王芳，侯朝桢．一种用神经网络估计网络可靠性的方法［J］．北京理工大学学报，2003，23：190－193.

[34] 龚科．基于 BP 神经网络的银行房地产信贷风险研究［D］．华中科技大学硕士学位论文，2007，1－78.

［35］龚喆君. Z值预警模型在房地产业上市公司的运用——来自武昌鱼公司的实证［J］. 商业会计，2007，7：28－29.

［36］夏红芳. 商业银行信用风险度量与管理研究［J］. 杭州：浙江大学出版社，2009.

［37］王健，王海生. 非上市公司信用风险的期权定价模型研究［J］. 特区经济，2007，1：13－18.

［38］唐国储，李选举. 新巴塞尔协议的风险新理念与我国国有商业银行全面风险管理体系的构建［J］. 金融研究，2006，1：33－38.

［39］朴明根，蔡华. 商业银行信贷组合管理及其模型构建问题的探讨［J］. 商业研究，2005，19：140－144.

［40］任向华. 银行信贷风险管理研究——KMV 理论模型与实证［D］. 东北财经大学硕士学位论文，2003，1－38.

［41］张德栋，张强. 基于神经网络的企业信用评估模型［J］. 北京理工大学学报，2004，11：982－985.

［42］鲁炜，赵恒珩，刘冀云. KMV 模型关系函数推测及其在中国股市的验证［J］. 2003，6：44－47.

［43］向德伟. 运用"Z 记分法"评价上市公司经营风险的实证研究［J］. 会计研究，2001，11：53－57.

［44］郑丕谔，岳成艳. 基于集对论的信用风险分析［J］. 天津大学学报，2004，1：74－79.

［45］吴世农，卢贤义. 基于价值创造和公司治理的财务状态分析与预测模型研究［J］. 经济研究，2005，11：33－37.

［46］王宗军，崔鑫，邵芸. 商业银行信贷风险的多因素多层次模糊综合评价［J］. 南开管理评论，2004，5：4－7.

［47］朱宝宪. 浅论商业银行的系统风险. 管理世界［J］. 2002，11：136－138.

［48］汤云为，胡奕明. 商业银行信息披露：巴塞尔原则及对我国的指导意义［J］. 会计研究，2001，9：58－62.

［49］刘玉廷. 关于金融企业会计改革的几个问题［J］. 会计研究，2001，6：3－8.

［50］《商业银行会计研究》课题组. 商业银行会计改革若干问题研究［J］. 会计研究，2001，10：48－54.

［51］岳松. 关于国有商业银行财务管理体制的思考［J］. 管理世界，

2003，8：138－139.

［52］周林．关于建立我国商业银行风险管理体系的探讨［J］．管理世界，1998，6：64－67.

［53］曲宏，王明明，杨志翔．我国上市商业银行风险披露的理论与实证研究［J］．管理世界，2001，1：133－137.

［54］郑楠楠．我国上市银行财务风险控制体系研究［D］．哈尔滨：黑龙江大学，2009：8－10

［55］赵纶．我国商业银行贷款损失拨备计提研究［D］．上海：复旦大学，2009：10－15.

［56］国家发展改革委中小企业司．中国中小企业发展报告［M］．北京：机械工业出版社，2007 中小企业发展报告.

［57］范伯乃，朱文斌．中小企业信用评价指标的理论遴选与实证分析［J］．科学管理，2003．11.

［58］孙丽华，杨华．我国中小企业融资难问题文献综述［J］．北方经济，2005（14）.

［59］王春峰，万海晖，张维．基于神经网络技术的商业银行信用风险评估［J］．系统工程理论与实践，1999，1（1）：68－72.

［60］郝丽萍，胡欣悦，李丽．商业银行信贷风险分析的人工神经网络模型研究［J］．系统工程理论与实践，2001，21（5）：62－69.

［61］杨保安，季海．基于人工神经网络的商业银行贷款风险预警研究［J］．系统工程理论与实践，2001，21（5）：70－74.

［62］庞素琳，王燕鸣，黎荣舟．基于 BP 算法的信用风险评价模型研究［J］．数学的实践与认识，2003，33（8）：48－55.

［63］庞素琳，王燕鸣，罗育中．多层感知器信用评估模型及预警研究［J］．数学实践与认识，2003.

［64］Bernanke B.. Financial Reform to Address Systemic Risk［R］. Speech at the Council on Foreign Relations，Washington，DC，2009（10）.

［65］Rajan R. G.. Too Systemic to Fail：Consequences，Causes and Potential Remedies［R］. Writtenstatement to the Senate Banking Committee Hearings，May 6，2009.

［66］Shyu D.，Chia－Chien Chang，Tsung－Li Chi. Report on the Role and Function of Credit Rating Agencies in the Operation of the Securities Markets［B］. Innovative Computing Information and Control，2008.

[67] Jillian L. Redding, Legislative Fellow. Insurace Credit Scoring Systems [J]. Consumer Credit, 2009, Vol. 43, No. 1: 1-4.

[68] William F., Treacy, Mark Carey. Credit Risk Rating Systems at Large US Banks [J]. Journal of Banking & Finance, 2000 (24): 167-201.

[69] Frank Partnoy. The Siskel and Ebert of Financial Markets: Two Thumbs Down for the Credit Rating Agencies [J]. Washington University Law Quarterly, 1999, Vol 77: 619-712.

[70] Winnie P. H., Poon, Kam C. Chan. An Empirical Examination of the Informational Content of Credit Ratings in China [J]. Journal of Business Research, 2008 (61): 790 - 797.

[71] Tony Van Gestel, David Martens, Bart Baesens, Daniel Feremans, Johan Huysmans, Jan Vanthienen. Forecasting and Analyzing Insurance Companies' Ratings [J]. International Journal of Forecasting, 2007 (23) : 513 - 529.

[72] U. S. Securities and Exchange, Commission. Report on the Role and Function of Credit Rating Agencies in the Operation of the Securities Markets [B]. January 2003.

[73] Winnie P. H., Poon a, Kam C. Chan. An Empirical Examination of the Informational Content of Credit Ratings in China [J]. Journal of Business Research, 2008, Vol 61: 790-797.

[74] Marco Pagano, Paolo Volpin. Credit Ratings Failures: Causes and Policy Options. Centre for Studies in Economics and Finance (CSEF), 2009-1-9.

[75] Saaty T. L., Vargas L. G.. Inconsistency and Rank Preservation [J]. Journal of Mathematical Psychology, 1984, 28 (2): 156- 160.

[76] Saaty T. L.. Fundamental of Decision Making and Priority Theory with the Hierarchy Process [M]. Pittsburgh: RWS Publication, 1994.

[77] Saaty T. L.. Decision Making with the AHP: Why is the Principal Eigenvector Necessary [J]. European Journal of Operational Research, 2003, 145: 85-91.

[78] Saaty T. L.. Ranking by Eigenvector Versus other Methods in Analytic Hierarchy Process [J]. Appl. Math. Lett., 1998 (11) : 121- 125.

[79] Saaty T. L.. Vargas L. G., Comparison of Eigenvalue, Logarithmic Least Square and Least Square Methods in Estimating Ratio [J]. Journal of Mathematical Modeling, 1984 (5): 309-324.

[80] Kazuyuki Sekitani, Naokazu Yamaki. A Logical Interpretation for the Eigenvalue Method in AHP [J]. Journal of the Operations Research Japan Society, 1999, 42 (2): 219 - 232.

[81] Altman E. I., Thomas, P. Evaluation of Company as a Going Concern, Journal of Accountangcy, 1974, 6: 63 -70.

[82] Morgan J. P.. Creditmetrics. New York, Technical Document, 1997, 4: 2.

[83] Black Fischer, Myron Sholes. The Pricing of Options and Corporate Liabilities [J]. Journal of Political Economy, 1973, 81: 637 -659.

[84] Hull J., White A., The Impact of Default Risk on the Prices of Options and other Derivative Securities [J]. Journal of Banking and Finance, 1995, 299 - 322.

[85] Peltonen T.. An Application of Panel Estimation Methods and Artificial Neural Networks [D]. Italia: European University Institute, 2002.

[86] IASB. Financial Instruments: Amortized Cost and Impairment [M]. New York: IASCF, 2009: 1 -40.

[87] IASB. Financial Instruments: Classification and Measurement [M]. New York: IASCF, 2009: 2 -20.

[88] IASB. Comparison of FASB and IASB models [M]. NewYork: IASCF, 2009: 5 -10

[89] Cavallo M. and Majnoni G.. Do Bank Provision for Bad Loans in Good Time? Empirical Evidence and Policy Implications [J]. World Bank Policy Research Working Paper No. 2619, 2001 (6): 10 -15.

[90] Morgan J. P.. Credit metrics [J]. Technical Document, 1997 (4): 2.

[91] Black Fischer, Myron Sholes. The Pricing of Options and Corporate Liabilities [J]. Journal of Political Economy, 1973 (81): 637 -659.

[92] Hull J., White A.. The Impact of Default Risk on the Prices of Options and other Derivative Securities [J]. Journal of Banking and Finance, 1995: 299 - 322.

[93] Edward I. Altman and Gabriele Sabato. Effect of the New Basel Capital Accord on Bank Capatial Requirements for SMEs [J], Journal of Financial Services Research 2005. 8.

[94] Graham J. R. Harvey C. R. Theory and Practice of Corporate Finance: Evidence from the Field [J]. Journal of financial Economics, 2001, (60): 187 - 243.

[95] K. Y. Tam and M. Kiang. Predicting Bank Failures: A Neural Network Approach [J]. Management Science, 1992, 38 (7): 927 - 947.

[96] H. L. Jensen. Using Neural Networks for Credit Scoring [J]. Managerial Finance, 1992, 18 (6), 15 - 26.

[97] P. Coats and L. Fant. Recoganizing Financial Distress Patterns Using a Neural Network Tool [J]. Financial Management, 1993, 3: 142 - 155.

[98] E. I. Altman. Corporate Distress Diagnosis: Comparisons Using Linear Discriminant Analysis and Neural Netwoeks (the Italian Experience) [J]. Banking and Finance, 1994, 18: 505 - 529.

[99] R. R. Hashemi, L. A. Le Blanc, C. T. Rucks and A. Rajaratnam. A Hybrid Intelligent System for Predicting Bank Holding Structrure [J]. European Journal of Operational Research, 1998, 109: 390 - 402.

[100] David West. Neural Network Credit Scoring Models [J]. Computers & Operations Research, 2000, 27: 1131 - 1152.

[101] Reshmi Malhotra and D. K. Malhotra. Differentiating between Good Credits and Bad Credits using Neuro - fuzzy Systems [J]. Computing, Artificial Intelligence and Information Technology, 2002, 136, 190 - 211.

[102] IASB. Financial Instruments: Amortised Cost and Impairment [M]. IASCF, 2009.